미시정치

성공하는 정책 만들기

Micropolitics

미시정치

성공하는 정책 만들기

Micropolitics

매슨 피리 지음
권혁철, 김이석, 박종운, 송원근, 최승노 옮김

북앤피플

저자의 한국어판 서문

영국에서 첫 출간된 이 책 《미시정치》는 정치가들과 관료들이 공공의 돈으로 어떻게 득표 경쟁을 하는가를 '공공선택론(Public Choice Theory)'에 의거해서 묘사하였다. 이 책은 또한 새로운 사상도 세상에 처음으로 소개하였다. 즉, 이익집단들도 지지할 만한 조치들을 정책 속에 통합하는 방식으로 정책을 만들어냄으로써 공공선택론의 지혜를 새로운 각도에서 응용할 수 있다고 처음으로 제안한 것이다. 이 새로운 정책들은 이익집단들이 받았던 혜택들을 철폐시키는데 힘을 쏟는 것이 아니라, 그들과 거래할 방법을 찾고자 애쓰는 것이었다. 그렇게 함으로써 이익집단들의 반대 대신 이들의 지지를 확보하려고 하였다.

이 접근법이 영국에서 얼마나 대성공을 거두었는지, 그리고 자유시장경제로의 추세를 반대 방향으로 되돌리기가 불가능하지는 않겠지만 지극히 어렵도록 만드는데 어떤 역할을 했는지를 다양한 성공사례로 보여주고 있다. 이는 곧 미시정치학이 경제에 대한 국가 개입을 어떻게 물리쳤는지를 기록을 통해 말해주고 있다.

한국어판의 발간은 매우 시의적절한 것 같다. 마침 각 정당들이 '경제

민주화'의 깃발 아래 경쟁적으로 정책들을, 그것도 매우 공공연하게, 내놓는 바로 이때, 이 원리들이 한국의 독자들에게 소개되기 때문이다. 이 정책들은 투표자들을 자신의 편으로 끌어들이기 위해서 특별히 구상된 것이다. 그렇기에 자유로운 경제를 지지하고 개인의 자유를 좋아하는 사람들이 영국에서도 그랬듯이 한국에서도 이 접근법을 사용하여 그런 체제와 그 가치를 더욱 넓히는 정책들을 도입하는 데 성공하기를 바라마지 않는다.

나의 간절한 마음이 한국의 독자들에게도 전달되어, 한국의 자유주의자들이 간섭주의 경제를 자유로운 시장경제로 되돌리는 구체적 도전을 기획할 때마다 하나하나 성공하기를 축원한다. 부와 미래 번영의 창출은 결국 정책들이 지혜롭게 가공되어 올바른 여건을 창출해내고 적재적소에 올바른 유인체계를 만들 수 있는지에 달려 있다. 이 한국어판이 그리고 이 책의 한국 독자들이 그런 기획을 하는데 조금이나마 역할을 해낸다면, 멀지 않은 미래에 그들은 가치 있는 어떤 일을 성사해내고 말 것이다.

2012. 런던에서

매슨 피리 박사

발간사

《미시정치(微視政治)》는 애덤 스미스 연구소(Adam Smith Institute) 소장 피리(Madsen Pirie)가 저술한 《Micropolitics》를 한국 하이에크 소사이어티의 후원을 받아 젊은 자유주의자들이 번역한 책이다.

《미시정치》는 자유주의의 이상을 지향하되 현실 정치에서 이를 어떻게 구현해 나갈 것인가에 주안점을 두고 저술한 책이다. 그동안 자유주의 경제학자들은 자유주의를 '추상적 거대담론' 방식으로 논의하였기 때문에 자유주의 철학과 가치를 현실 경제에 착근시키는 데 소홀했던 점이 있었다. 이같은 성찰과 반성이 동 도서를 번역하게 한 주요 동기로 작용했다.

우리나라는 다가오는 2012년 12월이면 18대 대통령 선거가 치러진다. 대선(大選)은 지도자를 선출하는 정치행사이지만 '하이에크'의 시각에서 보면 "경쟁을 통한 시대정신의 발견 과정"이다. 따라서 선거는 어디를 지향하는가에 대한 '이념과 가치' 간의 경쟁이어야 한다. 비유하자면 '스톱워치'가 아닌 '나침반'의 경쟁이다. 그러나 우리나라의 대선은 매우 이례적이다. '주어진 방향에 대한 속도 경쟁'으로 전락했다. 여야 관계없이 "경제민주화와 보편적 복지 그리고 일자리 창출"을 외치고 있기 때문이다.

'경제민주화와 보편적 복지'는 공히 여야의 가장 강력한 공약이 돼버렸다. 공약은 유권자를 설득하는 정치상품이기 때문에 치열한 논쟁과 정교한 계산을 수반한다. 이같은 논쟁과 계산의 결과로서의 공약을 '사건(event)'으로 치면 그 기저에는 '사상(ideology)'이 있어야 한다. 그리고 통상 사건의 막후에는 불꽃 튀는 '사상전(思想戰)'이 있기 마련이다. 하지만 우리의 현실은 그렇지 않았다. '사상전'의 전조조차 없었다. 경제민주화와 보편적 복지는 어느 날 '쓰나미'처럼 밀려왔다. '공정사회와 친서민'이라는 '나비의 날개 짓'이 있었을 뿐이다. 여야의 공약이 놀라우리만큼 닮았다는 것 자체가 사상전이 존재하지 않았음을 의미한다.

이 자리에서 상론할 겨를은 없지만 경제민주화와 보편적 복지의 결합은 '국가 개입주의에 기대 추구 행위를 더한' 최악의 조합이 될 개연성이 높다. 이는 한국적 정치 현실에서 '자유주의'의 이념과 가치가 수용되고 있지 않다는 것을 의미한다. 이같은 현상이 벌어진 데에는 자유주의가 받아들여지기에 우리 사회의 토양이 아직도 척박하기 때문일 수 있다. 포퓰리즘이라는 '사회적 뇌물'을 뿌리는 정치인의 행태도 자기책임을 강조하는 자유주의가 정착되는데 장애요인으로 작용했다.

그러나 모든 것을 외부 탓으로 돌릴 수는 없다. 자유주의 지식인들이 '무엇을' 간과했는가를 성찰할 필요가 있다. 자유주의자들은 명분에 함몰된 나머지 '이념과 가치'를 운반할 '수레(vehicle)'의 의미를 천착하는데 소홀했다. 자유시장이 모든 것을 평정하리란 주장을 해온 것이다. 정치인들로 하여금 사상들의 결과물들에 주목하게끔, 중간 매개자를 찾는데 많은 관심을 기울이지 않았다.

우리 현실을 돌아보자. '민영화'가 시장의 외연을 넓히는 친시장적인 자유주의적 해법임에는 틀림없지만, 현실에서는 숱한 장애요인이 존재한다. 따라서 일시에 민영화를 밀어붙이기 보다는 단계적으로, 기술적으로 우군을 확보해가면서 추진할 필요가 있다. 규모는 작지만 국민들에게 민영화의 순기능이 피부로 전해지는 공기업을 찾아 시범 사업을 벌이는 것이 현명한 선택일 수 있다. 하지만 이명박 정부는 몇 번에 걸쳐 수십 개씩의 민영화대상 공기업을 발표함으로써 스스로 민영화의 동력을 상실했다. 이같은 과정에서 자유주의자가 어떤 조언을 했는지를 되돌아볼 필요가 있다.

《미시정치》는 한국적 현실에서 학자와 정책입안자 그리고 관료들에게 많은 시사점을 제공할 것으로 사료된다. 사상의 중요성은 아무리 강조해도 지나치지 않지만 장애물을 극복해 정책화될 때 비로소 진정한 사상이 될 수 있다는 것을…….

살인적인 더운 여름에 묵묵히 번역에 동참한 '권혁철, 김이석, 박종운, 송원근, 최승노님'에게 감사의 말씀을 전한다.

2012. 11.

조동근, 한국 하이에크 소사이어티 회장(명지대 경제학과 교수)

역자 서문

이 책은 〈애덤 스미스 연구소〉의 피리(Madsen Pirie) 소장이 쓴 《미시정치(Micropolitics)》를 완역한 것이다. 이 책을 번역하게 된 계기는 애덤 스미스 연구소의 동료이자 소장을 역임했던 버틀러(Eamon Butler)의 강력한 추천 때문이었다. 그가 한국에 와서 한국경제연구원을 방문했을 때, 마침 그의 책 《루드비히 폰 미제스(Ludwig von Mises: The Fountainhead of Modern Microeconomics)》를 번역한 것이 인연이 되어 그에게 질문을 하는 역할을 요청받았고 그때 그와 이런 저런 이야기를 나누는 과정에서 이 책을 알게 되었다.

이 책은 영국을 중심으로 국민의 세금은 많이 들어가면서도 국민 개개인의 필요를 충족시켜 주지 못하는 국가주도의 간섭주의 경제 체제를 어떻게 하면 시장주도의 경제 체제로 만들어갈 것인가에 대한 고민이 담긴 책이다. 자유주의 시장은 국가 간섭의 경제 체제나 복지국가보다 소비자 대중인 국민들에게 더 큰 만족을 가져다준다. 우리는 이 사실을 경제이론을 통해 논리적으로 또는 경험적으로 확신하고 있다. 하지만 1인1표의 민주주의 제도하에서 이를 성공적으로 실천하는 것은 이론의 정확성을 확보하는 노력과는 또 다른 차원의 관심과 노력이 필요하다.

더구나 이미 국가가 제공하는 여러 혜택에 길들여져 있고 이를 권리로 여기고 있는 사람들이 존재하며 이들이 개혁에 강력하게 저항할 것이 예견될 때 시장주도의 경제 변혁은 결코 쉬운 길이 아니다. 또한 일반 대중들이 국가가 제공하는 혜택의 증감에 대해서는 민감하게 반응하면서도 그것이 결국은 국민들의 다른 호주머니에서 세금의 형태로 내어야 한다는 사실에 대해 둔감할 때, 시장주도의 경제로 변혁해가는 일은 더욱 순탄치 않은 과정이 될 것임을 예견케 한다.

이 책의 저자는 물리학이나 화학의 법칙을 발견하고 이를 이론화하는 것도 매우 중요한 공헌이지만, 이를 적용하여 우리의 실생활에 도움이 되는 기계를 제작하는 엔지니어들의 공헌이 없다면 우리의 삶이 더 나아지지 않는다는 점을 지적하고 있다. 그러면서 정치적으로 가능한 형태로 자유시장이론을 적용해가는 미시정치학적 기술이 필요함을 역설하고 있다.

생산은 재화의 물적 생산에서 끝나는 것이 아니라 소비자들에게 실제 전달되면서 완성된다. 소비자들에게 제품의 존재와 유용성을 알려야 하며, 다음으로 소비자들에게까지 전달될 수 있는 유통채널이 필요하다. 시장경제이론도 마찬가지이다. 1인1표의 민주주의 아래에서 시장경제의 원리에 맞는 정책이 채택되려면, 득표 극대화를 도모하는 정치인에게도 그런 정책의 추진이 그의 집권에 유리하게끔 만들 필요가 있다. 이때 안내서 역할을 하는 것이 미시정치이다.

미시정치의 시각이 반영된 대표적인 사례가 공공임대주택의 판매 아이디어이다. 영국의 공공임대주택의 임대료는 시장에서보다 훨씬 저렴하였기 때문에 공공임대는 임차인들에게는 일종의 부가수익을 얻는 수입처로 자리 잡고 있었다. 반면에 정부에게는 재정 악화를 가져오는 주요원인으로 작용하고 있었다. 시장경제원리로 보면 당연히 이런 기득권을 일소(一掃)하는 것이 바람직한 것이었다.

그러나 공공선택이론에서 말하고 있듯이 조직화된 소수는 그들의 이익을 지키기 위해 온몸을 던져 강력하게 반발한다. 하지만 이 비용을 실제 부담해야 하는 사람들은 분산된 다수로서 여기에 적극적으로 대응하는 능력이 떨어질 수밖에 없다. 그래서 대개 이런 기득권 일소 정책은 정치적으로 실패할 가능성이 높다. 사실 세금으로 지원되는 공공임대주택에 살고 있었다는 이유로 또다시 이들에게 그 공공임대주택을 시장가격보다 저렴하게 판매하는 것은 '정의의 원칙'으로 보면 결코 바람직하지 않다.

그러나 시장주도의 경제의 구축이라는 측면에서 혹은 정부 재정의 측면에서 보면 반드시 그런 것만은 아니다. 일단 공공임대주택이 팔리고 나면, 주택 시장에서 공공부문의 비중은 크게 줄어든다. 아울러 시장가격에 비해 낮은 임대료 수입에 따른 재정 압박의 문제가 사라진다. 공공주택을 관리하는 관료들도 더 이상 필요하지 않다. 주인을 찾은 주택도 종전에 비해 훨씬 잘 관리될 것이며, 그 주택은 현재의 주인보다 그 주택을 더 필요로 하는 사람에게로 이전되어 갈 것이다. 이주할 필요성이 발생했음에도 임대의 권리를 유지하기 위해 그냥 눌러 앉아 사는 세입자들은 더 이상 존재하지 않게 된다. 이에 더해 소위 공공임대주택 입주권을 얻고 이를 유지하기 위한 서류 조작, 뇌물 등 각종 부패 가능성도 사라질 것이다.

사실 공공선택론의 관점에서 보면, 공공임대주택의 판매 정책은 이를 추진하는 정치인에게 지지자를 늘려 줄 가능성이 높다. 시장가격보다 낮은 가격에 주택을 매입할 기회를 얻은 세입자들은 아마도 그 정치인을 지지할 것이다. 이들이 주택의 공공성을 강조하는 정치집단과 연대하여 자신들의 이익을 스스로 포기할 가능성은 매우 희박하다.

영국의 마거릿 대처 수상이 당시 가장 강력했던 노조인 석탄노조와의 투쟁에서 승리했을 때 1년 치의 석탄을 미리 확보한 후 투쟁을 시작한 것도 미시정치의 교훈을 충실히 따른 결과이다. 국민들은 불편을 참지 못한다. 비록 투쟁적 석탄노조의 문제를 피부로 느끼는 국민들이 대처 수상의 투쟁을 지지하고 있더라도 석탄노조의 방해로 석탄 공급이 원활하지 못하게 되면 당장 불편을 겪을 것이다. 국민들은 미래의 불확실한 편익을 위해 현재의 지나친 불편을 참으려고 하지 않을 수 있다.

민영화를 추진함에 있어서도 적자 투성이 공기업부터 먼저 시작하는 것이 미시정치의 관점에서 보면 더 바람직하다. 민영화에는 항상 반발과 의도에 대한 의구심이 따른다. 이는 적자 투성이 공기업인 경우 민영화에 대한 국민의 전반적 지지의 확보가 그렇지 않은 공기업에 비해 상대적으로 용이하기 때문이다.

정치가들은 정치 시장에서 '사람들의 편견과 맞서 싸울 수 없다.' 표를 '구걸'하면서 어떻게 표를 줄 유권자들에게 "당신의 편견을 고쳐라!" 고 요구하겠는가? 그렇다면 그런 편견을 전제한 다음 어떻게 하는 것이 소비자들의 편의를 극대화하는 방향의 변화인가를 볼 줄 아는 호랑이의 날카로운 눈이 필요하다. 이와 함께 본 것을 뚜벅뚜벅 한걸음씩 실천해

나가는 소의 우직함이 필요하다. 호시우보(虎視牛步)!

사실 쌀과 같은 곡물은 우리 생명 유지에 병원의 의료서비스만큼이나 필수적이지만, 쌀이 영리에 의해 생산되기 때문에 문제를 일으킨 적은 없다. 오히려 이중(二重)곡가제와 같은 제도가 쌀의 과잉 생산을 낳게 하는 문제를 일으킬 뿐이다. 그럼에도 불구하고 병원이 영리를 위해 영위되어서는 안 된다는 편견이 이미 자리 잡고 있다면, 이런 편견을 감안한 정책이 마련되어야 한다. 그런 정책을 통해 소비자들이 선호하는 서비스가 확대되고 그렇지 않은 서비스는 축소될 수 있다면, 실제 효과에서는 영리병원을 허용한 것과 비슷한 결과를 얻을 수 있다. 현재 소비자들이 선호하는 대학병원이 확장될 수 있는 길을 열어주는 정책은 편견이 존재할 때 이를 우회하는 매우 미시정치적인 해법이라고 할 수 있다.

영국의 히스 수상, 미국의 닉슨 대통령은 모두 작은 정부와 시장경제를 내세우며 국민들의 기대 속에 당선되었지만, 실패하고 말았다. 이에 비해 영국의 대처와 미국의 레이건은, 정부의 규모를 줄이는 데에는 성공하지 못했지만 자유시장 정책들을 성공적으로 실천할 수 있었다. 이 책의 저자는 그 차이가 미시정치를 감안했는지 여부였다고 보고 있다. 이렇게 보면, MB가 실패한 이유도 미시정치, 즉 정치적 테크닉의 부재로 해석할 수 있다.

우리는 흔히 공기업의 민영화라고 하면, 그 공기업을 민영화할 것인가 아니면 그대로 둘 것인가의 양자택일만 존재하는 것으로 본다. 그러나 실상은 그렇지 않다. 예를 들면 건강보험을 민영화하지 않으면서도, 사람들로 하여금 자신들의 선택권을 행사할 수 있는 영역을 넓히게 할 수 있다. 예를 들어, 강제적으로 보험료가 부과되는 건강보험의 의료비 부담률이 66%에서 62%로 하락할 수 있는 것은 사람들이 보험회사의 암보험 등을 따로 들기 때문이다. 이것이 의미하는 바는 의료보험분야에서 강제보험의 영역이 차지하는 비중이 줄어들고 소비자들이 선택하는 영역의 비중이 확대되는 것을 의미한다. 싱가포르의 의료저축계좌의 도입도 소비자들의 선택 폭을 넓힌 정책이다. 소비자들의 선택을 넓히는 정책은 그들의 정치적 지지를 받을 수 있는 여지가 많으면서도 강제건강보험이 지닌 문제점들, 예컨대 의료 과잉 소비 현상을 대폭 줄일 수 있다.

이 책은 자유주의 소장학자들의 소모임의 첫 번째 작품이다. 하이에크나 미제스 등 자유주의 경제학자들은 우리 번역자 일동에게 중요한 사상과 이론을 깨우쳐주었다. 정확한 이론과 사상은 캄캄한 밤의 등불과도 같이 우리에게 갈 길을 비춰준다. 우리 번역자 일동은 미제스와 하이에크의 이론이 그런 점에서 밝은 등불이라고 확신한다. 그러나 비록 "진리는 스스로를 밝힌다"고 하더라도, 현시점에서 주어진 정치제도인 다수결 민주주의 아래에서 이런 이론들이 실제 정책으로 자연스럽게 스며들 수 있을 것으로 기대하기는 어렵다. 그것은 어쩌면 감나무 밑에서 감이 입 속으로 떨어질 것을 기다리는 것과 별로 다르지 않을 것이다. 그래서 정치적 제도의 문제점을 알리는 일도 필요하지만, 동시에 주어진 정치환경 아래에서도 작동할 수 있는 정책들을 개발할 필요가 있다는 점을 깨달았다. 사실 이 번역본의 교훈은 바로 이것이다.

경제학은 기본적으로 자원의 희소성이라는 제약 조건 아래에서 사람들이 경제활동을 영위하는 것을 다룬다. 우리 번역자 일동은 1인1표의 민주주의라는 제약 아래 어떻게 정치적으로 더 많은 표를 얻으면서도 경제활동의 자유를 넓히는 정책을 개발하고 성공시킬 것인지를 고민하는 우리나라 정치인들 모두에게 이 번역본을 바친다.

말만 무성했지만 실천되지 못했던 일, 즉, 우리나라에 시장 경제 이념 자체를 연구하는 제대로 된 씽크탱크(Think-Tank)의 정립이 이제는 이뤄졌으면 좋겠다. 이와 함께 이 책 '미시정치'의 가르침을 받아들여 그 이념을 정치적으로 성공시킬 수 있도록 실제 정책으로 만들어나가는 데 전념하는 액션-탱크(Action-Tank) 연구소도 정치현장의 실정을 잘 알고 있는 이들의 동참 아래 출현했으면 더욱 좋겠다. 이 책이 이런 움직임에 조금이라도 기여했으면 한다.

마지막으로 우리 모임과 이 책의 번역 출판을 지원해 주신 조동근 회장님을 비롯한 한국 하이에크 소사이어티 회원 여러분들께 감사드린다.

2012. 11.

역자들을 대표하여 김이석

Contents

III부 미시정치

IV부 특수 기법들

V부 범위, 한계, 기원

I부

사상의 역할

사상들이 그 자체로 결실을 맺는다는 근본적 가정에 의문을 열어 놓는 발전적인 가정들이 있었다. 사상전은 이야기의 일부일 뿐이고, 그 자체로서는 사건들을 변화시킬 힘을 결여하고 있음을 알게 되었다. 자유 시장 계획안을 집행하려는 첫 번째 시도와 두 번째 시도 사이의 기간 동안에, 사상들과 정책이 이전에 파악했던 것보다 더욱 복잡하고 상호작용하는 관계를 가지고 있다는 점, 그리고 효과를 성공적으로 발휘하게 할 세부 정책들 없이는 사상들이 우리의 생각은 바꿀 수 있지만 세상을 바꾸지는 못할 것이라는 점에 대한 이해도 생겨나게 되었다.

1

사상들과 사건들

어떤 때 올바른 설명을 찾아내기가 가장 힘들까? 왜 그런지 모르지만 아무도 그 설명을 찾고자 하지 않을 때가 그렇다. 어떤 사상(idea)이 그 사건에 어떻게 영향력을 행사하는지 그 방식에 대해 설명할 때가 바로 그런 유형에 속한다. 왜냐하면 지금까지 사람들은 사건들이 단순히 (그 사건들을 제시한) 사상들을 따라갈 뿐이라고 가정하고 나서, 더 이상 설명할 게 없다고 생각해 왔기 때문이다.

예컨대, 이런 유형의 설명 가운데 가장 단순한 모델은 이렇다. 정치사상가들이 사상을 만들어내고 나중에 입법가들이 이 사상들을 집행한다는 것이다. 이 모델은 명백하게 사실과 다르다. 많은 사상들이 제시되지만, 그 중 몇몇은 서로 갈등을 일으킨다. 일부는 당시에 주의를 끌지만, 또 다른 일부는 관심을 끌지 못한 채 지나치게 된다. 일부는 집행되지만 일부는 기각된다. 민주주의 사회에서는 이념 갈등이 비일비재하다. 각 이념들은 사회가 어떻게 조직되어야 하는지에 대한 서로 반대되는 견해로부터 도출된 서로 다른 사상들을 제시한다. 어떠한 설명이건 반드시 대다수의 사상들보다 특별히 일부 사상들이 더 잘 집행된다는 사실을 명백하게 고려해야 한다.

시간요소를 도입하여 이 가장 단순한 모델을 수정해볼 수 있다. 수정 모델에서는, 사상들이 제시된 다음, 일정 기간이 지나면 그것들의 장점들이 일부 떠오르고, 정치 과정에 영향을 끼치기 시작한다. 이러한 설명은, 일정 패러다임에서 나오는 것들이 일정 기간 영향력을 발휘하고, 그 이후 다른 것들에 의해서 대체된다는 '사상들의 변화'를 고려한다. 유행하는 사상이 한때는 (사회주의라는) 집단주의의 관점일 수도 있고, 어느 때는 (자유시장경제라는) 개인주의의 그것일 수도 있다. 이 사상들의 이행기 사이에 혼합경제를 향한 유행이 요동치는 기간들이 나타날 수도 있다.

이 설명은 단순 모델처럼 그리 명백하게 잘못된 것은 아니고, 얼핏 보면 정치적 변화를 해석할 수단도 제공해줄 수 있다. 사상가들이 자신들의 사상들을 제시하면, 궁극적으로 일부는 채택된다. 이어서 그것들에 대한 실질적 경험이 깊어감에 따라, 사람들은 개선을 추구하고, 대안적 패러다임에서 도출된 개선된 사상들로 전환한다. 이 사상들은 그것들이 궁극적으로 사회에 이식될 때까지 차례차례 지배력을 발휘한다. 이런 설명은 예컨대 '사회적 양심'을 강조하는 시대의 틈새로 자유주의(laissez-faire)의 시대가 어떻게 비집고 들어오는지에 대해 그럴듯하게 설명하는 것처럼 보인다.

사상들의 '출현'을 설명하는 장치(mechanism)를 제공하지 않으면, 심지어 시간요소를 포함한 이 모델조차 불완전하다. 학자들이 사상을 만드는 일에 전념하고 있다고 본다면, 우리는 그 사상들 중 일부가 어떻게 궁극적으로 정책입안자의 주의를 끌게 되는지 설명할 필요가 있다. 학자들은 보통 공공영역에서 일한다. 즉 그들은 책이나 논문을 출판하거나 강의를 한다. 우리는 보통 이해관계 당사자들이 그들의 사상들을 이용할 수 있다는 점을 잘 알고 있다.

물론 아주 드물지만, 죽기 전까지 자신의 저작을 알리지 않았던 멘델(Gregor Mendel)과 같은 학자도 있다. 사회과학분야에서는 이보다 더 드물지만, 자신이 활동하던 시절이건 그 이후 세기이건, 자신의 선구적 저작이 영향력을 행사할 만큼 충분하게 유통되지 못했던 비코(Giambattista Vico)도 만날 수 있다. 학자들은 보통 자신의 저작이 어느 분야에서건 이용될 수 있도록 한다. 특히 그들이 세상에 영향을 주고 싶어할수록 더욱더 그렇다.

이로써 우리는 특정사상이 처음으로 출판되는 순간부터 입법가들에 의해 입법화되기까지 그 사상들을 추적하는 문제를 안게 된다. 그것들이 어떻게 현실화될까? 정치지도자들이 사상들의 결과물을 놓치지 않고 따라잡기 위해 엄청난 시간을 할애하며 학술 출판물들을 열심히 독파할 것이라고 가정하기는 어렵다. 그래서 우리는 정치인들로 하여금 사상들의 결과물에 주목하게 만들 중간 매개자를 찾아야만 한다.

최소한 상호간 배타적이지 않은 두 가지 가능성이 있다.

하나는 정치사상들을 읽고 쓰는, 그리고 학자들의 학술적 저작들과 실천적인 정당들 모두의 사정에 밝은 일단의 사람들이 있다. 그들은 정당

활동가들, 사정에 밝은 해설자들, 인기 있는 작가들 혹은 로비스트들일 수 있다. 이런 측면에서 그들은 정치학 및 경제학의 이론적 발전들을 추적하고, 사상들이 실제 입법 시 작동하는 것들에 영향을 끼칠 위치에 있다. 바로 이 사실이 우리의 설명에서 그들이 필요한 이유 전부이다.

두 번째 가능성은 —비록 다른 많은 가능성들도 있겠지만— 사상들이 세대 변화를 거치면서 영향력을 가지게 된다는 것이다. 지배 집단들의 상당 비율은 고등교육을 받았다. 학자들 자신으로부터건, 대학 수학 과정에서의 필수과목 이수를 통해서건, 그들이 새로운 사상들을 접할 수 있었던 것은 이 고등교육 과정 때문일 수 있다. 학술적 환경에 젖어드는 과정에서 그들은 새로운 사고에 눈뜰 수 있다. 그 새로운 사고로부터 젊은 시절 충분히 영향을 받았기에 그들이 나중에 돋보이는 위치에 갔을 때 그 사고들은 그들의 행동에 영향을 끼칠 수 있다. 일부 정치사상들이 실천에 옮겨지기까지 왜 한 세대의 기간이 필요한지 그 이유를 이런 식으로 설명하는 것은 나름대로 매력을 가지고 있다.

그러나 우리는 여전히 왜 다른 사상들이 아닌 특정사상만이 채택되는가를 설명해야만 한다. 다시금, 단순하기 그지없는 대답은 학술적 토론과 비판 과정에서 그 장점들이 떠오른다고 가정하는 것이다. 밀턴(Milton)과 밀(John Stuart Mill) 모두 공정하고 개방된 경쟁하에서라면 진실이 승리자로 떠오를 것이라는 견해를 피력했다. 정말이지, 두 사람 다 높은 수준의 언론 및 토론의 자유를 옹호할 하나의 좋은 이유가 이것이라고 여겼다.

만일 현실 세계의 이론적 전망이 이런 장밋빛 측면만 있다면 얼마나 좋을까? 하지만 안타깝게도 세상은 그렇게 간단하지만은 않다.

우리가 사는 세상에서는 진실이 힘에 의해 침묵을 강요당하는 일이 비일비재했다. 갈릴레오(Galileo)는 (자신의) 주장을 취소해야 했고, 이단적인 책들은 불길 속에 던져졌고[焚書], 불운한 저자들도 그 뒤를 따라갔다[坑儒]. 벨벳으로 속내를 감춘 현대의 권력은 자신의 노선을 따르는 사람들에게는 학계에서 좋은 자리를 갖게 하고, 그 노선을 거스르는 사람들에게는 그런 자리를 주지 않는다. 권력을 쥐고 있는 완고한 학계는 지지자들과 아첨꾼들만 진급시키고, 필생의 경력을 쌓아올린 근거인 저작에 도전할만한 사람들의 의견에 대해서는 들어볼 생각조차 없다.

물론 인간들의 저열한 동기로 인해 진실을 감출 수 있다고 하더라도 이는 일시적일 뿐이라고 여전히 주장할 수는 있다. 결국 갈릴레오가 정당화되지 않았는가? 오늘날에 와서는 브루노(Bruno)를 화형에 처한 종교재판소(Inquisition)보다 브루노가 더 영향력이 있지 않는가? 이와 비슷하게, 우리는 만일 그 사상들이 옳다면 재야학자라도 궁극적으로는 성공할 것이라고 주장할 수 있다. 그에게 사후(死後)에라도 명예 회복과 명성이 찾아올 것이라고 말이다. 그런 주장이 재야학자들에게는 위안이 되겠지만, 그 주장에는 이미 이루어진 성공에 한해서 되돌아본다는 요소가 강하다.

일부 사상들이 결국 승리를 쟁취했음은 사실이다. 그러나 이 사상들은 우리가 알고 있는 것들이다. 그러나 진실한 사상이었음에도 불구하고 여전히 승리를 얻지 못한 것들이 있을 수 있다. 이런 사상들은 우리가 인지하지 못하고 있는 것들이다. 정확하게 얼마나 많은 학자들이 자신의 사상을 개발하고 이를 실현시키는 데 필요한 지위를 얻는데 실패했는지, 혹은 정확히 얼마나 많은 학자들이 일시적 보상을 받을 자격을 갖추느라 유망한 연구 노선들을 중단했는지 우리는 알 수 없다. 그러나 우리는 빈곤으로 파멸하거나 자살에 이른 몇몇 학자들의 사례들을 알고 있다. 우리는 힘 있는 사람들이, 그들의 열등한 사상들을 가지고서도 그것들보다 더 나은 사상들을 성공적으로 추방함으로써 더 큰 영향력을 행사하는 경우도 많이 있음을 알고 있다.

진실이 궁극적으로 승리한다는 주장은, 과거(過去)는 현재의 서곡(序曲) 역할을 한다고 가정함으로써, 휘그식 역사 해석의 오류(Whig fallacy of history)[역자주1)]를 저지르게 된다. 우리는 무슨 일이 일어났었던가를 보긴 하지만, 그 자리에서 무슨 일이 일어날 수 있었던가를 보지는 못한다. 마침내 승리했던 사상들은 지금 지배적인 사상들이다. 우리는 이것을 '진실'이라고 부를 수 없다.

만일 사상이 진실한 것임에도 받아들여지지 못했다면, 그때는 다른 어떤 수단을 찾아야 할 것이다. 만일 특정사상의 장점으로 인해 사람들이 저절로 그 사상에 주목하는 것이라고 할 수 없다면, 필경 그 사상의 옹호자들이 그 간극을 메워야 할 것이다. 일단 그 사상이 공공영역에 있는 것이라면, 거기에는 그 주장들의 힘에 매력을 느끼고 거기서 일정 부분 기본적 진실들을 깨닫는 사람들이 있을 것이다. 이 옹호자들이 사상을 채택하고, 그 다음에 그 장점들을 탐색하고, 아마도 창시자가 이룩한 것보다 더 발전된 논문들을 출간하게 된다.

역자주1) 고정되고 예정된 역사발전법칙이 있다는 생각.

이런 식으로 진전될 때, 특정사상은 하나의 원천이 줄 수 있는 것보다 더 많은 지지를 받는다. 그 사상을 갖게 되는 사람들은 이해관계 공동체를 이룬다. 그들은 그 사상을 발전시키기 위하여 함께 일하고, 여러 노력들을 통해 그 사상이 무시될 수 있는 가능성도 줄인다. 그들은 처음에는 재야에서 적대적인 지적 분위기 속에서도 스스로를 설복시킨 장점들을 가진 사상들, 그리고 언젠가는 승리할 것이라는 확신이 든 사상들을 전파하기 위하여 일할 수 있다. 옹호자들은 그래서 자신들의 경력들을 창시자의 경력과 연결하고, 그 시대에 널리 퍼져 있는 지혜로부터 벗어날 통로를 뚫는다. 그 사상이 널리 수용될 때까지 그들은 사람들에게 그 사상을 상기시키기 위하여 일종의 지적 압력집단을 형성한다.

이 옹호자들의 일부는 한때 대가(大家)에게서 배우는 학생들이었을 수 있다. 이제 그들은 자신들을 그 사상을 전파할 사도(使徒)라고 여긴다. 일부는 출판된 저작을 통해서 그 사상을 접했을 수 있다. 어떤 사람들은 구전으로 접했을 수 있다. 그들은 흔히 지적 주류(intellectual mainstream)에게, 일반적으로는 학술공동체와 지식공동체에게도 말을 걸지만, 서로에게 훨씬 더 많이 말을 거는 헌신적인 열정적 무리들로 비친다. 그들은 그 사상이 자신들의 노력에 의해서 궁극적으로 실천적 행동의 기초가 될 만큼 충분히 널리 세상에 받아들여질 때까지 전파되기를 희망한다. 그 때가 오면, 승리의 순간은 자신들을 반대했던 기존 지적 권력(received wisdom)에 맞서 자신들의 견해가 사람들에게 널리 전파되도록 하기 위해 보냈던 투쟁의 세월을 정당화해 줄 것이다.

사상이 사건들에 영향을 끼치는 방식에 대한 이런 그림은 토마스 쿤

(Thomas Kuhn)의 과학혁명 발생 방식에 대한 설명과 아주 흡사하다. 주도적인 패러다임(paradigm)이 지배하는 상황에서는, 오로지 그 패러다임의 맥락 속에서 이루어진 저작만이 인정을 받는다. 사상들이 탐색되고 확장되고 개발되지만, 이것들은 직접적인 도전에 직면하지 않는다. 왜냐하면 도전하는 그러한 일은 인정을 받지 못하고, 신뢰를 얻지 못하며, 그 일을 하는 사람에게는 보상이 주어지지 않기 때문이다. 쿤이 말하길, 궁극적으로 그 패러다임은 가능한 한 최대한 수용된다. 그 패러다임의 비일관성들과 부적합성들이 축적되기 시작하여, 자신들의 사고의 주된 부분이 바뀌어 더욱 더 많은 사람들이 그 패러다임을 대체할 필요를 확신할 때까지 그 패러다임은 지속된다. 패러다임이 (고착되어 있지 않고) 유동적으로 변하는 진정한 창조적 시기에 이런 변동이 일어난다. 새로운 모델은 보통 다음 학자 세대로부터 제시된다. 그 이유는 신진 학자들의 경력이 옛 세대의 경력과 떼어낼 수 없을 정도로 묶여 있지는 않기 때문이다. 신진학자들에 의해 새로운 모델이 수용됨에 따라 그것을 발전시키고 확장시키는 일이 일어난다. 그리고 그것은 새로운 정상상태(正常狀態, new status quo)로 정착된다. 처음 그것이 유행되지 않았을 때 그것을 옹호했던 학자들은 이제 명예를 회복하고 개척자로서 신뢰를 받게 된다.

만일 우리가 과학혁명에 대한 설명을 과학 대신 정치사상에서 일어나는 주요한 변화에 대한 설명으로 대체해 보면, 쿤의 유형은 여태까지 생각되었던 모델에 아주 가까운 것처럼 보인다. 쿤의 유형은, 최소한 이론적 수준에서는, 정치사상들이 어떻게 변화를 겪을지를 설명할 수 있다. 거기에도 여전히 이론적 사상영역들과 실제 정치 세계를 잇는 가교(架橋)

처럼 행동할 그룹이 필요할 것이다. 그러한 그룹이 있어야, 우리가 지식 세계의 차원에 존재하고 있는 사상들이 어떻게 궁극적으로 (의사결정들이 내려지고 사건들이 영향을 받는) 현실 세계의 차원에서 수용될 수 있는가를 설명할 수 있을 것이다.

쿤의 모델은 부분적으로만 교훈적이다. 왜냐하면 그것은 심리학(psychology)의 수준에서 작동하기 때문이다. 그것은 쿤에 의해서 과학적 지식의 성장을 설명하는 수단으로 제시되었다. 그러나 그것은 사상들 그 자체를 다루는 것이 아니라 사람들이 그 사상들에 반응하는 방식을 다루고 있다. 포퍼(Popper)와 라카토스(Imre Lakatos, 1922-1974)는 좋은 결과를 낳은 쿤의 설명을 비판해 왔다. 그 근거는 이론의 수용 가능성 혹은 그것이 경력들을 만들거나 방해하는 데 사용될 수 있는 방식이나 그 내용에 대해서는 우리에게 아무 것도 이야기해 주지 않는다는 것이다. 포퍼와 라카토스에 따르면, 문제는 특정사상이 사람들의 호감을 얻게 될 것인지의 여부가 아니라 그것이 과학적 지식에 요구되는 기준을 통과하느냐 아니냐의 여부라는 것이다.

그렇지만, 비록 그것이 과학적 지식의 성장에 대한 설명으로서 흠결이 있을지 몰라도, 쿤의 설명은 과학적 유행에 대해서는 우리에게 많은 것을 이야기해 준다. 그것은 이론들이 유행되기 시작하고 연이은 연구에 영감을 불어넣는 방식에 대한 아주 그럴 듯한 설명을 제시하고 있다. 이것은 정치사상들이 우리의 기호에 맞아떨어지거나 어긋나게 되는 방식과 비교될 수 있음을 시사하는 훌륭한 사례이다. 정치사상들이 수용될 때 그것들은 연구를 자극하고 그 지지자들의 주의를 끈다. 그것들이 현재 널리 퍼져 있는 합의에 반(反)하는 황야(荒野)에 있을 때는, 그 정치사상들도 또 그 지지자들도 그러한 주목을 받지 못한다.

쿤 모델로부터 떠나게 되는 주요한 지점은 그가 오로지 사상들이 학술 공동체에서 지배적이게 되는 방식만을 다루었다는 점에서다. 그의 관심은 과학혁명들을 다루는 것이었고, 따라서 그는 사상들이 어떻게 인기를 얻는지 혹은 사상들이 어떻게 사건들에 영향을 끼치는지에 대해서는 거의 말하지 않았기 때문이다. 비록 우리가 그의 모델을 지적 세계에서 사상들의 승리로 받아들인다 해도, 우리는 여전히 그것들이 사회에 수용될 가능성, 그리고 기존의 사상을 변화시키는 방식에 대한 설명을 하지 않으면 안 된다.

사상을 따르는 사도들 그리고 그 옹호자들과 같은 매개 그룹들이 두 세계 사이에 다리를 놓을 수 있을 것이다. 각각의 위대한 창시자들에게는 전체적으로 그들의 연구와 비판에 기여하면서 본래 통찰의 결과들을 탐구하는 수십 명의 혹은 수백 명의 파생 사상가들이 있을 수 있다. 이들은 흔히 대학 강사들이나 교수들이다. 그들 다음에는 그들에게서 영향을 받은 학생들이 오고, 그 중 일부는 작가들, 언론인들 혹은 다양한 곳의 여론지도자들이 온다.

때로는 그들은 자신들을 묶는 사상들을 광범위하게 인정받게 한다는 공인된 목적을 가지고 학회나 연구소로 서로 뭉치며, 그 사상들이 공공정책에 영향을 끼칠 길을 찾는다. 더욱 대중적인 수준으로 글을 쓰고 강의하면서, 그들의 저작이 더 많은 청중들의 주목을 끌 수 있고, 아마도 사상들에 대한 관심을 훨씬 더 광범위하게 전파할 대중매체에 보도될 수도 있다. 하이에크(F.A.Hayek)가 '2차사상전달자'라고 언급한 그룹이 이들이다. 그들이 느끼기에 자신들의 임무는 본래의 사상들을 그것들이 효과적일 수 있는 수준으로 받아들여 타인에게 설명하면서 그 판매원으로 행동하는 것이다. 이런 판매 행위는 의사결정자와 입법담당자 앞에서 하며, 혹은 대체로 사정에 밝고 교육받은 대중이 그 사상을 채택하도록 압력을 넣기 위해서 대중 앞에서 이루어지기도 한다.

이제 모든 요소들은 흔히 '사상전에서의 승리(winning the battle of ideas)'라고 불리는 익숙한 그림에 맞게 자리를 잡는다. 전개될 익숙한 시나리오에 맞게 무대가 설치되어 있다.

먼저 학자가 나온다. 그는(혹은 그녀는) 그 시대의 전통적인 정치 경제적 지혜에 맞서 지배적인 견해가 실수이거나 잘못된 생각임을 시사하는 최초의 입장을 발표한다. 주요 저작 혹은 일련의 저작들이 현존 패러다임의 폐기를 포함한 근본적으로 새로운 접근법을 적시한다. 이런 일은 충격적 회의(懷疑)의 대상이 된다. 학술공동체는 그 저작을 부조리한 퇴물인 것으로 기각하거나(이는 항상 새로운 사상들에 대한 훌륭한 방어이다), 혹은 더 전통적이고 더 효과적인 학술 무기인 침묵에 호소한다. 그 저작은 검토되지도 않고, 인용되지도 않고, 심각하게 받아들여지지도 않는다. 그 학자는 그저 무시된다. 그는 논문을 출판하거나 훌륭한 강의를 하기가 어렵다고 느낀다. 기대했던 자리는 나타나지 않는다. 보조금도 받기 어렵다. 가장 나쁜 것은, 자기가 가르친 학생들이 직장을 잡기 어렵다는 점이다. 황야에서의 세월들이 시작된다. 이 학술적 고립으로 인해 외롭긴 하지만, 그 학자는 전적으로 혼자인 것만은 아니다. 한 줌에 불과하지만 젊은 동료들이 그 저작의 장점을 인식하고, 처음에는 작은 저널에만 유통되는 논문들을 쓰기 시작한다. 그들에 의해서 영향을 받아왔던 학생들의 수가 여러 해를 거치면서 쌓인다. 그 그룹은 여전히 소수지만, 그러나 응집력이 있고 충성심이 있는 소수다.

그런 다음 대중화시키는 사람들이 온다. 그들 중 일부는 이전에 학생이었고, 일부는 그들이 읽고 들었던 것들에 의해 영향을 받았다. 그들은 여러 해에 걸쳐 자신들이 믿고 있는 것이 옳다는 대의(大義) 속에서 일한다. 그들은 새로이 떠오르는 세대의 강사들과 학생들에게 영향을 끼친다. 그들은 전문서적들, 소책자들 그리고 잡지 · 논문들을 가지고 사정에 밝은 대중들에게 다가간다. 그들로부터 영향을 받은 사람들 중 일부가 정치 세계로 들어간다. 그곳에서 그들은 절반 정도는 이해되었지만 대개는 불신을 받는 사상을 위해 일하는 소규모이자 괴짜인 소수파 정치인으로 간주된다.

이 외로운 그룹은 끈기있게도 새로운 개종자들에게서 위안을 찾으면서 그리고 그들이 투쟁하고 있는 대상인 기존 패러다임이 갖고 있는 가정들의 부적합성들과 실패들을 놓치지 않고 적시하면서 여러 해 동안 애를 쓴다. 익숙한 시나리오대로 행복한 결말이 온다. 사건들에서 실패들이 드러남으로써 기존 정치사상들은 위기 지점에 도달한다. 떠오르는 세대의 새로운 학자들이 대안 패러다임을 수용한다. 그 사상들이 존경받게 된다. 연구자들은 그것들로부터 도출된 명제들과 연구들을 복제하려고 달려든다.

한편 대중화시키는 사람들의 저작이 멀리 퍼져나가서 사상들은 이제 사정에 밝고 교육받은 초보자들에게로 흘러넘치게 된다. 그들이 학술적으로 존경을 받게 되는 바로 그 시점에, 새로운 대안 사상들에 대한 대중적 관심도 생긴다. (명백히) 실패하고 있는 체제를 대체할 그 무엇에 대한 수요가 가시화된다. 대중적 압력과 학계의 존경이 결합하여 이제 입법가들을 움직일 정도의 영향력이 생긴다. 새로운 사상들에 영감을 받은 입법가들은 그것들을 실행에 옮기려는 구체적 행동에 나선다.

만일 그 학자가 살아 있는 동안에 이런 일이 일어난다면, 그는 자신이 유명해진 것을 알게 된다. 강의 여행이 시작되고, 책은 마침내 흘러넘친다. 초기의 지지자들은 이제 승진 장벽을 뚫게 되고, 황야에서 보낸 세월들을 보상받는다. 사상은 변화하는 사건들 속에서 성공을 거둔다. 물론, 다른 한편에선, 이제 막 급진적인 새로운 패러다임을 제시한 탓에 지금 당장에는 무시되는 또 다른 외로운 학자가 나타난다…….

(이런) 시나리오는 익숙하기도 하고 다행스럽기도 하다. 자신들의 저작을 인정받지 못한 학자들은 그 사상으로부터 언젠가는 자신의 차례가 올 것이라는 위안을 얻을 수 있다. 비록 개인적으로 그들에게 그 시기가 늦어질지라도, 그들은 자신들의 사상에 대한 사후(死後)의 승전보도 바랄 수 있다. (먼 훗날) 영국 박물관에서 땀 흘릴 마르크스 추종자들도 그런 성공을 꿈꿀 수 있다. 그들의 사도들과 지지자들은, 비록 학술적 영향력이 비껴가고 막혀 있었지만, 일단 사상들이 수용되면 일찍이 그것들의 장점을 봤던 사람들 그리고 그것들을 진척시키기 위해서 자신들의 경력상의 기회들을 희생했던 사람들도 비슷하게 그에 어울리는 인정을 받게 되리라는 희망을 가질 수 있다. '2차 사상전달자들'인 사상을 대중화시키는 사람들은 끈기 있게 작업하면 궁극적으로는 보상을 받으리라는 희망에서 위안을 느낄 수 있다. 유능한 정치가들이 나서기에 충분할 정도로 사상들이 대중화되면, 이것을 개시한 사람들은 역사에 영향을 끼치고 사건들을 결정하는데 도움을 주었다는 거대한 심리적 만족감을 얻는다.

이 시나리오가 가진 인기는, 부분적으로는 그것에 내재하는 그럴듯함에서, 그리고 또 다른 부분에서는 관련된 모든 당사자들에게 그것이 가져다 줄 만족으로부터 도출된 것이다. 우선, 이 시나리오는 어떻게 '사상들이 결실을 맺는가'에 대한 설명을 따라간다. 그것은 사상영역으로부터 시작된 작업이 사건들에 궁극적으로 자극을 주는 일련의 영향력으로 어떻게 변환(translate)될 수 있는가를 보여준다. 두 번째로, 이 시나리오는 관련된 모든 당사자들, 즉 학자들, 사도들 그리고 대중화시키는 사람들 모두에게 위안을 준다. 사상들의 승리를 본 사람들은 성공지분을 요구할 수 있다. 그렇지 못한 사람들은 자신들의 시대가 올 것이라는 기대감을 마음에 담아둘 수 있다.

'사상전에서의 승리'에 그렇게 큰 중요성을 부여한 것이 이 익숙한 시나리오가 가진 인기의 비결이다. 만일 다음 세대에 주도적인 위치를 점하는 사상들에 의해서 미래의 사건들이 결정될 것이라면, 그 경우 자신들이 가진 현실을 보는 눈(vision of reality)이 널리 확산되기를 바라는 사람들은 지금 그것에 영향을 끼쳐야만 한다. 만일 그것이 교육받은 여론주도층들—이들은 정치가들로 하여금 행동하도록 자극하는 기능을 한다—사이에서 사상을 전파하는 것이라면, 정치가들이 특정 방식으로 행동하길 바라는 사람들은 이 여론 주도층에게 그 사상이 올바르다는 점을 확신시켜야만 한다.

이것이 바로 미래의 사회 모습을 결정하기를 바라는 사람들이 사상전을 왜 두 수준에서 벌여야 하는지의 근본적 이유이다. 두 수준들은 연결되어 있다. 근본적 변화의 옹호자들이 내일의 여론 주도층에게 영향을 미치기를 기대하는 것은 바로 오늘날의 학교와 대학생들의 마음을 얻음으로써 가능하다. 교육에 대한 이러한 집중이 갖는 주요한 이점은 그것이 자기 가속적일 수 있다는 점이다. 소수의 교사들이 많은 학생들에게 영향을 미칠 수 있다. 그리고 그들은 자기 차례에서 선생들이 되었을 때 더 많은 학생들에게 영향을 미칠 수 있다. 궁극적으로 그렇게 교육을 지배하여 전체 세대를 그 사상으로 물들이는 것이 가능하다.

창시자의 사도들과 조수들은 학술 세계에 영향을 끼치고 침투하려는 행동을 한다. 그들은 문헌들과 선생들 모두에게 영향을 미치려고 노력한다. 전투는 교재들을 둘러싸고 이루어지는데, 과정들의 강독 내용을 통제하려고 노력하는 기존의 주도적인 패러다임에 대해 근본적 변화를 지지하는 사람들과 함께 이루어진다. 뉴스 이야기들은 젊은이들의 마음에 영향을 끼치기 위한 (두드러지게 조야한) 시도들에 집중하는 경향이 있다. 그러나 더 심각한 투쟁은 고등 교육 소재들의 통제권을 두고 일어난다.

혁신적 사고의 옹호자들은 자신들의 저술들을 교실 도서관들과 대학 과정의 강좌 목록에 넣는 데 시간과 자원 모두를 할애한다. 그들은 캠퍼스 내외에 연구 근거지들을 세우고, 교육 과정에 채택되게끔 구상된 읽을거리들을 출판하고 흥행시킨다. 그들 중 일부는 출판 물량 면에서, 교수진 혹은 대학 도서관 침투 면에서, 혹은 그들의 저작들을 채택한 교과 과정의 숫자라는 점에서 성공을 거두기도 한다. 다른 이들은 유망한 강사들과 학자들을 끌어들이기 위한 세미나 과정들을 운영하면서 강사들과 학자들에 집중한다. 이 세미나들의 내용은 새로운 사상들로의 전환이나 이미 설득된 이들의 확신 강화 등이다. 학술 지원금들이 만들어지고, 학계에서 유망한 몇몇 사람이나 새로운 사고에의 헌신을 보여준 이들 모두에게 논문상들이 수여된다. 그 목표는 사람들에게 투자하는 것, 그리고 다음 세대에서 승리하기 위하여 자원들을 사용하는 것이다.

종합대학과 단과대학 학부들은 이 활동의 진척에 따라 개척지들(colonies)이 되기 시작한다. 좋은 자리를 잡은 유능한 사람은 젊은이들을 설득하는 직책을 확보할 것이다. 대학원생들은 새로운 사상들을 강조하는 그런 학부들에 매력을 느끼거나 그 쪽으로 향할 것이다. 일정 기간이 지나면 꽤 많은 학부들이 일정한 패러다임에 헌신한다는 평판을 얻을 것이다. 그에 공감하는 사람들이 그곳에 지원하고, 환영을 받는다. 앞서의 학부에 공감하지 않는 사람은 다른 곳에서 학술적 발탁을 모색할 것이다.

사상'전'이라는 이름은 잘 지어진 이름이다. 왜냐하면 군사적 은유가 강렬하기 때문이다. 이런 은유를 쓰면 학계에서 다음 세대를 확보하려는 투쟁은 장기전으로 파악된다. 따라서 이 전쟁은 다른 전쟁터에서의 작은 충돌들, 꽤 주요한 교전들에 의해, 그리고 중요하거나 새로이 점령한 지점들을 강화하기 위한 군대 파견에 의해 종지부를 찍는다. 주요 기관에서 승리를 쟁취함에 따라, 때때로 신중하지만 항상적으로 일어나고 있던 투쟁이 표면 위로 드러난다. 격렬한 전투의 국외자(局外者)에게는 사표 및 고발 등과 같은 두드러진 사건 정도가 감지될 수 있을 뿐이다.

'황야' 시기의 한 특징은 사상 수용 투쟁에 관여했던 사람들의 집단적 충성심이다. 소수이기에, 그들에게서 우리는 지지 기반 확장을 기대할 수 있고, 새로운 사고의 일부 요소들만 받아들일 동맹자들에 대한 지지도 기대할 수 있다. 그러나 그 역(逆)도 흔히 일어나는데, 그 까닭은 이상한 사고에 의해서 사상들이 희석되거나 오염되지 않도록 하려는 결정 때문이다. 이런 태도는 자신들이 존경하는 거장의 사상들을 순수하고 혼합되지 않은 상태로 받아들이는 사람들만 수용하려는 배타성으로 이어질 수 있다. 출판물과 강의에서 핵심 문구들과 특수 단어들을 사용하는 것이 국외자(局外者)에게는 마치 종교적 의식의 주술과 흡사한 것을 보는 느낌도 준다.

여론 주도층은 물론 학술공동체에게까지 사상을 대중화시키려는 사람들에게는 그 성공 여부가 그 사상의 수용범위(coverage)로 측정된다. 출판물 발행 숫자들은 중요한 의미가 있다. 책 판매부수는 그것이 가져올 수입 때문이라기보다는 그것이 함축하고 있는 영향력 때문에 면밀하게 헤아려진다. 중요한 신문이나 잡지에 실리는 학자나 그의 사상에 헌정된 특집기사는 주요 사건이다. 아마도 더 많은 사람들이 특정사상의 원본보다는 지지자들이 서로 유통시킨 사본들을 읽을 것이다.

관심을 끄는 사상들을 다루는 딱딱한 라디오나 텔레비전 프로그램들에서 특정사상이 다루어지면 이것은 사상전에서의 주요한 승리로 환영받는다. 시종일관 계속되었던 가정은 전파하려던 사상이 침묵이라는 음모에 가까운 어떤 것에 의해서 배제되어 왔고, 사정에 밝은 평론가들은 그것을 진지하게 받아들이기를 거부했다는 것이었다. 따라서 텔레비전이나 라디오 프로그램에 등장했다는 사실은 그 프로그램 자체의 혹은 그 사상이 나오는 채널의 시청률이 얼마나 되는지와는 무관하게, 획기적인 약진을 이루고 있다는 것을 의미한다.

이 모든 활동 속에서도, 과학혁명들에서처럼, 투쟁 그 자체가 자신의 경력인 사람들이 있다. 학술기관들에는, 자신의 승진 기회가 새로운 사상들의 승리와 결부되어 있는 사람들이 있다. 전통적인 패러다임에서 부각되지 못한 다른 사람들은 아마 그것을 폐기할 작은 모임에서는 이름을 날릴 수 있다. 연구소들에서는, 그 책임자들이 자신들의 대의를 진척시키는 동시에 봉급을 받는다. 학계 및 연구소 양 그룹들에 의한 저술 및 강의 덕분에 추가 수입의 원천들, 그리고 국제회의나 세미나 참석 차 여행할 기회들이 제공된다.

그러나 이것은 일반적으로 학술 세계나 지식 세계에서만 진실이다. 대부분의 학자들은 자신의 신념은 물론 자신의 진급을 추구한다. 그들 대부분은 출판하거나 강의할 기회들을 추구한다. 비용까지 지원받는 국제 여행들은 조심스럽게 추구되고 조달받는 것의 핵심들이다. 이런 게 있다면, 직접적인 자기 이해관계는 대담한 혁신들을 인정받으려고 애쓰는 사람들보다는 나머지 학술공동체에 더 관련되어 있다.

현재 주도적인 정통적 견해에 반기를 드는 사람들은 앞에서 든 이유보다는 다음과 같은 세 가지 명확한 신념들에 의해서 동기를 부여받는 경향이 있다.

첫째, 그들은 제시된 효시(嚆矢)적 통찰들이 본질적으로 올바르다고 믿는다. 즉 그들 역시 현재 상태에 잠재된 실패들을 보며, 그 타당성을 잠식하는 분석을 받아들인다. 따라서 그들은 그렇게 동기를 부여받은, 그들이 믿는 것이 옳다는 대의 속에 박탈과 배척도 견딜 태세가 되어 있는 사람들처럼 원리 그 자체에 의해서 아주 많이 동기를 부여받는다.

둘째, 그들은 궁극적으로 그들이 사물을 보는 관점이 타인에게 전파되어 일반적으로 수용될 것이라고 믿는다. 이 믿음에 의해서 그들은 동기를 부여받는다. 그들에게는 명백한 진리들이 다른 사람들에게까지 드러나는 것은 오직 시간과 노력의 문제일 뿐이다. 그들은 황야에서 그런 희망이 제공하는 자양분으로 버틴다. 그들은 일반적으로 그들이 함께 주장해 왔던 것의 진실성을 지식공동체가 받아들일 날이 올 것이라고 굳게 믿고 있다. 그들 자신이 살아 있을 동안에 그날이 오면 더 좋겠지만 말이다.

세 번째 믿음은 의심의 여지가 거의 없는 것이다. 그것은 사상전이 승리했을 때 사건들이 그 승리의 자국을 따라갈 것이라는 믿음이다. 그 가정은 지식인의 세계에서의 승리가 그 후 언젠가는, 그 사상들이 실행에 옮겨지는 것처럼, 자동적으로 실제 세상에서도 유사한 성공을 거둔다는 것이다. 그 사상들이 옳고, 지적 수용을 위한 전투에서도 그들이 이길 것이라고 확신하기 때문에, 그들은 그 전투에서 승리를 거두려는 노력이 최종적으로는 인간들이 살아가는 방식에서도 변화들을 가져올 것이라고 믿는다.

이 세 번째 확신의 원천은 헤아리기 어렵지 않다. '사상전'에 참여하고 있는 참여자들 모두는 그 사상을 가진 수많은 사람들이다. 외로운 길에 기꺼이 몸을 던졌던 창시자, 대의를 받아들였던 사도들, 학생들과 지지자들이 그들이다. 또한 연구소의 사람들, 대중적 수준에서 그 사상들을 전파하기 위해 일했던 사람들 등등 이 모든 사람들은 어느 정도는 정신적 삶을 살고 있다. 그들의 주된 관심은 사상을 가지는 것이다. 그것은 그들을 감동시키는 사상들, 그들의 사고를 선점하는 사상들, 그리고 그들을 격동시키는 힘을 가지고 있는 사상들이다. 자연히 그런 사람들에게는 사상들이 궁극적 결정인자이고, 그럼으로써 사상전에서 승리하는 것이 사건들에 대한 전투에서도 이기는 것이라는 가정이 깃들어 있다.

역사를 통틀어 지식인들은 지식인의 역할과 영향력에 신바람을 내왔다. 대작들이 그런 역할을 입증했다는 점은 별로 놀랄 일이 아니다. 왜냐하면 그것들을 쓴 사람이 지식인들이기 때문이다. 사상을 가진 대부분의 사람들은 인간의 진보에 중요한 조치를 하는 것이 사상을 가진 사람들이라는 점을 당연시해 왔다. 그들은 상인들과 거래자들, 탐험가들과 병사들, 농부들과 건축가들의 기여를 한 수 아래로 낮춰본다.

의식적이건 무의식적이건 많은 지식인들이 이런 견해를 고수하지만, 그 최고의 표현은 자기 자신에게 영향을 끼치지 않았을 리 없는 사상의 소유자인 케인스(John Maynard Keynes)의 말에 유효한 의미로 적혀져 있다. 그는 다음과 같이 썼다.

> 자신들이 어떠한 지적 영향으로부터도 완전히 자유롭다고 믿으며 실천하는 사람들은 보통 돌아가신 몇몇 경제학자의 노예들이다. 하늘의 목소리를 듣는 당국의 미친 사람들은 오래 전 삼류 학술 저자로부터 자신들의 열정을 뽑아 쓰고 있다.

학자들은 그런 말들에 최면이 걸린다. 그 말들이 적지 않게 학자의 지위를 고양시키기 때문이다. 학자들이 코가 꿰인 부분은 그들이 권력을 행사하고 사건들에 영향을 주는 사람들을 한 수 아래로 내려본다는 점이다. 케인스의 유명한 이 말은 일시적 권력을 '환각'이라고 표현했다. 권력을 행사하는 듯이 보이는 이들은 지식을 가진 사람이 이전에 뿌렸던 씨앗에서 결실을 거두는 것 그 이상을 하지 못한다. 지배자가 지휘봉을 휘두르지만, 그 손을 인도하는 것은 학자다.

케인스의 마법은 한때 자신들의 인생을 상아탑 안에서 보내야 했던 사람들에게 확신을 주었고 위안을 주었던 강력한 것이다. 그것은 지식인들에게 그들이 듣길 원하는 것, 케인스 자신이 믿었던 것, 즉 지식인들이 진정한 지배자임을 말해주었다. 그것은 사상을 가진 사람들이 사상세계에서의 승리가 실제 세상에서의 승리로 변환되는 것에 의문을 품지 않는 이유를 어느 정도 설명한다.

지적공동체에게 확신을 주고 위안을 주긴 했지만, 케인스의 견해가 자명한 진실은 아니었다. 당국자들이 반드시 부지불식간에 이전의 삼류 학자들의 꼭두각시들인 것은 아니다. '사상전에서의 승리'가 일어나는 익숙한 시나리오는 마지막 장면에서 가장 취약하다. 사상들의 전쟁터가 사회의 미래를 결정한다는 가정이 의문시될 수 있기 때문이다. 만일 그것이 유지되려면 지적 승리들과 실천적 승리들 사이에 연결고리가 필요하다. 지식인들의 수용을 통해서 승리한 사상들이 어떻게 해서 공공정책의 중대한 결정인자가 되는지 그 과정이 반드시 제시되어야 한다.

혁신적 학자의 역할과 그가 황야에서의 세월을 받아들이는 것, 사도들, 옹호자들 그리고 대중화시키는 사람들이 수행하는 부분의 중요성을 우리는 인정할 수 있다. 하지만 이것이 사건들에 영향을 끼칠 정도로 충분한지는 의문을 제기해 봐야 한다. 심지어 개략적 과정이 몇몇 승리 혹은 패배한 사상전들의 일부를 타당하게 묘사하고 있다고 인정하더라도, 사상들과 현실 사이에는 중대한 틈새가 남아 있다.

사상전에 참여하는 사람들이 가지고 있는 가정은 사상들로 충분하다는 것, 그리고 그들이 학술적 존경과 대중적 지지를 얻을 때 정치가들이 그것들을 입법화하는 일이 가능하게 되리라는 점이다. 이것이 연쇄 내지 추론의 약한 고리(weak link)다. 그것이 취약한 이유는, 그것이 증거나 논쟁에 의해서 뒷받침되는 타당한 주장이라기보다는 하나의 가정이기 때문이다.

우리는 공공정책에서의 변화들이 사상 세계에서의 승리들을 직접 따라가는 게 아니라고 주장할 수도 있고, 사상들과 정책 사이의 상호관계가 간단한 모델이 허용하는 것 이상으로 복잡하다고 주장할 수도 있다.

2
이론과 실천

인간사의 모든 부문에서 실천이 과학에 한참 앞서 왔다. 자연의 힘이 작동하는 양식에 대한 체계적 탐구는 이 힘들을 실천적 목적들을 위해 사용하려는 오랜 노력 과정의 완만한 산물이다.

- J.S. 밀(John Stuart Mill),

《정치경제학 원리(The Principles of Political Economy)》

플라톤의 《공화국(*Republic*)》은 정치 과학의 가장 초기 고전들 중 하나다. 표면적으로는 정의란 무엇인가를 탐구하는 대화 형태로 쓰였지만, 그 책 대부분은 이상사회가 어떻게 구축될 수 있을지, 그 규칙들이 무엇일지, 그 교육과 관습의 형태들 심지어 그 신화들이 무엇인지를 기술하고 있다.

플라톤이 기술했던 완벽관(vision of perfection)은 현대인의 취향으로는 약간 금욕적이고 동물적인 듯이 보인다. 당시 아테네 청중들에게도 그것은 그렇게 보였을 것임에 틀림없다. 플라톤의 사상에 의하면 아이들은 자신의 친부모가 누구인지 알지도 못하고, 관심도 가지지 못한 채 공동육아에 내맡겨져야 할 것이다. 그들은 일찍이 군사적 미덕들을 가르치도록 고안된 거친 생활에 노출되어야 할 것이다. 가장 간단한 조잡한 의복만이 허용되고, 가장 소박한 음식만이 용인될 것이다. 새 세상의 이 용감한 시민들에게는 소박한 거무튀튀한 빵이면 충분할 것이다. 엄격한 검열로 인해 그들은 미덕과 강건함의 길로부터 자신들을 현혹시키거나 엇나가게 하는 어떤 것도 읽지 못할 것이다. 유약함 혹은 정서적 방종을 묘사하는 연극들도 허용되지 않을 것이다. 심지어 음악도 엄격하게 규제되어 적절한 용기의 감정을 일으킬 화음들만 허용될 것이다. 삶의 모든 측면은 그 시민들이 국가에 더 잘 봉사할 수 있도록 하기 위해 통제될 것이다.

시민들은 공동체적으로 살았을 것이며, 긴 탁자에 앉아서 먹고, 다음 세대의 아이들을 낳을 의무를 다하기 위한 은밀한 결합 외의 어떤 사치도 누리지 못할 것이다. 플라톤은 더 철학적인 용어들로 기술했지만, 이 규칙들을 감독하는 일은 현대라면 소위 비밀경찰이 할 것이다.

수비대들, 예비부대들, 그리고 노동자들은 모두 자신들의 위치를 알 것이다. 또한 그들은 자신들이 [영혼 속에 있는] 금(金) 은(銀) 동(銅)이라는 금속들로부터 각각 유래되었다는 '숭고한 거짓말(noble lie)'에 의해서 유지되던 그 위치를 받아들일 것이다. 플라톤은 적절한 과학기술만 있었으면 아이들에게 "내가 감마(γ)인 게 기뻐, 알파(α)는 너무 열심히 생각해야 해, 베타(β)는 너무 의무가 많아……"라는 헉슬리(Huxley)의 소설에 나

오는 자장가 소리를 들려주라고 제안했을 거라는 느낌이 든다.[역자주2)]

그는 철학자 왕을 만들고 유지하는 이상사회를 아주 상세하게 기술했다. 그러한 사회가 그 기본요소들 모두를 갖춘 채 이미 존재했다는 사실만 아니었더라면, 그것은 거대한 상상력의 창조물이었을 것이다. 플라톤이 서술하고 있는 대상은 대부분 스파르타라는 전체주의 국가다. 플라톤의 젊은 시절 상당 부분 동안 스파르타는 아테네의 적이었기 때문에, 그가 스파르타를 완벽한 모델이라고 찬양해도 되었다는 것은 아테네가 얼마나 관용적이었는지를 잘 말해준다.

플라톤은 자신의 글에서 스파르타적인 삶을 윤색하고 다듬긴 했지만, 그 기본 유형은 바로 그 글 속에 제시되어 있다는 점은 틀림없는 사실이다. 검열, 사치의 추방, 거친 환경들이 모두 거기에 있다. 그리고 그 규칙들을 집행할 민선장관들이 있다. 플라톤의 공화국 시민들이 그러했듯이, 스파르타 시민들도 국가가 그들에게 세세하게 내린 법령대로 살고 있었다. 스파르타는, 플라톤이 그에 대한 지적 정당화를 하면서 광택을 내기 이전에, 이미 수 세대 동안이나 존재하고 있었다. 플라톤이 그들의

역자주2) 대량생산방식을 채택했던 포드 사후 몇 백 년 후인 2540년 모든 인간이 인공수정되어 배양되는 시대를 묘사하며 문명의 위험성을 경고한 올더스 헉슬리(Aldous Huxley)의 《멋진 신세계(Brave New World)》(1932)에 나오는 자장가 교육(sleep-learning) 장면을 비유로 든 것. 헉슬리는 웰스(H. G Wells)의 유토피아 소설에서 영감을 받아 이를 패러디하여 개성 상실의 시대를 우려하는 이 소설을 썼다. 이 소설에는 트로츠키, 레닌, 버나드 쇼, 마르크스, 행태주의 심리학자 왓슨 등의 이름이 붙여진 등장인물들이 나온다. 이 소설에서는 공장에서 만들어지는 쌍둥이들이 알파 베타 감마 델타 엡실론으로 구별되어 있다. 머리가 좋고 키가 큰 알파 계급에서부터 원숭이만한 체구의 엡실론에 이르기까지 지능과 체격 모두가 계급에 따라 순차적으로 정해진다. 사회 갈등은 '소마'라는 행복 약을 복용하여 해소한다. 이 책에서 미래의 지도자는 이렇게 말한다. "여러분들은 바야흐로 역사가 시작된 이래 최초로 실현된 놀라운 사실 앞에 처해 있습니다. 공동, 균등, 그리고 안정……." 이 책은 1980년에 영화로도 만들어졌다.

일들을 분석하고 그것들에 대해서 이론으로 쓰기 훨씬 전에, 그 규칙들은 시민들의 삶을 통제하고 지시하기 위해 거기에 실제로 있었다. 실천이 먼저였고, 이론이 그 자취를 따라갔다.

플라톤이 한 일은 이미 존재하고 있었고, 그가 찬성했던 사회의 기본적 형태를 이론적 수준에서 진전시킨 것뿐이다. 스파르타가 거칠고 동물적이었을 수도 있고, 그 시민들은 세련되지 못했을 수도 있고, 제대로 교육받지 못했을 수도 있다. 그러나 그들은, 플라톤이 아테네인들처럼 사치에 오염되지 않았던 간소한 미덕들이라고 간주했던 것을 실천하고 있었고, 전쟁에서도 이기고 있었다. 정말이지 전체사회가 많건 적건 그 목적을 이루기 위해서 존속하고 있었다. 예술들, 과학들, 그리고 지적 탐구를 포함하여 우리가 인간성(humanity)으로 간주할 수 있는 것의 상당 부분은 그 목적을 위해서 희생되었다. 플라톤은 인간의 더 숭고한 열망들을 충족시키는 데는 미덕을 꿈꾸는 것만으로도 충분하다고 여기면서, 이런 희생에 찬성했다.

스파르타는 플라톤이 그것에 대해 쓰기 이전에 있었다. 그는 그것을 발명하거나 그 규칙을 제정한 것이 아니었다. 플라톤은 그것들을 일부 변화시켜 기술하였고 그것들을 정당화하였다. 플라톤의 《공화국(*Republic*)》은 스파르타라는 국가를 과거로 소급하여(*ex post facto*) 합리화한 것이다. 그는 인간이 이미 실천으로 성취했던 것을 이론으로 썼다.

존 로크(John Locke)의 《시민정부론(*Two Treatises on Civil Government*)》은 그 시절에나 현대에나 절대권력을 통제하는 것에 관한 고전적 연구라고 환영받았다. 지배자의 권력 제한 정당화 주장들을 이전에 가지고 있지 못했던 사람들은 그들이 찾던 지적 지지(intellectual support)를 이제 로크에게서 발견했다. 로크는 권력이 계약에서 도출되었고 제한과 구속을 받는다는 일련의 원리들을 제시했다.

주권권력에 대한 방어가 부족했던 적은 없었다. 옛 봉건시대(feudal)의 동맹 서약들로부터, 왕권신수설을 지나, 토마스 홉스(Thomas Hobbes)와 인간의 야수성을 억제할 필요성에 이르기까지, 절대권력을 열망하는 지배자들은 최적의 지적 정당화를 이용할 수 있었다. 그 즈음 로크의 사상이 출현하면서, 지적 주도권은 절대권력의 반대쪽으로 넘어갔다. 여기서는 절대적 지배권을 부정하는 제1원리들에서 도출된 주장들이 조심스럽게 강구되고 발전되었다.

로크의 체제 아래에서는 권력이 제한되었을 뿐만 아니라, 제한하기 위해서 권력이 분할되었다. 더 나아가 법규들도 이의(異議)와 저항을 용인하게 되었다. 이전에는 이의와 저항이 신의 대리인에 대한 거부 혹은 엄숙한 충성심의 파기를 의미했지만, 이제는 주권자에 의한 계약의 파기라고 정당화될 수 있는 행동이 되었다.

로크도 플라톤처럼 이미 존재하고 있었던 것을 서술했고, 그것을 정당화하기 위한 지적 상부구조를 제시했다. 절대권력에 대한 옹호에도 불구하고, 영국인들은 스튜어트 왕가에 저항했다. 로크가 글을 썼을 때는 이미 명예혁명(Glorious Revolution)이 일어났던 때였다. 권력에 대한 제한들을 받아들였던 입헌왕정이 이미 들어섰는데, 그것은 사람들에게 자신의 권력을 남용한다는 느낌을 주었던 적법한 주권자를 타도함으로써 등장했다.

로크가 쓴 것은 그가 이론으로 정당화했던 것이 실천돼 이미 이론이 달성된 다음이다. 영국인들이 자신들의 명예혁명을 이룩했고, 그 다음에 로크가 (그것의) 철학자이자 대변자가 되었다. 그는 영국인들이 이미 이룩했던 것을 정당화하는 말들과 주장들을 한 사람이었다. 그 행위를 했던 사람들은 로크를 숭상함으로써 그 자신들을 드높였다. 위협을 받았던 계급(class)의 자기 이해관계라고 해석될 수도 있었던 것이 이제는 인간의 도덕적 본성 및 시민 사회의 기초들에 의해 정당화되었던 아주 높은 원리라는 위치를 점하게 되었다.

로크의 저작도, 플라톤의 그것처럼, 대체로 이미 성취되었던 것으로부터 도출된 것이었다. 그의 이상(理想)사회도, 플라톤의 그것처럼, 이미 존재하고 있었던 모델에 근거한 것이었다. 그는 그 장점들을 분석했고, 그 미덕들을 체계적으로 입증했다. 그렇게 함으로써 그는 의심의 여지없이 사람들에게 더 나은 통찰을 하도록 했고 그것을 이해하게 했다. 그도 또한 그들이 찾고 있었던 것을 정당화시켰는데, 중요한 것은 그들이 그것을 찾고 있었다는 점이다. 세상이 먼저 왔고, 책들이 뒤를 따랐다.

레닌(Vladimir Illyich Lenin)은, 만일 이것이 적합한 단어라면, 최초의 마르크스주의 국가를 수립한 사람이라는 영예를 얻었다. 1917년 러시아에서 볼셰비키 혁명을 이끎으로써, 그는 마르크스주의 이론을 실천적으로 적용한 사람으로 널리 알려졌다. 그럼으로써 그는 마르크스의 이론들이 인간의 진보를 과학적으로 설명하고, 그것들을 가지고 미래 역사의 과정을 예측할 수 있다는 마르크스의 주장에 근거를 제공해주었다.

그들의 예견력이 과연 얼마나 정확했었는지를 측정하기 위해서는 마르크스주의 이론의 몇몇 핵심요소들을 상기해볼 필요가 있다. 마르크스는 사회의 경로와 발전이 경제적이고 물질적 요소들에 의해서, 특히 가용(可用) 생산수단에 의해서 결정된다고 제안했다. '맷돌이 우리에게 봉건 영주를 주었고, 증기기관이 우리에게 산업자본가를 주었다.'

상이한 유형의 생산들은 그것들을 유지하기 위한 경제적 사회적 조직화를 필요로 했다. 그것의 통치 방법론들, 그것의 법률과 그것의 이데올로기를 포함하여 사회의 다양한 제도들, 이 모든 것이 생산양식으로부터 도출되었고 모든 것이 궁극적으로 그에 봉사했다.

사회들은 갈등에 의해서 진보했다. 생산양식에서의 변화들은 앞선 생산양식들에 맞게 수립되었던 제도들에 긴장을 창출할 것이다. 그것들은 새로운 생산방법에 부적합할 것이다. 역사의 각 단계는 그 안에 그것을 대체할 씨앗들을 길렀다. 공장들은 예컨대 노동의 집중을 필요로 했고, 이것은 계급의식과 적대성을 증진시켰다. 각 단계에서 궁극적으로 (헤겔적 용어로 '명제'라고 불리는) 현존 국가를 ('반(反) 명제'인) 그 반대의 것으로 대체하는 폭력적 충돌이 올 것이다. 그 갈등으로부터 ('종합 명제'인) 새로운 국가가 출현할 것이며, 순환주기가 다시 시작될 것이다. 최종적 갈등이 무계급 사회를 만들어내는 단계로 경제가 진전될 때 역사의 진보가 중단될 것이다.

이전 시대들을 해석할 때 사용한 비옥한 이론이 그 시절에도 있었고, 지금도 남아 있다. 그 지지자들은 인간 역사의 전체 범위에 걸친 인간의 발전의 각 국면을 설명하기 위한 시도로 프로크루스테스의 왜곡들(Procrustean distortions, 그리스의 테세우스 신화에 나오는 불한당의 침대를 의미함, 즉, 남의 입장 등은 생각도 않고 자기 잣대로만 판단, 행동하는 사람의 왜곡된 사고를 일컬음, 역자 주)로 빠져들지 않을 수 없다. 그럼에도 불구하고, 그들은 이론이 요구하기 때문에 이런 행동을 하지 않을 수 없다. 지나친 점은 있지만, 그것은 상당한 통찰력과 설명력도 가지고 있다.

만일 그 중심 교리가 정확하다면, 그 경우에 인간의 역사는 무계급 사회로의 불가피한 운명을 향하여 나아갈 것이다. 경제가 더 선진화될수록 그것은 그 운명에 더 가까이 간다. 마르크스는 역사를 진보(progress)로 보았고, 선진 사회가 발전 주기를 먼저 완성할 것이고 최종 국면에 도달할 것이라고 가정했다. 경제가 가장 발달한 나라에서 혁명이 먼저 일어날 것이라는 것이 그의 이론의 핵심적 측면이다.

러시아는 레닌 시절 선진 경제들에 속해 있지 않았다. 러시아는 산업화 초기였고, 공장제에 함축되어 있는 여러 변화들을 낳으며 이제 막 대량생산이라는 공장 체제를 발전시켰을 뿐이다. 환경들이 그렇지 않았다면, 러시아는 절대주의 차르 왕권을 민주적 요소가 특징인 헌정 체제로 바꾸면서 부르주아 자유주의 사회로 발전해 갔을 수 있다. 그렇게 되었다면 러시아는 대체로 마르크스주의의 경제 및 사회발전 모델과 일치되어 갔을 것이다. 그러나 사정은 그러하지 못했다.

레닌이 실제로 마르크스이론을 적용하길 원했다면, 마르크스주의 모델에서 예견했던 것처럼 선진화된 경제들을 계급 혁명의 최종 국면으로 인도하려는 시도를 하면서, 가장 선진화된 경제에서 시작해야 했을 것이다. 만일 그가 러시아에서 성공할 결심을 했다면, 더 선진적인 경제 단계에 도달할 때까지 기다려야만 했거나, 산업화된 자유 사회를 향해 러시아를 진보시키는 일을 했어야 할 것이다. 그는 마르크스가 긴장과 갈등들이 최종적 혁명으로 폭발할 불가피한 날이라고 예견했던 것을 이런 식으로 앞당겨야 했을 것이다.

레닌은 이 어느 것도 하지 않았다. 그가 했던 것은 그가 신봉했다고 공언했던 마르크스주의 이론에 반(反)하는 짓이었다. 그는 능동적 혁명가가 되었고, 그 자신과 그 지지자들이 권력을 잡기 위해서 처음에는 차르 지배를, 나중에는 케렌스키정부를 타도하는 데 필요한 모든 것을 했다. 그는 행동가였다. 마르크스의 이론을 적용하는 대신에, 그는 어떻게 하면 작지만 무자비하고 헌신적인 무리가 전능한 국가의 통제권을 잡을 수 있고, 그 권력을 유지할 수 있을지를 실천적 경험으로부터 발견하였다.

그가 성공했던 것은 역사다. 그것은 마르크스의 이론을 적용했던 것이 아니었다. 그것은 권력을 독점한 엘리트 체제의 수립이었다. 레닌은 필요했던 것을 했고, 사건이 발생한 후에 이론을 다시 썼다. 그의 마르크스주의 이론에 대한 '수정'이 너무나 철저했기에, 지금은 레닌까지 기려서 그의 수정을 '마르크스 레닌주의'라고 부른다. 그것은 더 이상 경제적·사회적 진보의 경로를 예견하는 이론이 아니다. 그보다는 혁명가적 엘리트가 사회를 지배할 권력을 어떻게 잡는가, 그리고 사회들을 어떻게 재구조화시켜서 정당 엘리트의 지배를 영속화시키는가를 말하는 이론일 뿐이다.

물론 새로운 수정판에도 마르크스의 용어가 다수 나온다. '무계급 사회'와 함께 '프롤레타리아의 독재'도 거기에 있다. 이 친숙한 표현들 중 그 어느 것도 레닌이 창출했던 새로운 현실을 감추기에는 충분치 못하다. 상대적으로 저개발 경제에서 그가 마르크스주의 국가라는 것을 창출했다는 사실 자체가 본래의 이론에 대한 주요한 수정들로 이어졌다.

이런 수정들의 기능은 '왜 예견된 대로 가장 선진화된 경제들에서 혁명이 먼저 일어나지 않았는가?' 하는 이유를 사건이 일어난 후에 설명하는 것이다. '제국주의이론'이 그러한 설명이다. 경제적으로 앞서 간 나라들이 바다 건너 제국(帝國)으로 발전했다는 사실만 아니었다면 마르크스의 혁명은 그 나라들에서 먼저 일어났을 것이다. 이 해외 제국들이 했던 착취가 자본주의 체제를 떠받치기에 충분했으며, 하층 계급들에게 혁명적 잠재력 이하로 자신들을 유지하기에 충분한 초과 보상들을 주었다. 노동자들은 '몰수자들을 몰수하는' 대신 사실상 해외 노동자들의 생산물을 몰수하는 일에 전념하며 몰수자들의 동반자가 되었다.

사건들 뒤에 마르크스주의 이론들에 가해진 수많은 수정들처럼 '제국주의론'은 내적으로는 그럴듯하다. 그렇지만, 제국주의 시대 대부분에 걸쳐 제국 내에서의 투자가 다른 선진국들에서의 투자 혹은 남아메리카와 같이 제국이 아닌 영역들에서의 투자로 획득할 수 있는 것보다 더 낮은 수익률을 가져왔기 때문에, 그것이 증거로 뒷받침되는 것은 아니다.

그러한 설명들의 기능은 사후에 이론을 수정한 것이다—레닌 자신이 그것들을 다작(多作)했다. 세상을 변화시키기 위해서 이론이 적용된 것이 아니었다. 세상이 먼저 변화했고, 그 변화들에 이론적 상부구조와 지적 정당화를 해주기 위해서 나중에 이론이 재구축되었다.

만일 차르 러시아가 1917년에 마르크스주의 혁명의 후보일 수 없었다면, 2차 세계대전 이후의 중국은 그 후보로서 얼마나 더 부적합했을까? 러시아는 최소한 산업화 초기에 있었다. 러시아에는 도시로의 집중이 있었고, 공장 노동자들이 있었고, 부두 노동자들이 있었고, 도시 프롤레타리아가 있었다. 러시아에는 저항을 부채질할 그리고 바리케이드를

칠 세력의 중핵도 있었다. 마오쩌뚱(Mao Tse-Tung)이 혁명을 일으켰던 중국은 원시농촌이 특징인 압도적인 농업사회였다. 중국에는 레닌이 일할 수 있는 최소한의 산업 집중조차도 없었다. 마르크스이론에 따르면, 중국에서는 집단행동에 필요한 계급의식을 발전시킬 수 없어야 했다. 중국은 어떤 의미에서건 마르크스주의 혁명의 그럴듯한 후보지가 아니었다. 경제발전으로 보면 중국은 선진국들에 한 세기는 뒤져 있었다. '역사의 법칙들'에 의하면 중국이 혁명적 단계에 돌입하려면 오랜 길을 거쳐야만 했다.

레닌주의 이론에서조차 중국은 당의 골간(骨幹)이 권력을 장악하고 유지하기에 적합한 나라가 아니었다. 중국은 레닌이 사용했던 도구들 대부분을 결여하고 있었다. 중국에는 산업 노동자들의 집중이 없었을 뿐만 아니라, 의사(意思)전달체계가 빈약한 농촌 사회였고 노동자들의 투쟁을 지도할 반체제 지식인들과 같은 교육받은 계급도 없는 농촌 사회였다.

만일 마오쩌뚱이 마르크스주의 이론 혹은 마르크스-레닌주의 이론을 적용했다면, 그는 아주 다르게 행동했을 것이다. 정말이지 그의 성공은 불가능했을 것이다. 하지만 그가 했던 일은 당시 퍼져 있던 환경들에 근거해서 행동하는 것이었다. 그는 지방의 조건들에 맞는 투쟁을 하면서, 필요했던 것을 했다. 그의 전쟁은 농촌의 전쟁이었다. 거기서는 게릴라들이 적이 약할 때는 공격하고 적이 강하면 사라져버리면서 마을들 사이를 '미꾸라지처럼 빠져다녔다.'

그가 사용했던 전술들은 중국에서 성공을 거뒀고, 그의 군대로 하여금 권력을 잡게 하였다. 그의 공산주의 혁명은 마르크스주의 혹은 레닌주의 모델 어느 것에도 맞지 않았다. 대신에 그것은 마오쩌뚱주의 모델(Maoist model)로 다듬어졌는데, 그 이유는 그는 그 이전의 레닌처럼 필요했던 것을 했고, 사후에 이론을 다시 썼기 때문이다. 선진 산업 경제들의 마지막 발전 단계에서 그 경제들의 불가피한 산물로 출발했던 마르크스주의적 공산주의는 이때쯤엔 엘리트그룹이 세계에서 가장 큰 농촌 사회를 지배할 수 있는 수단으로 변화되었다.

러시아와 중국 두 사례 모두에서, 엘리트그룹은 자신들을 '인민(people)'이라고 불렀고, 마르크스주의 용어의 모든 장식을 사용했다. 이것은 두 사례 모두에서 보통의 노동계급과는 결코 유사하지 않은 그룹에게 권력을 가져다주는 데 반란의 기술들이 사용되었다는 사실로 명확해졌다. 그리고 필요하다면 심지어 대중적 열망에 반(反)하더라도 그 지배를 유지시킬 방법을 발전시켰다는 점을 감추지 못한다.

이 사례들로부터 떠오르는 반복유형(pattern)은 행동이 이론에 선행한다는 것이다. 그것들은 사상의 영역에서의 진전이 사건들을 결정하는 듯이 보였던 사례들이 현실적으로는 그렇지 않다는 것을 의미한다. 사실상 사건들이 먼저 왔고, 사건들을 합리화하고 정당화했던 사상들이 사건들의 자취를 따라갔던 사례들이 앞서의 두 가지 사례들이다. 이론이 명확히 표명되었을 때쯤이면, 이론은 실천을 제안한 것이 아니라 실천을 서술한다.

체 게바라(Che Guevara) 이야기는 특히 교훈적이다. 왜냐하면 그것은 이론과 실천 모두를 보여주기 때문이다. 의사(醫師)인 체 게바라는 피델

카스트로(Fidel Castro)의 무리와 함께 군중들의 이름으로 쿠바(Cuba)에서 권력을 잡기 위해 투쟁하였다. 그것은 한 줌의 추종자들의 유명한 이야기였다. 그들은 짓밟힌 고지대의 농민들에게서 은신처와 도움을 구하고, 치고 빠지는 식의 전투 형태에 쩔쩔맸던 적들에 맞서 자신들의 숫자가 늘어나는 것을 보았다.

그것은 마르크스주의, 레닌주의 혹은 마오주의를 적용한 게 아니었다. 그것이 대표했던 것은 지역적 환경들을 이용했던 우수한 그룹이었다. 또한 그들이 싸웠던 사회와 그들이 싸웠던 영역에서 성공의 길을 발견했던 유능한 그룹이었다. 바티스타(Batista)정권은, 적의 세력이 강성해지는 것을 보면서, 교묘한 적들을 잡아내지 못하는 자신들의 무능 때문에 자신들의 저항 의지까지 고갈되어 감을 깨달았다. 여전히 기회가 있었음에도 그들이 떠났을 때, 무장한 카스트로그룹은 러시아와 중국에서처럼 정당(政黨)의 지배를 강제하고 공고화할 수 있었다.

게바라는 행동가였을 뿐 아니라 지식인이자 대변자였다. 그는 당시 신화적 인물들 중 하나였다. 이는 그가 지식인들 대부분이 전혀 알지 못할 행동에 대한 모든 지식인들의 선망을 대표하는 인물이었기 때문이다. 존슨(Johnson) 박사가 말하길 "전사(戰士)가 된 적이 없던 모든 사람은 그 사실 때문에 죄의식을 느낀다."고 한 적이 있는데, 이 말을 하면서 존슨 박사가 규정했던 바로 그 심금(心琴)을 울린 사람이 게바라였다.

실천으로 이루어냈던 것에 이론을 한 번 더 맞추기 위해 이론을 다시 썼던 사람이 게바라였다. 러시아판과 중국판 마르크스주의가 있었던 것과 마찬가지로, 이젠 라틴아메리카판 마르크스주의가 있다. 더욱이 다른 두 상품들처럼 라틴아메리카 상품도 수출될 수 있었다.

게바라 이야기가 교훈적인 지점이 여기다. 진정한 영웅들이 그러했듯이, 그도 보통의 일상적 삶에 정착하기가 힘들었다. 쿠바정부에서의 짧은 휴식 후에, 카스트로 스타일의 혁명을 부추기기 위해서 그는 볼리비아(Bolivia)로 향했다. 이때 그는 쿠바에서 했던 식으로 혁명을 시도하지 않고 자기가 다시 썼던 이론을 적용하려는 시도를 하였다. 그는 볼리비아를 바라보았고 쿠바도 보았다. 그의 작은 무리는 쿠바의 경험을 반복하기 위해 어렵게 살아가는 농부들을 향해 갔다. 사실은 사회도 지역도 달랐고, 다른 전술이 필요했는데도.

만일 게바라가 쿠바 혁명의 근저에 있다고 사후에 제시했던 이론에 사로잡히지 않았다면, 그는 볼리비아의 주석 광산 광부들에게서 혁명적 잠재력을 알아봤을 수 있다. 여기서는 착취라고 가르칠 수 있었고, 그의 군대의 수도 불릴 수 있는 계급이 있었다. 볼리비아 농부들은 쿠바의 그들과 달랐다. 그가 구원하기 위해서 왔고 지지를 받길 바랐던 고지대의 농민들은 체 게바라와 그가 관여한 전쟁을 자신들의 어려운 생존에 위험요소가 하나 더 늘었다고 간주하였다. 그들은 현상금을 받고 게바라를 배신하였다. 게바라는 미국이 훈련시켰던 볼리비아 특공대에 의해서 사살되었다.

쿠바에서는 성공했다. 왜냐하면 실천적 절박성이 모든 이론적 선입견을 극복했기 때문이었다. 카스트로그룹은 제대로 작동하는 일을 했고, 이론의 가르침에 대해서는 별로 염려하지 않았다. 다른 모든 성공 이후에 그러했듯이 사후에 이론은 다시 쓰였다. 볼리비아에서는 실패했다. 왜냐하면 이론이 우선하였기 때문이다. 지역적 환경들과 조건들에 맞게 투쟁하는 대신, 혁명 투쟁의 이론을 적용하려는 시도가 행해졌다. 그 이론이 다른 사회에서 그리고 다른 지형에서 쓰인 것임에도. 더욱이 그것조차 거기서 성공을 거둔 방법에 대해 나중에 알게 된 지식을 가지고 회고적으로 쓰인 것임에도.

게바라가 볼리비아에 적용할 수 있었을 이론은, 쿠바에서 승리를 거두었던 모델에 의해서 고착된 것이 아니라, 성공이 기회주의(Opportunism)[역자주3)]에 좌우된다는 것이다. 행동가들은 그들이 직면한 조건 속에서 승리를 거두기 위해서 할 일을 할 순간을 포착한다. 그들의 영민함은 분석이나 이론의 적용에 있는 것이 아니다. 그들의 영민함은 기회가 올 때 그 기회를 포착하는 데 있고, 그 기회를 이용할 수 있다면 그 기회를 활용하는 데 있다. 그들은 흔히 시행착오에 의해 개선을 하면서 날이 감에 따라 배워간다. 때로는, 카스트로의 경우처럼, 그들도 거의 치명적인 실수를 저지른다. 그들은 그 실수들을 통해 배움으로써 성공하는 것이지 그것들을 반복함으로써 성공하는 것이 아니다.

이론에 관한 한, 그것은 항상 성공한 뒤의 여가(餘暇) 속에서만 쓰일 수 있는 것이다. 세상이 변화된 후, 왜 어떻게 그렇게 되었는지를 듣는 것은 항상 흥미롭다. 이론이 성공 환경들을 설명하기 때문에, 바로 그 설명을 위해 쓰인 이론은 그 사건들이 순리에 맞는 것이라고 제시함으로써 사상을 가진 사람들의 주의를 끈다.

이론의 지위에 관한 한 위의 사건들에서 이론이 한 역할은 흥미로운 것이다. 이론이란 결국 일어났던 일을, 미리 고안되었거나 알았다면, 설

역자주3) 현실에서의 기회 포착과 기회 활용에 무게 중심을 두는 생각.

명해주었을 그런 것이다. 이론은 무슨 일이 일어날지를 예측하는 것이 아니라, 일어났던 것에 대해 사후에(ex post facto) 합리성을 제공해주는 것이다. 따라서 이론의 역할은 사건들이 일어난 후에 그것들을 해석하는 것이다.

물론 이론이 미래의 사건들에 대한 예견을 강조한다. 그때까지 일어났던 모든 것을 설명한다는 것, 그리고 미래의 행동이 그 기초 위에서 명시적으로 취해질 수 있다는 것은 마르크스주의를 변형하는 것처럼 보인다. 각각의 새로운 환경 때문에 그 이론에 대한 훨씬 많은 변형이 요구된다는 것은 실제 상황이다. 받아들여질 수 있는 이론이라면, 그것은 과거를 설명해야만 한다. 그것은 우리에게 실제 일어났던 것을 '회고적으로 예견할(retrodict)' 수 있도록 해야 한다. 그것은 또한 예측력의 검증도 받을 수 있어야 한다. 만일 매번 검증받지 못한다면, 그때는 각각의 사건 뒤에 이론을 다시 쓰는 것은 역사를 다시 쓰는 것과 비슷할 것이다. 다른 말로 하자면, 일어났던 것을 이론이 단순히 열거하기 시작할 뿐이지, 분석을 통해서 이해할 수 있게 만들지는 못한다.

마르크스주의적 접근보다 더 앞서 있었고 기묘하기조차 했던 설명, 사상 논리는 물론 행동가에게도 여지를 주었던 설명이 있다. 헤겔(Frederick Wilhelm Hegel)은 마르크스에게 가장 유력한 영향력을 행사한 사람들 중 한명이었다. 그는 마르크스의 앞 세대에게 제시하기를, 인간의 역사가 이성(reason)의 출현을 향한 일정한 경로 위를 걸어가고 있다고 했다. 그가 사용했던 용어는 인간의 이성을 뜻하는 용어가 아니었다. 그보다는 어떤 종류의 논리 결정론(logical determinism)이 인류로 하여금 사회 발전의 불가피한 단계들을 경과하여 예정된 목표를 향하여 움직이게 했음을 뜻하는 용어였다. '명제'와 '반 명제'의 갈등이 다음 단계의 '종합 명제'를 창출한다는 진보의 변증법을 고안했던 사람도 헤겔이었다.

마르크스는 헤겔 체제의 많은 부분을 채택했지만, 그것을 다른 결론에 적용했고, 경제 결정론(economic determinism)의 기초에 접붙였다. 마르크스는 자신의 체제에서 개인의 의지(will)에 거의 아무런 여지도 남겨 두지 않았지만, 헤겔은 역사에서 위인이 수행했던 역할을 인식하였다. 헤겔판에는 때가 무르익었을 때 역사의 각각의 새로운 단계로 인도할 영예를 가진 '세계사적 인물'을 위한 공간이 있었다. 그래서 알렉산더(Alexander), 카이사르(Caesar), 나폴레옹(Napoleon) 모두는 역사의 새로운 국면을 가져오는 기능을 했다. 그것은 그리스 도시국가들의 종말일 수 있었고, 로마 공화정의 종식일 수 있었으며, 현대 국가의 출현일 수 있었다.

헤겔판은 그럼에도 불구하고 기회주의자(opportunist)들이 이론에 대해 승리를 거두고 그 길을 따라 이론을 다시 쓸 근거 이론의 매력도 가지고 있는 듯이 보인다. 불행하게도 헤겔의 이론은 전체적으로 회고적이다. 이 '세계사적 인물들'이 도래할 때를, 누가 그들일지를, 혹은 어느 누가 성공할지를 예견할 방도가 없다. 그들은 오직 그러한 것으로 규정될 뿐이고, 그들의 성공 뒤에 이름이 붙여질 뿐이다. 다른 말로 하자면, 마르크스의 이론처럼 헤겔의 이론도 역사가 건져올리는 각각의 주요 사건에 의해서 수정된다. 마르크스의 이론처럼 그것도 중대한 사건들이 이미 일어난 후의 사후적 합리화를 허용할 뿐이다.

앞의 분석이 가진 명백한 함의는 오직 실천이 그것들을 세상에 확립한 이후에만 정치이론에서의 주요한 진척들이 온다는 점이다. 이론적 수준에서 근본적 혁신에 관여한 듯이 보이는 저자는 실제로는 이미 발생했던 어떤 것을 지적(知的) 기초로 설정하고 있을 수도 있다. 여기서 말하고자 하는 것은 실천이 이론에 선행한다는 사실이다. 교과서들은 사전 처방(prescription)의 외관을 띠고 있지만 서술에 관여하는 것일 뿐이다.

이러한 제안에서 합리주의에 반하는 것은 전혀 없다. 더 많은 지식은 세상에서의 시행착오에 의해서 얻어지는 것이지, 복잡한 공식들의 연산과 적용에 의해서 얻어지는 것이 아니라는 점은 '합리주의라는' 훌륭한 견해(respectable view)와 모순되지 않는다. 정식(定式, formulae)들은 배웠던 것을 성문화하고 융합한 것이다. 정식들은 통합하지 않았다면 분산되고 연결되지 않아 지식 조각들처럼 보였을 것들을 통합한 것이다.

정치이론에서 앞선 경험이 시사하는 것은, 저자들과 사상가들이 실제 세상에서 이미 배웠던 것을 분석적 형태로 규정할 때와 그 과정이 비슷하다는 점이다. 그러나 이 통찰에서 중요한 문제가 제기된다. 만일 우리가 실천이 이론에 우위를 가지고 있다는 것을 정치적 혁신의 원천으로 받아들인다면, 사상전(思想戰)은 어디에 위치시켜야 할까?

만일 이론적 사상들이 이미 실천 수준에서 일어났던 변화들을 따라가고, 이 변화들을 해석하는 것이라면, 그 경우에는 '사상전에서의 승리'가 사건들에 영향을 미치는 수단으로서의 중요성을 잃는다. 그것은 미래의 사회 진행을 결정하는 투쟁으로부터, 변화가 어떻게 해석되어야 할지를 결정하는 투쟁으로 격하된다. 그 전투는 미래의 결과물을 결정할 경합이라기보다는 경쟁하는 설명들 사이의 전투가 된다. 만일 이론이 그 합리화와 지적 상부구조를 제공함으로써 실천의 자취를 따라간다면, 그 경우 이미 퍼져 있는 이론들과 혁신적 이론들 사이의 전투는 사건들이 어떻게 해석되어야 할지를 결정하는 경합으로 된다.

사건들이란 것은 사람들이 목표들을 달성하기 위하여 기회(opportunity)들을 포착할 때 일어나는 것이다. 오로지 사후에야 이론이 성공들을 새로운 정치적 틀의 맥락 안에 위치시킨다. 사람들을 움직이게 하는 동기들을 정치이론이라는 이름으로 부르는 것은 그 동기들을 지나치게 높여주는 것이다. 그 동기들은 탐욕처럼, 사람들이 권력욕이나 명예욕에서, 혹은 다른 사람을 돕고 더 나은 세상을 만들려는 바람에서 행동하는 보통의 열정들 이상이 아닐 수 있다. 일부 사람들이 혁신적 방식으로 행동하고 새로운 현실을 만들어내는 것은 그 순간으로 충분하다. 그들이 야기하는 사건들은 설명될 필요가 있고, 이해될 필요가 있다.

새롭고 받아들일 수 없는 사상을 가지고 황야에서 애를 쓰는 외로운 학자는 알려지지 않은 미래로의 도약을 제시하기보다 최근의 사건들을 해석하는 이론적 기초를 제공하기 쉽다. 최근의 사건들로 인해 그 사건들을 다룰 때 현존하는 설명들과 해석들이 부적합한 것으로 치부되어버릴 가능성이 더 크다. 혁신적 학자는 이것을 깨달아 왔고, 이 최근의 사건들에 맞게 혁신적 이론을 만들어 왔다.

지적 전투는 가차 없고, 투쟁은 격렬하지만 장기적이다. 그러나 사상의 세계에서 얻은 승리가 더 이상 자동적으로 사건들을 밧줄로 엮는 것으로 볼 수는 없다. 사건들의 세계에서 일어나는 전투는 실천의 영역에서 싸우고 승리하는 것일 수 있다. 지식인들이 만들었던 가정, 케인스(John Maynard Keynes)의 말로 정제(淨濟)되었던 가정은, 사상이 승리하면 알게 모르게 지배자들이 그 사상들의 노예들 내지 하녀들처럼 행동하리라는 것이었다.

그러나 그게 아니라 그 역(逆)이 옳을 수도 있다. 어떠한 영향들로부터도 자유롭다고 생각하는 사상을 가진 인간들은 실제로는 돌아가신 몇몇 행동가의 노예들일 수 있다. 천상(天上)에서 새로운 사상들을 제시하는 목소리들을 좋아하는 학자들은 실제 세상에서 그의 영향력을 만들었던 사람들의 실천적 경험을 정제하는 것 이상을 할 수 없을지 모른다.

3
민주주의에서 볼 수 있는 사례들

많은 경우 사건들이 길을 만들고 설명이론이 그 사건들을 따른다는 점은 분명하지만, 이 모델이 민주주의 사회에서는 적용될 수 없다고 주장할 수 있다. 행동가는 여론이 중시하지 않는 길을 택할 수 있다. 그러나 정부가 권력을 획득하고 정책들을 집행하기 위해 대중이 지지하는 광범한 조치를 필요로 하는 곳에서는 먼저 사상전에서의 승리가 절실하게 필요할 수 있다.

플라톤은 스파르타의 과두제 정부(oligarchic government)를 찬양하였다. 그가 살고 그가 저술활동을 했던 아테네가 제한된 민주주의 체제였다는 점은 맞지만, 플라톤의 사상들은 아테네에서 채택되지 않았다. 그는 이미 존재하고 있던 사회 조직의 형태를 이상(理想)으로 만들었지만, 그의 저술이 그가 살고 있던 사회로 하여금 그 이상을 따라가도록 이끌지는 못했다. 특기할만한 것은 군사적 패배로 인해 아테네가 스파르타에서 시행되었던 과두제를 일시적으로나마 받아들였을 때, 비록 그것이 곧 플라톤 자신에게 실망을 주었지만, 플라톤의 많은 친구들과 지인들이 그 정부에 참여하였다는 점이다.

플라톤은 시라큐스(Syracuse)의 디온이라고 불린 디오니시우스(Dionysius, Syracuse의 왕; 430?-367 B.C.)의 고문역을 맡아서 현실 사회에 영향을 미치려는 시도도 했다. 두 경우 모두에서 그는 시민들에게 확신을 심어주기보다는 법규를 통한 직접적 주입을 중시하는 사회를 만들려고 시도했다. 이상과는 어긋나게, 플라톤은 자신의 공화국을 세상에서나마 잠시라도 발견하려는 시도가 두 경우 모두에서 이루어졌다. 하지만 플라톤은 선입견을 가진 이론으로 사회에 접근하려는 사람들인 체게바라의 전형적 운명을 아슬아슬하게 빠져나갔다.

로크가 정당화한 입헌 왕정(constitutional monarchy)이 제도화된 명예혁명(Glorious Revolution)은 민주적 수단들에 의해서 성취된 것이 아니었다. 그것은 사실상 절대권력으로 무장했던 가톨릭 왕의 구상에 공포를 느꼈던 사람들이 일으켰던 정부 전복(coup d'etat)이었다. 사정에 밝았던 여론은 갈라졌다. 정말이지, 제임스 1세가 (도망칠 수밖에 없었기에) '포기했던' 신화는 그의 하야를 정당화했다. 이에 신교도 입헌주의 군주 윌리엄 3세는 스튜어트 혈통에 더 가까웠던 왕비 메리(Mary)와 왕좌를 공유할 수밖에 없었다. 이 두 움직임 모두 정부 전복에 반대하는 사람들을 누그러뜨리도록 고안되었던 것이다.

레닌, 마오쩌뚱 그리고 카스트로가 일으켰던 사건들은 모두 사상전에서 이길 필요가 없었던 비민주적 사회들에서 일어났던 일들이다. 그들이 이겨야 했던 모든 것은 권력이었고, 그 다음으로 여론과는 독립적으로 그것을 유지하기 위한 수단이었던 제도였다. 마르크스주의 혹은 공산주의 정부들이 다수결 투표로 권력을 쥔 사례들이 사실상 없다는 것, 그리고 그들이 그런 수단들에 의한 가능성을 전혀 남겨 두지도 않았다는 점도 의미심장하다.

인용된 사례들은 사정에 밝은 여론(informed opinion)이 거의 중요하지 않은 사회들에서 일어났던 것뿐이다. 하지만 민주주의 사회에서는 행동이 그것의 합리화에 앞서 일어났다는 공식이 거의 타당치 않다고 할 수 있을지 모른다. 사정에 밝은 여론이 중요한 모든 곳에서는 '사상전에서의 승리'가 변화의 본질적인 선행조건일 수 있을지 모른다.

1789년에 미국에서 헌법이 채택되었을 때, 미국은 강력한 민주적 요소를 갖춘 사회였고, 확실히 사정에 밝은 여론이 중요했던 사회였다. 하지만 회합에서 대두되었던 헌법은 대체로 주장들이 격돌하고 승리했던 결과가 아니었다. 대표들 다수는 그들이 했던 것을 할 권한을 부여받지 못했다.

영국으로부터의 독립을 위한 전쟁에서 싸우고 승리했던 사람이 미국인들 중 소수였던 것과 마찬가지로, 미국연맹규약(Articles of Confederation, 1781)을 연방헌법으로 바꾸었던 것도 소수였다. 그 사건도 역시 소수 지도자들이 헌법을 밀어붙임으로써 미 연방에 강력하고 중앙집권적인 성격을 부여한 정부 전복적 요소를 가진 것이었다. 검토된 다른 사례들에서처럼, 그 이론과 그 정당화는 그것의 성공 뒤에 왔다. 《연방주의자 논집(*Federalist Papers*)》은 사정에 밝은 여론으로 하여금 그 행위를 하도록 설득하기 위하여 쓴 것이 아니었다. 그것은 사후에[1787-1788] 회고적 합리화를 제공하기 위하여 쓴 것이다. 이런 점에서 그것이 대표하는 것은 로크의 《시민정부론(*Two Treatises on Civil Government*)》이 사건들에 했던 것과 똑같은 관계다. 로크의 시대에 그러했던 것처럼, 그 주장은 사건들 뒤에 유행하였고, 거기에 사상전이 있었다. 그러나 다시 한 번 말하자면 그것은 설명전(說明戰)이었으며, 이미 이루어졌던 것을 정당화하기 위한 투쟁이었다.

각별히 주의를 기울일만한 두 개의 최근 사례들이 민주주의 사회들에 있다. 영국의 마가렛 대처(Margaret Thatcher)와 미국의 로널드 레이건(Ronald Reagan) 행정부다. 각각의 사례들은 사상전에서 이전의 승리들이 어떻게 그들의 선출과 그들이 집행할 수 있었던 정책들을 가능하게 만들었는지에 대한 의미 있는 사례를 제공하고 있다. 따라서 두 사례 모두 현재의 주장의 맥락에서 연구할만하다.

어떤 점에서는 그들이 봉사한 헌법 및 사회들이 다르다는 중요하고 명백한 차이들이 있다. 하지만 유사성이 너무나 큰 나머지 훗날 어떤 플루타르크(Plutarch, 46?-120?:《영웅전》의 저자)가 그들을 '쌍벽을 이루는 삶들(parallel lives)'로 다루는 데 어려움이 거의 없을 정도다. 시간적으로도 동시대를 활약했던 지도자로서, 대처 여사가 1979년에 그녀의 첫 선거에서 승리했던 것과 레이건 씨가 1980년에 그의 첫 선거에서 승리했던 것을 불가피하게 비교하게 만든다.

더 그리고 아주 중요한 쌍벽도 있다. 각각의 경우 대단히 비슷한 상황에서 위임을 받아 선출된 같은 당의 선구자들이 있었다. 선구자들은 바로 앞에 있지 않았다. 각각의 경우에 중간기들이 있었다. 닉슨(Richard Nixon)은 1969년 미국의 대통령 직(職)을 차지했고, 히스(Edward Heath)

는 1970년에 영국의 수상으로 선출되었으며, 각각 1974년 그 직을 떠났다. 그런데 닉슨과 레이건 사이에는 포드(Gerald Ford)와 카터(Jimmy Carter)가 있었고, 히스와 대처 사이에는 윌슨(Harold Wilson)과 캘러한(James Callaghan)이 있었다.

닉슨과 히스가 중요했던 것은 그들도 레이건과 대처가 해야 했던 일을 하기 위해서 선출되었다는 점이다. 차이는 그들이 그것을 하지 못했다는 것이다. 그들의 인생이 플루타르크가 비교를 할 정도로 서로 가까웠느냐와 상관없이, 그들 누구도 계획안(선거 공약)들을 집행하지 못했다. 각각은 특기할만한 그리고 아마도 지속가능한 성취를 이루었겠지만, 지금 둘 다 기억되고 있는 것은 그들의 성공보다는 실패 때문이다.

그들이 했던 선거 캠페인들의 수사들 그리고 그들이 기반을 두었던 공약들(manifestos)을 보면 대단히 비슷하다. 닉슨이 했던 캠페인은 큰 정부를 반대하는 것, 미국의 사업들로 하여금 그의 정책을 가로막는 몇몇 규제들로부터 자유롭게 하는 것이었다. 존슨(Lyndon Johnson)의 '위대한 사회(Great Society)' 하에 거대하게 확장되었던 정부의 부담이 치워졌다. 외교 정책은 국익을 강조했을 것이다.

언론과 현대 미국 역사가들은 그 선거를 이렇게 기억하고 있다. 즉, 뉴햄프셔 민주당 예비선거에서 존슨을 효과적으로 때려 경쟁에서 탈락하게 한 매카시(Eugene McCarthy)의 역전승(upset victory)과 함께, 월남으로부터의 철수라는 '평화' 현안에 의해서 지배되었다고 기억하고 있다. 기억과는 반대로, 역사에서는 존슨이 그 예비선거를 이겼고, 닉슨과 험프리(Humphrey) 모두 미군 철수를 현안으로 삼은 것이 아니라 즉각적인 미군 철수에 반대했던 선거로 갔다.

오늘날 닉슨의 1969년 선거운동 기조가 얼마나 보수적이었는지를 알게 된다면 놀랄 것이다. 히스의 보수당이 영국의 1970년 선거에서 싸웠던 선언을 검토해보면, 그리고 그 직전에 있었던 셀스던 공원 선언(Selsdon Park Manifesto)을 돌이켜보면 더욱 더 놀랄 것이다. 당시엔 익숙한 분위기 덕에 공기업들을 민영화시키며, 정부 지출을 감축시키고, 경제 개입을 축소시키면서 국가를 후퇴시킬 필요가 있었다. 닉슨 선거 계획안을 통해 불어넣어진 자유기업의 숨결은 이어진 영국의 선거에서도 메아리를 일으켰다.

미국의 닉슨과 영국의 히스는 모두 집단주의에 아주 적대적이었고, 기업에 대한 더 많은 공간과 규제로부터의 더 많은 자유를 선호하는 투표자들의 위임에 의해서 선출되었다. 히스는 대처보다 9년 전에 승리했다. 유권자들로 하여금 대서양 양쪽에서 그 입장의 장점을 확신하는 데는 중간에 끼어 있는 그런 해들을 필요로 하지 않았다. 각각의 경우 유권자들은 그것에 처음 투표했다.

중요한 사실은 닉슨과 히스가 이겼다는 것이다. 투표자들은 반정부적이고 친(親)자유기업적 사상의 옹호자들에게 선출직을 줄 정도로 그것들을 충분히 좋아했다. 만일 그 단계에 도달하기 위해 사상전을 했다면, 그것은 1968년에 미국에서 그리고 1970년에 영국에서 승리를 거두었다.

그들을 선출하게 했던 계획안이 있었다. 이것이 선거운동 기간에 제시되었던 명확한 경로 그리고 투표자들이 그 계획안에 대해서 했던 위임, 그에 뒤 이은 두 행정부 모두의 행태에는 약간의 설명이 필요하다. 그들 누구도 그들이 하겠다고 이야기했던 것을 하지 않았다. 양자 모두 어느 정도는 그들이 선거 기간 동안에 반대했던 정책들을 더 많이 실천했다.

미국에서 닉슨은 1, 2, 3단계에 걸쳐 임금 및 가격 통제를 도입함으로써 시장의 자유를 제한하였다. 그의 직무 기간 동안에 규제가 확장되었다. 시민권 입법하에서 법무부(Department of Justice)가 추진했던 흑백 강제 통합버스 통학제(forced bussing)와 같은 정부 기관들의 사법적 행동주의가 지속되었다. 그런 행동주의는 북부 주(州)들의 도시에 있는 주요 도로로까지 확장되었다. '법률 서비스'를 다루기 위한 완전히 새로운 기관이 창설되었는데, 이는 사실상 소송을 통한 규제를 하기 위해 법무부에 공공 기금들을 제공하는 것을 의미하였다.

정부의 크기와 비용도 증가되었고, 세금의 총부담도 증가되었다. 인플레이션으로 인해 많은 사람들이 원래는 오로지 부자들만을 대상으로 했던 고세율(高稅率) 부담 계층으로 편입되었다. 대통령 선거에서 등장했던 선거 공약을 지지했던 사람들에게는 매우 혼란스럽게도, 광범한 법규들을 해석할 세부적인 규칙들을 이용하여 의회와 관계없이 연방 기관들이 사실상의 법률을 만듦으로써 그 유형이 강화되었다. 미국의 개인들, 사업들, 기업체들은 자신들이 식품의약청(Food and Drug Administration, FDA), 직업안전보건청(Occupational Safety and Health Administration, OSHA) 및 알파벳 약어들 투성이인 연방기관들이 실행했던 법률의 세부 규칙들에 의해 방해받고 있음을 깨달았다.

미국에서 이런 일이 일어나고 있는 동안, 영국에서도 그와 쌍벽을 이루는 일이 전개되었다. 히스행정부는 대규모 민영화에 착수하였다. 히스행정부는 군수 노동자들의 음주를 막기 위해서 1차 세계대전 도중에 정부의 수중으로 들어왔던 국가 소유의 칼라일 맥주(Carlisle brewery)를 팔려고 하였고, 국가 소유의 여행 기관을 처분하려고 하였다. 이 작은 민영화 행동(시도)들은 적자로 병든 어퍼 클라이드 조선소(Upper Clyde Shipbuilders)와 항공기 엔진 공장이었던 롤스로이스(Rolls Royce)를 정부가 인수함으로써 국가에 의해 시장이 압도당했다.

영국의 경우 히스행정부는 1, 2, 3국면에 거쳐 임금 및 가격 통제를 도입했다. 히스행정부는 지방정부를 보통 사람들에게서 멀어진, 그리고 옛 이름들도 사라지고 지방에 충성하지도 않는 거대한 관료제로 재조직했다. 히스행정부는 화폐 공급을 획기적으로 증대시킴으로써 통화의 가치도 훼손시켰다. 이는 명목상으로는 '성장에의 돌진'을 위한 자금을 만들려고 했던 것이었으나, 사실상으로는 투기적인 자산 거래들에서 만들어진 지폐로 된 재산들을 향한 쇄도에 자금을 대준 꼴이었다. 정치학 용어에 'U 턴'이라는 문구가 등장했는데, 이는 출발했던 것과 정반대 방향으로 선회한 정부를 기술하기 위해서였다.

물어야 할 명백한 질문은, 정부의 권력과 범위를 제한하는 보수주의 계획안을 선거에서 대다수가 지지했음에도, 왜 이들 두 행정부 모두 그러한 계획안의 집행에 실패했을 뿐만 아니라 그 반대로 해야만 했는가 하는 것이다. 만일 사상전에서 승리하여 대다수가 그들을 지지하였다면, 왜 그 뒤를 사건들이 연이어 따라가지 않았던가?

대강 비슷한 시간에 주요한 두 나라들에서 일어났던 이 사건을 설명하기 위해서, 복잡성의 정도는 다양하지만, 몇 가지 설명들이 개진되어 왔다. 그중 가장 단순한 것은 가장 개연성이 적은 것이기도 하다. 그 설명은 이중성(duplicity)론이다. 이 설명에 따르면 우리는 닉슨도 히스도 그들을 선출하게 했던 사상들을 믿었던 적이 없거나 그것들을 집행하려는 의도를 가진 적이 없었다고 보아야 한다. 정반대로, 그 주장이 이야기하는 것은 닉슨과 히스는 작은 정부와 자유기업 옹호자들이 사상전에서 승리한 것을 보았고, 선거를 확실하게 이기기 위해서 그 분위기에 단순히 편승했을 뿐이라는 이야기다.

그 주장이 그럴듯하지 않은 이유는 사실상 두 지도자들이 초기에는 최소한 그들이 약속했던 강령들의 일부를 도입하려는 시도들을 했고, 오직 집권 후반기에 들어서서야 U 턴을 했기 때문이다. 이같은 사실이 아마도 첫 번째보다 약간 더 미묘한 수정설명본이라고 할 수 있는 두 번째 주장도 물리칠 것이다.

두 번째 주장은 닉슨과 히스 모두 지배 계급의 중심 구성원들이어서 그것의 보편적 가치들과 선입견들을 공유하고 있다는 것이다.

그들은 근본적인 변화라는 수사로 말장난을 할 수는 있었지만, 사실상 업계와 재계(business and financial community)가 이해했고 그들이 편안하다고 느꼈던 종류의 정치를 유지하지 않을 수 없었다. 이 설명은 비록 처음 것보다는 세련되었지만, 그것도 역시 왜 그들 둘 다 일련의 정책들에서 시작하여 다른 정책으로 변화했는지 그 이유를 완벽하게 설명하진 못한다. 확실히 업계와 재계 지도자들을 안심시킬 시간이 필요했다면 그것은 직무를 개시할 시점이 아니었을까?

세 번째 설명이자, 자신들의 열망들을 실현하지 못했던 시무룩해진 이전 지지자들이 가장 흔하게 개진했던 설명은 그 둘 누구도 '충분히 강인하지' 못했다는 것이다. 이 비판에 흔히 뒤따르는 것은 그들이 위임받았다는 것이 생생했던 시기에 그들이 더 일찍 더 강하게 두들겨 맞았어야 한다는 주장이다. 그것은 옳을 수 있다. 그러나 각각의 개성 및 기록을 검토해보면 그들이 비상하게 강인한 성격의 소유자임이 드러난다.

닉슨은 1년 반에 걸친 혹독한 워터게이트 검사와 언론의 능욕에도 불구하고 상당한 쾌활성을 보여주었다. 심약한 사람이었다면 훨씬 일찍 꺾였을 것이다. 히스도 그때 그리고 그 이래 어떤 것도 포기하기 싫어하는 성격의 의지와 결심의 강인함을 보여주었다. 그들을 '충분히 강인하지 못하다'고 기술하는 것은 그리 적절한 설명이 아니다. 실망한 지지자들은 어떤 경우든 새천년(millennium)이 새로운 직무를 맡은 첫 주에 도래하지는 않는다는 점을 활용하는 경향이 있다. 그것은 레이건이나 대처에게 적용되어 왔는데, 그들의 경우보다 더 이상 정확한 것은 없다.

네 번째 설명은 두 사람 중에서 히스 씨가 더 수긍할 듯이 보이는 이점이 있는 것이다. 그것은 반대쪽으로 가면 사물들이 다르게 보인다는 것이다. 외부에서 보면, 사상들이 제시되고, 계획들이 세워진다. 그렇지만 정부 자체가 학습 과정이어서, 지도자들은 곧 어떤 것들이 가능하고 어떤 것들이 가능하지 않은지를 깨닫게 된다. 다른 말로 하면, 야당 시절에 했던 약속들을 너무 심각하게 받아들여서는 안 된다는 것이다. 그것들은 더 크게는 의도(意圖)의 선언일 뿐이기 때문이다. 일단 정부에 들어가면 지도자들은 자신들의 계획들을 정치적 현실주의에 맞게 변경하여야만 한다는 것이다.

이 모델에 따르면, 닉슨과 히스 둘 다 그들이 방금 약속했었던 것들 중 일부가 실현 불가능한 것임을 곧바로 알아차렸다. 그들 둘 다 현대에는 '작은 정부'라는 관점으로 생각하는 것 자체가 비현실적이라는 결론을 내렸다. 더욱 더 복잡해지는 세상과 사회에서는, 정부도 역시 복잡성이나 규모 면에서 증대되어야 한다. 여러 국가들과의 더 많은 국제적 상호작용과 상호의존을 하면서, 정부들은 국내 산업들에서 물러설 여유가 더 이상 있을 수 없다.

일련의 몇몇 유사한 가정들이 세워진 것은, 닉슨과 히스가 약속했던 것들과 같은 보수적 계획안들이 현대 세계에서 성공하리라고 기대하는 것은 별로 '현실적이지 못하다'는 그림 안에서다. 이러한 견해는 두 나라 정부의 관료제 속에서 아주 널리 견지되고 있던 것이다. 또한 당시에는 두 나라 모두에서 개명된 것으로 여겨지기를 바랐던 그런 언론들이 일반적으로 지지했던 것이다. 대처와 레이건행정부가 출현하여 보수적 계획안의 주요 부분들을 집행하고 선거 공약들을 이행하기 위한 치열한 노력을 경주할 수 있음을 보여주기 전까지는, 이 설명이 가장 그럴듯했고 가장 널리 믿어졌을 것이다.

위의 설명보다 좀 더 복잡한 증보판은 사상전에서 승리했다 하더라도 그것이 그런 승리가 필요한 장소들에서 모두 승리하는 것이 아니라는 것이다. 사상들이 대중적 수준에서 받아들여질 수 있고, 그 사상들을 지지하는 사람들을 공직에 취임하도록 하기에 충분한 정도로 받아들여질 수 있다 하더라도, 아마 여론 주도자들 사이에서 승리를 거두지는 못했을 것이다. 이런 유형의 설명에 따르면, 그것들을 이행하려고 하는 시도는, 정부가 찬성을 필요로 하는 지식 계급에서의 격렬한 저항과 불신에 봉착했다.

그래서 비록 대중과 정당지도자들이 설득되었다 하더라도, 지식공동체는 설득되지 않았다. 그 정책들은 학술 세계에서, 공무원이라는 강력한 집단 내에서, 그리고 자신들의 의견이 행정부에서 존중되는 영향력 있는 언론 논평가들 사이에서는 경멸을 당했다. 대중들의 위임에도 불구하고 닉슨과 히스정부는 사실상 모든 사정에 밝은 여론 면전에서 훨훨 날아갈 수 없었다. 이 그룹 내에서의 사상전에서 승리하기 전에는 성공을 거둘 수 없었다.

이 설명이 주는 매력은 닉슨과 히스정부에게로 돌아왔던 대중여론과 지식인 계층의 견해들 사이에 불일치가 있었다는 점이다. 영국에서는 존 브레인(John Braine)[역자주4]이 텔레비전에서, 교육받은 BBC 시청자가 자신의 견해에 냉소를 보냈지만, 결과표를 보면 그 나라가 히스정부에게 대거 투표했다고 대비시켰다. 미국에서는, 부통령 애그뉴(Spiro Agnew)[역자주5]가 '맥없는 지식인 속물들'과 '철학적 내시(內侍)들'에 대해 따끔하게 쏘아붙였다.

그것이 올바른 부분을 포함하고는 있지만, 그들의 계승자들인 대처와 레이건에게서도 대중과 지식층의 여론 사이의 불일치라는 것이 여전히 존재하고 있었기 때문에, 그것은 닉슨과 히스가 그들의 계획안을 이행하지 못했던 데 대한 설명으로서는 설득력이 떨어진다. 보수적 계획을 지지하는 여론지도자들은 대처와 레이건정부들 시대에도 내내 학술 세

역자주4) 1922-1986, 영국의 소설가. 작품으로는 사회적 지위의 상승을 위해 사랑까지 이용하는 젊은이의 야망을 그린 소설 《옥탑방(Room at the Top)》이 있다.

역자주5) 1918-1996, 닉슨대통령 시절 부통령(1968-1973). 매스컴을 비판하였다가 물의가 빚어지자 사임하였다.

계와 지식 세계에서 승리하지 못했다. 영국에서 〈더 타임스(*The Times*)〉에 대처 경제학을 폄하하며 썼던 364명의 경제학자들은 그녀의 견해에 대한 교육자들과 지식인들 사이에 있었던 반대의 전형이었다. 미국의 여론조사를 보면, 평범한 시민들 사이에서 레이건이 누렸던 절대적 지지와는 대조적으로 사정에 밝은 논평가들 사이에서는 똑같이 절대 다수의 반대를 받았다.

만일 대중적 위임이 있었음에도 불구하고 지식 공동체의 적의(敵意)가 닉슨과 히스를 충분히 비틀어버렸다면, 왜 레이건과 대처를 정지시킬 수 없었을까? 1968년과 1970년 영국과 미국에서 보통 투표자들 사이에서 승리를 거두었던 사상전은 1979년과 1980년의 선거 때도 지식 계급들 사이에서는 여전히 승리를 거두지 못했다.

닉슨과 히스행정부의 경험들은 사상전과 관련된 것들을 아주 잘 드러냈다. 전통적, 아니 오히려 매력적인 모델에 의하면, 미국에서 레이건 그리고 영국에서 대처의 출현은 투쟁에서의 승리를 대표했다. 경멸받던 소수로서의 오랜 세월들은 보상받았다. 참을성 있고 부지런했던 노력은 그 목적을 달성하였다. 이제 한때 조롱받았던 사상들이 주류(standard currency)가 되었고, 대중이 그 사상들을 지지하는 분위기가 확대되면서 그 사상들을 껴안은 지도자들은 공직에 취임하게 되었다. 오직 그때서야 행동하는 게 가능해졌다.

사상들을 모든 수준들에서 받아들일 수 있게 만드는 것이 중요하다는데 대한 전형적 사례로 보이는 것은 그 증거를 검토해 보면 그렇지 않다. 그리고 다른 것들에도 동일한 종류의 헌신을 하려는 열망으로 보이는 것은 그 증거를 검토해 보면 그렇지 않다. 만일 사상전이 1968년과 1970년에 대중적 수준에서 승리를 거두지 못했다면, 어떻게 닉슨과 히스가 바로 그 사상들로 구축된 기반 위에서 선출되는 일이 가능했겠는가? 만일 1968년과 1970년에도 지식인 집단들 속에서 승리를 거두지 못했다면, 그것이 도대체 1979년과 1980년의 상황과 어떤 차이가 있는가?

처방전에서 빠진 핵심 요소가 있다. 닉슨과 히스는, '사정에 밝은' 여론으로부터의 반대에도 불구하고, 큰 정부를 반대하고 자유기업을 촉진시키는 계획안의 기초에 서서 대중적 위임에 의해 선출되었다. 그들은 대부분 그 일을 하지 못했다. 레이건과 대처 역시 약 10년 후 비슷하게 대중적 위임을 받았지만 지식인 집단의 승인이 없는 상태에서 선출되었다. 그들의 계획안들도 정부 축소 및 사기업의 진흥을 맹세한 것들이었다. 그들은 그들의 계획안들의 본질적 부분들을 집행하였다. 만일 10년 사이의 이런 대조적인 결과가 관계자들의 특성이나 선입견의 차이로 설명될 수 없다면, 또 당시에 무엇이 '현실적인' 것이었다거나 현실적이지 않았다는 이야기로 대충 넘어갈 수 없다면, 설명상의 틈새가 여전히 채워져야만 한다.

설명상의 틈새를 채울 하나의 방법은 닉슨과 히스 모두 그들의 지지자들이 그들에게 기대했던 것을 하기에는 준비가 미흡했다는 가정을 하는 것이다. 이 가정은 그들은 자신들이 선언했던 선거 계획안들에 진지했으며 그들의 성격도 강인했지만, 그들 누구도 자신들이 직면했던 과제의 중대성과 복잡성을 알아보지 못했다고 보는 것이다.

당시 퍼져 있던 관점에는 사건들에서의 변화들이 자동적으로 사상들에서의 변화들을 따라간다는 암묵적 가정이 포함되어 있다. 닉슨과 히스 모두 아마 원하고 제안하기만 하면 개혁들이 자동적으로 이루어진다는 일반적 관점을 공유하고 있었을 것이다. 그들의 계획안이 전반적 지지를 받고 있었기 때문에, 그것이 입법부에 소개되었을 때 그것이 통과될 것이고 바라던 변화들을 달성할 것이라고 가정했다. 하지만 그렇게 되지 못하자 그들은 사상들이 현실 세계에는 부적합하다고 결론지었고, 대신에 성공을 거둘 것 같은 다른 대안적 정책들을 찾았다.

어떤 의미로 보면 두 사람은 자유시장 사상들과 큰 정부에 대한 반대 의견에 전반적 지지를 모으는 것만으로 충분하다고 가정했던 '사상전' 관점의 희생자들이었다. 그들 모두 과거의 실천들과 급격하게 결별할 의지를 가졌고, 그러한 행동에 전반적으로 우호적인 여론 분위기를 즐겼다. 그렇지만 그들 중 누구도 무엇을 해야 할지를 알지는 못했다.

요점은 사상전이 일반성(generality)의 수준에서 일어난다는 것이다. '자유시장'과 같은 개념들은 '큰 정부'와 같은 개념들의 반대편에 서 있다. 논쟁은 이론과 추상의 영역에서 일어난다. 이론에서 세워진 입장을 지지하거나 논박하는 실천적 증거는 경험의 세계에서 도출된다.

예컨대 정부 소유 철강 산업들의 실적이 다른 나라들의 사기업들의 실적보다 빈약하다는 것을 보여주는 세부적인 학술 연구들이 수행될 수 있다. 그 결과들은 국가가 만든 철강이 단위당 생산비가 더 든다는 것, 인력이 덜 생산적으로 사용된다는 것, 납기일들이 맞지 않는다는 것, 품질 통제가 사기업들의 효율성 근처에도 가지 못한다는 것을 보여줄 수 있다. 다른 이론가들은 이것들이 왜 그런지에 관한 실천적 결과물에 대한 이유를 설명하기 위한 제안들을 만들 수도 있다.

이와 같은 활동은 철강 산업들의 국가 소유에 반대하는 사례를 수립할 수도 있다. 1960년대 말 경험적이고 이론적인 연구들에 의해 영국에서 산업의 국가 소유에 반대하는 그런 주장이 세워졌다. 미국에서도 유사한 작업을 통해 규제가 부의 창출 과정에서 해로운 효과들을 발생시키고, 정부 지출이 기업의 투자를 몰아내는 구축효과(crowding out effect)가 있음을 보여주었다.

이 모든 것이 대중의 여론과 정치지도자들로 하여금 상황을 변화시켜야겠다는 결심을 일으킬 수 있었다. 그러나 그 어느 것도 그들에게 무엇을 해야 할지를 말해 주지는 않았다. 국가 소유의 철강부문이 비효율적이고 열등하다는 것을 아는 것과 여기에 대해서 무엇을 할지를 아는 것은 전혀 별개의 일이다.

사기업의 단순 지지자들의 반응은 "국유 철강 산업을 없애라."고 말하는 것이다. 그들에게는 이것이 복잡한 기술들에 대한 세부적 지식을 요하는 어렵고 복잡한 과제라는 생각이 떠오르지 않는다. 그들은 국유 철강 산업을 없앨 정부를 선출했지만, 아무런 행동이 없이 달이 가고 해가 가자 조바심을 낸다. 그들은 왜 그런지를 알고 싶어 하고, 지도자가 심약한지 혹은 이중적인지를 의심한다. 그들은 다음에는 첫날부터 더 강하게 나가고 실제적으로 그것을 해낼 더 강인한 사람을 선출하겠다고 결심한다.

한편 그들이 도와 선출된 정부는 국유 철강 산업에서 무엇인가 할 길을 찾으려고 하면 할수록 점점 좌절을 맛보게 된다. 모든 제안은 비참한 결과들을 예정하고 있는 듯이 보인다. 공무원들은 국가 소유의 철강 산업에 보조금을 계속해서 주는 것이, 그렇게 하지 않는다면 직업을 잃어버릴 사람들 수십 만 명을 부양하는 것보다 오히려 비용이 덜 들 것임을 보여주는 수치들을 만들어낸다. 보조금을 받던 산업들이 문을 닫게 되는 쓸쓸한 시나리오들이 장관들 앞에 놓여진다. 파산과 폐업이 연달아 일어나는 도미노 효과가 예견된다. 정부는 주저하고 다시 생각한다.

가장 열렬한 지지자들이 채근하는 '고행(苦行, hair shirt)' 전략도 그것을 매력적이게 만들지 못한다. 본질적으로 이 전략은 정치학에서 실행할 가치가 있는 어떠한 것도 처음에는 불유쾌한 효과들과 인기 없는 것을 만들어낼 수밖에 없다고 주장한다. 따라서 후임 정부는 분노한 반대파의 절규에도 불구하고 한꺼번에 모든 것을 할 의무를 가지고 있다. 그런 뒤 시장의 장기적 편익 효과들이 작동될 때가 오기까지는 별다른 조치를 취할 수 없다. 정부의 행위들이 현명했음을 사람들에게 보여줄 때까지는, 인기 하락과 혹시 발생할지 모르는 폭력의 폭풍의 뒷전에 앉아 굿이나 보고 있어야 한다. 행운이 따른다면, 그리고 정부의 계획안이 반대나 헌법적 절차에 의해서 지연되지 않는다면, 이것은 재선을 치르기 전에 실현될 수 있다.

그들이 했듯이, 그 전략을 채택하지 않았다는 이유로 닉슨과 히스정부 지지자들이 그들을 비판하는 것은 불공정하다. 처음으로, 그들이 문제점을 인식할 공직 경험이 생겼다. 그들이 기술을 가지지 않았음을 깨달았을 때, 그들이 '고행'의 해법을 이행하기에는 이미 너무 늦었다. 두 번째로, 민주 사회들의 견제와 균형들, 권력의 분립과 반대자들이 목소리를 내도록 마련된 공간은 모두 그러한 전술들이 사용되는 것을 막도록 엄밀하게 고안되었다.

닉슨과 히스행정부는 자신들의 계획안들을 이행하길 원치 않았기 때문이 아니라, 그것들에 대한 지지가 부족해서가 아니라, 그것을 어떻게 해야 할지 몰랐기 때문에 성공보다는 실패 사례로 기억되고 있다. 그들은 자유시장들이 좋은 것임을 알고 있었지만, 그것들을 어떻게 얻어야 할지를 몰랐다. 그들은 큰 정부에 반대하는 사례들에 의해서 설득되었을 수 있지만, 그것을 어떻게 더 작게 만들지를 알지는 못했다.

여기서 제안하는 것은 사상들과 사건들 사이의 틈새를 기법(technique)이 메운다는 것이다. 정치적 목적들을 달성하기 위한 정책들을 어떻게 집행할 것인가에 대한 지식은 추구해야 할 우선순위들의 선정 못지않게 중요하다. 이러한 설명에 근거하여, 닉슨이 실패했던 영역에서 레이건이 대체로 성공했던 이유는 여론에서 필요한 때 승리했다는 점이다. 그러나 그러한 태도들이 1980년대가 1970년대보다 더 적합했다는 것은 아니다. 그것은 닉슨행정부는 어떻게 할지를 몰랐지만, 레이건팀은 그것을 알았다는 것이다.

대서양 다른 쪽에서도 비슷한 방식으로, 히스정부의 U 턴들은 원래의 정책들을 집행할 기법들이 결여되었기에 야기된 것이다. 여론의 분위기를 보면 대중적 수준에서도, '사정에 밝은' 수준에서도, 히스와 대처 선출 사이에 본질적 변화가 없었다. 그 사이의 기간에 국가적으로 혹은 국제적으로 발전이 있어서 중앙집권 정책들이 더 적합해지거나 덜 적합해진 것도 아니었다. 차이가 났던 것은 대처정부가 정책의 세부 사항들에 상당히 주의를 기울였다는 점이었다. 그들도 히스행정부처럼 무엇이 필요한지에 대한 개념을 가지고 있었지만, 대처팀은 그것을 어떻게 해야 할지도 알고 있었다.

닉슨과 레이건 사이의, 그리고 히스와 대처 사이의 중대한 차이는 정책 그 자체였다. 1970년대 초 정부는 자유시장 경제학의 원리들을 광범하게 파악하는 것으로 돌아왔지만, 그것들을 어떻게 실천에 옮길지에 대한 세부 지식의 부족 때문에 후진하지 않을 수 없었다. 이와 대조적으로 1980년대 초에 정부는 그 원리들이 어떻게 적용될 수 있는지에 대한 세부 기법을 대체로 통달하고 있었다.

그 차이는 이후 행정부들에 의해서 기법에 대한 의식적인 평가에 반영되었다. 자신들의 계획안들을 집행할 능력의 결여에 봉착했던 초기 정부들은 [반시장적인] 옛 패러다임으로 되돌아갔다. 하지만 새 정부들은 초기 시도들이 실패했을 때 같은 목적들을 달성하기 위한 다른 기법들을 시도했다. 자신들의 경로를 바꾸는 대신, 새 정부들 모두 비효율적이라고 입증되었던 기법들은 버리고, 제대로 작동하는 기법들을 반복하는 길을 가면서 배웠다.

닉슨 및 히스정부의 실패 그리고 레이건 및 대처정부의 성공 사이의 차이를 만든 요소는 인적 요소나 사상운동의 요소, 혹은 그들이 활동했던 시대라는 요소가 아닌, 정책 집행 방식에 관련된 것으로 보인다. 이후의 팀들이 훨씬 더 관심을 가졌던 것은 발전된 수많은 정책 기법들, 더욱이 정치적으로 수용 가능한 것에 아주 민감한 기법들을 갖추는 것이었다.

이것은 이후의 계획안들 시대에는 그 간극이 최소한 부분적으로나마 채워졌지만, 왜 초기 보수주의 계획안들은 그 집행을 가능케 할 정책기법들을 결여했던가 하는 질문에는 답을 주지 않고 있다. 어느 정도는, 하나가 다른 하나의 이유였을 것이다. 즉 닉슨과 히스의 실패 경험이 그들의 계승자들에게 그 과정을 반복하지 말자는 결심을 하게 만들었을 수 있는 것이다. 1970년대 초의 잘못된 출발 경험이 이후 정부들을 1980년대에 성공하게 했을 정책 기법들의 발전으로 이끌고 갔을 수 있다.

그랬을 수 있다. 자유시장 계획안을 달성하기 위한 초기 시도들에서, 실패 때문에 그런 사상들이 더 이상 적합하지 않다고 '배웠던' 사람들이 있었다. 한편으로는 기회가 다시 온다면 다른 방식으로 노력하겠다고 결심한 별개의 교훈을 얻었던 다른 사람들도 있을 수 있다.

첫 번째와 연결되어서 혹은 그와 상관없이 진실일 수 있는 대안적 설명도 있다. 그것은 1970년대 초의 여론이 일관된 정책 적용 이론을 결여했고, 정치지도자들의 임무를 단순히 사상들의 '집행'에 있다고 생각했다는 것이다. 아마 닉슨과 히스의 경험들에 의해서 자극받았겠지만, 그 기간 언젠가 집행되는 것은 사상들이 아니라 정책들이라는 깨달음이 있었을 것이다. 그리고 사상 그 자체와 그것을 실행에 옮기는 정책 사이에 본질적인 간극이 있다는 깨달음도 있었을 것이다.

다른 말로 하자면, 사상들이 그 자체로 결실을 맺는다는 근본적 가정에 의문을 열어 놓는 발전적인 가정들이 있었다는 것이다. 대신 사상전은 이야기의 일부일 뿐이고, 그 자체로서는 사건들을 변화시킬 힘을 결여하고 있음을 알게 되었다. 자유시장 계획안을 집행하려는 첫 번째 시도와 두 번째 시도 사이의 기간 동안에, 사상들과 정책이 이전에 파악했던 것보다 더욱 복잡하고 상호작용하는 관계를 가지고 있다는 점, 그리고 효과를 성공적으로 발휘하게 할 세부 정책들 없이는 사상들이 우리의 생각은 바꿀 수 있지만 세상을 바꾸지는 못할 것이라는 점에 대한 이해도 생겨나게 되었다.

4

과학자들과 공학자들

우리는 세상에 대한 우리의 이해를 높여주는 순수 과학자들을 칭찬한다. 그들은 우리에게 우주에 대한 통찰을 제공하고, 우리가 거기서 관찰해야 할 것을 예견하도록 도와준다. 일부는 즉각적으로 인정을 받고 보상을 얻지만, 많은 대부분의 과학자들은 평가받는데 시간이 걸린다. 순수 과학의 대발견들은 정치사상 대가들이 우리에게 사회 조직에 대해서 제시해주는 통찰과 비슷하지 않다. 과학적 가설들의 경우, 이론들이 수용의 과정에 들어가기 전에 반복 검증을 통해서 살아남아야만 하는 정해진 절차가 있다. 정치사상가들의 저작을 받아들이는 데는 그러한 동의를 받는 절차는 없다.

그렇지만 사회정치 이론가들도 한 가지 중요한 점에서는 순수 과학자들과 같다. 그들도 자신들의 통찰력으로 우리가 살고 있는 세계에 대한 우리의 이해를 증대시키려고 노력한다. 플라톤(Plato)과 아리스토텔레스(Aristotle)로부터 시작해서, 애덤 스미스(Adam Smith)와 에드먼드 버크(Edmund Burke), 카를 마르크스(Karl Marx)와 존 스튜어트 밀(John Stuart Mill)을 거쳐, 우리 시대의 프리드리히 하이에크(Friedrich Hayek) 같은 사상가들에 이르기까지, 그들은 우리의 세계관을 변화시킬 수 있다.

똑같은 방식으로, 아이작 뉴턴(Isaac Newton), 로버트 보일(Robert Boyle)과 켈빈(William Thomson Baron Kelvin) 경[역자주6)]과 같은 사상가들도 우리가 세상을 보는 방식을 바꾸었다. 그들의 기여 덕분에, 우리는 세상을 더 통일적이고 더 포괄적으로 볼 수 있다. 순수 과학자들은 세상에 대한 우리의 이해를 변화시키지만 정작 그들은 세상을 바꾸지 못한다. 그들의 창조적 작업 이후 세상이 다르게 보일 수는 있지만, 그러나 그것은 이전에 있던 것과 동일한 세계다.

순수 과학자들이 자신들의 사상을 제시한 후, 창조적인 마음을 가진 두 번째 그룹이 그들의 법칙에 의거하여 작동하는 기계들을 만들게 된다. 그 활동도 그에 못지않게 창조적이지만, 그 기능은 순수 과학자의 통찰력들을 출발점으로 한 것이다. 그리고 그것들에 근거해서 작동하는 엔진들을 구축한 것이다. 우리가 뉴턴과 보일 그리고 켈빈을 흠모하는 것과 마찬가지로, 우리는 또한 기계들을 만들기 위해서 그들의 저작을 이용한 공학자들도 흠모한다. 제임스 와트(James Watt), 스티븐슨(George Stephenson) 그리고 브루넬(Isambard Kingdom Brunel)[역자주7)]도 그들의 출발점을 제공해주었던 순수 과학자들 못지않게 인류의 명예의 전당에 자신

역자주6) 1824-1907, 영국의 수학자 물리학자. 절대온도 단위를 만듦.

역자주7) 1806~1859, 영국의 토목 조선 기술자.

들의 자리를 가지고 있다.

뉴턴 덕분에 우리는 운동과 광학을 이해하고, 보일 덕분에 가스의 행태를 이해하고, 켈빈 덕분에 열역학을 이해한다. 우리는 다른 많은 이들도 열거할 수 있고, 그들이 우리의 이해를 넓혔던 영역들도 열거할 수 있다. 그러나 우리가 작동되는 증기기관을 가지게 된 것은 제임스 와트 덕이고, 기관차는 스티븐슨 덕이고, 현수교와 대양을 항해하는 증기선을 가지게 된 것은 브루넬 덕이라는 것도 잘 알고 있다. 순수 과학자들은 세계에 대한 우리의 이해를 바꾸었지만, 세상 그 자체를 바꾼 것은 공학자들이다.

이는 과학자들이 발견하지 못했던 원리들에 입각해서 동작할 기계들을 고안하는, 그에 못지않게 본원적이고 창조적인, 두 번째 유형의 사고방식이다. 보일 덕분에 우리는 압력이 가해진 가스들을 이해하며, 와트와 스티븐슨 덕에 우리는 그 가스를 인류를 위해 활용하게 됐음을 알았다. 과학자들은 세상을 해석해왔다. 그러나 중요한 것은 세상을 변화시키는 것이다.

물론 순수 과학자들의 작업은 공학자의 작업의 본질적 선구자다. 창조적인 위대한 통찰들이 없었다면, 우리의 공학은 우연히 개발되었거나 경험에 의해서 개량된 작은 도구들의 규칙들 몇몇 이상이 아니었을 것이다. 고대 중국인들과 로마인들은 그러한 기초 위에서 합리적으로 잘 살았다. 그러나 현대 기술의 도약들은 자연의 작동에 대한 이론적 이해라는 견고한 근거에 의해서 가능해진 것이다.

순수 과학자는 핵심이다. 그러나 공학자도 그렇다. 두 번째 단계의 창조성이 없었다면, 우리는 우주에 대해 훨씬 풍부하게 이해하고는 있었겠지만, 나무 쟁기로 밭을 갈고 있었을 것이다.

순수 과학자들의 작업과 위대한 사회사상가들의 작업 사이에도 쌍벽을 이루는 것이 있다. 어느 정도는 몽테스키외(Montesquieu)와 로크(Locke)가 후크(Robert Hooke)[역자주8]와 주울(James P. Joule)[역자주9]을 닮았다. 인간 사회가 하나의 연구 주제일 수 있다는 사실로 인해 성취될 수 있는 것 중에서 중대한 차이들이 생겨난다. 그러나 여전히 거기에도 우리의 이해를 풍부하게 할 창조적 통찰들이 있다. 우리는 그것들을 읽은 후, 인간 사회를 과거보다 더 많이 알게 되었다고 느끼며, 인간 사회에 잠재하는 원리들 일부도 이해하고 있다고 느낀다.

이러한 이해가 저절로 인간 사회를 변화시키지는 않는다. 순수 과학자들에게서처럼, 사회이론가들이 인간 사회에 대한 자신들의 발언을 한 이후에도 세상은 똑같이 남아 있다. 사회정치적 이론이라는 뼈대에 실천이라는 살을 입히기 위해서는 두 번째 그룹의 창조적 마음들이 필요하다. 마치 과학이론에 근거하여 기계들을 만드는 데 공학자들이 필요한 것처럼. 우리 사회와 사회 법칙들을 분석하는 위대한 학자들의 통찰이 현실을 변화시킬 수 있으려면 자신들의 공학자들이 필요하다.

우리가 원리를 이해하는 것과 그것을 (우리에게) 유익한 것이 되도록 만드는 것은 전혀 별개의 것이다. 이것은 자연의 연구 못지않게 사회

역자주8) 1635-1703, 영국의 화학자·물리학자·천문학자. 작은 물체의 관찰에 현미경을 처음 사용.

역자주9) 1818-1889, 영국의 물리학자. 열역학 제1법칙(에너지 보존 법칙)의 창설자이며, 전류의 발열작용에 관한 법칙(주울의 법칙)을 발견.

의 연구에도 적용된다. 우리는 과학자들을 흠모하듯이 그들이 우리에게 준 통찰들 덕분에 정치이론가들도 흠모한다. 그러나 우리가 알아야 할 것은 이론에서 기계들을 만들어내기 위해서는 정책공학자들(policy engineers)이 필요하며, 그 활동이 결코 자동적이지 않다는 점이다.

뉴턴, 보일 혹은 켈빈의 작업 이후 그들의 법칙에 의해 작동되는 기계들이 바로 출현할 거라고 가정한 사람은 아무도 없었다. 만일 그런 일이 가능하다면 우리는 마냥 기다리기만 하면 될 것이다. 우리는 창조적인 마음의 응용과 작업이 있어야 함을 안다. 기계들은 저절로 발생하는 현상이 아니다. 인간들이 그것들을 만드는 것이다. 정치이론도 마찬가지이다. 이론적 수준에서 만들어진 진전들은 저절로 정책으로 변환되지 못한다. 애덤 스미스나 하이에크의 선구적 작업 이후에, 사건들의 변화가 그 길을 자동적으로 따라갈 날만 기다렸다면, 우리는 지금도 여전히 기다리고 있을 것이다.

순수 과학에서와 마찬가지로 공공정책에서도 그것은 옳다. 이론가들은 우리의 이해를 변화시키지만, 공학자들은 세계를 변화시킨다. 정책은 기술, 민감성 그리고 창조적 지혜를 요하는 복잡한 과정이다. 그것은 기계들이 그러하듯이 (저절로) 발생하는 현상이 아니다.

정치·경제이론에서의 '사상전'은 과학이론에서 일어나는 논쟁들에 비견될 수 있다. 과학자들은 경합하는 이론들을 제시하고, 과학자들 및 그 지지자들은 자신들의 이론을 인정받기 위해 투쟁한다. 이 검증 과정에서 의심의 여지없이, 학자답지 않은 태도인 학술적 난투극과 같은 유형의 사건들이 일어난다. 심지어 검증 절차들이 있다 하더라도, 이 절차들이 때때로 가식적으로 되거나, 묵살되거나 그 공개성(publicity)이 무시당하거나 부정당한다. 아무리 공정하게 수행되더라도, 그 투쟁은 설명을 지배하기 위한 것이다. 그것은 우주에 대한 상충된 해석들 사이의 경합이다.

정치학과 경제학의 학술적 수준에서의 사상들도 또한 수용 전투(battle for acceptance)에 말려든다. 그것은 설명 전투이기도 하다. 그 투쟁의 마지막에서, 그것은 우리가 사물들을 어떻게 보아야 하는지에 대한 시각을 바꾼다. 그것은 사물들 자체를 변경시키는 것은 아니다. 그 때문에 우리는 세상 그 자체에 충격을 주기 위해 사용할 수 있는 도구들을 구축할 정책공학자들(policy engineers)이 필요하다.

영국에는 지적 유행이, 그것도 유감스러운 유행이 있는데, 그것은 공학자의 역할에 냉소를 보내는 데 영향을 끼치고 있다. 얼마 동안은 마치 공학이 순수하지 못하다는 듯이, '순수 과학'이라는 말이 숭상되었다. 그것은 순수 과학자의 작업이 더 높은 수준에 있고, 학술적으로 더 초연하며, 자신의 손과 옷에 기름때를 묻힌 사람의 작업보다 더 숭고하다고 가정하는 것이다. 이것은 다른 한편으로는 우리의 교육 체제의 우선순위로부터, 다른 한편으로는 깔끔한 업무를 하는 사무직에 더 높은 지위를 주는 계급 체제의 유산으로부터 생긴 지적 유행이다.

영국보다 더 성공적인 다른 나라들은 그러한 우선순위를 가지고 있지 않다. 그들은 발명가의 창조적 자격(requirement)이 이론가의 자격에 뒤지지 않는다고 보고 있다. 그리고 그들은 발명가의 사회적 효용을 인정한다. 그들은 영국인들이 한때 그랬던 것처럼 발명가들과 공학자들을 흠모하고 있으며, 그 대가로 최고의 재능을 가진 사람들이 그 영역에 투입되는 것을 본다.

아마도 '사상전'이 사건들을 바꾸는 것이라는 관념이 우선했던 이유는, 그리고 정책공학자들의 핵심적 역할이 간과된 이유는 '순수' 연구에 대한 선입견 때문이었을 것이다. 이것은 사회적 정치적 혹은 경제적 이론을 적용할 때의 공학자들의 역할이 실제 세상에서는 순수 이론가들의 역할보다 더 중요할 수 있다는 사실의 관점에서 보면, 특히 불행한 일이다.

순수 과학자의 작업이 먼저인 경우는 보통 과학기술(technology)의 영역에서다. 이론가가 이해의 돌파구를 열고, 이후 단계에서 그 기초 위에서 공학자들, 기술자들 및 발명가들이 자신들의 창조적 사상들을 구축한다. 그런 과정이 보편적이었던 것은 아니다. 발명가가 만들어냈던 작동 기계가 이론가들로 하여금 자신들의 우주 모델들을 재검토하게 만든 경우들도 있다. 궁극적으로는, 이론 과학 연구과목의 확립 이전에 원시적으로 작동하는 기계가 존재하고 있었다.

고대 중국인과 로마인은, 작동되는 물리 법칙들을 알기 훨씬 전에, 조잡하지만 그런대로 작동하는 기계들을 가지고 있었다. 순수 과학자들이 이 기계들에 대해서 왜 기계들이 실제로 그렇게 작동했던가를 설명할 수 있게 된 것은 훨씬 뒤였다. 최근에는 알려진 법칙들에 따라서 하면 작동할 수 없는 기계를 공학자가 만들었던 사례들도 있다. 기계가 존재함으로써, 과학자들은 왜 기계가 성공적으로 기능하고 있는가를 설명할 물리 법칙들을 재구축하려고 그 법칙들에 관심을 돌리게 되었다.

이것들은 일반적 규칙상 예외들이다. 과학에서는 보통 먼저 오는 것이 이론이고, 그것에 입각해서 만들어지는 것이 기계들이다. 그렇지만 공공정책의 영역에서는 그러한 일반적인 규칙성이 없다. 검토를 해보면 정반대 유형이 드러난다. 일반적으로 먼저 오는 것이 실천이고, 나중에 그것을 해석하기 위해 다듬고 설명 틀에 맞추는 것이 이론이다.

언급된 사례들은 모두 이 유형에 딱 맞는다. 플라톤의 《공화국(*Republic*)》은 스파르타의 비교적 성공적인 사회의 일반적 유형과 상세한 규칙들 다수를 제시했다. 공화국의 이론을 시라큐스에 적용하려던 시도는 실패했다. 로크의 《시민정부론(*Two Treatises on Civil Government*)》은 이미 성취되었던 명예혁명의 제한적 군주제에 대한 이론의 윤곽을 그렸다. 《연방주의자 논집(*Federalist Papers*)》은 원칙적으로 이미 실천하기로 했던 미 연방의 헌법에 대한 옹호를 주장하였다. 레닌의 마르크스주의 수정은 레닌의 정권 장악 과정을 이론으로 정당화하였고, 왜 그런 식으로 했어야 하는지를 회고적으로 보여주었다. 마오쩌뚱의 마르크스 레닌주의 수정도 마찬가지로 그랬으며, 카스트로의 혁명의 성공에 필요했던 이론적 추가도 동일한 과정을 보여주었다. 이 모든 경우들에서 먼저 적용되었던 것은 정책이고, 나중에 왔던 것이 '순수' 이론이었다.

과학에서처럼 정책에서도, 세상을 바꾼 것은 공학자들이고 세상에 대한 우리의 이해를 바꾼 것은 이론가들이다. 주요한 차이는 과학에서는 일반적으로 과학자들이 먼저 와서 길을 깔아놓고 창조적 공학자들이 이 길을 걸어간다는 점이다. 정치이론에서는 (통상) 정책공학자들이 세상을 먼저 바꾸고, 학술이론가들이 그것들을 설명하기 위해서 그들 뒤에 온다.

과학과 정치이론에는 모두 이론과 실천 사이에 상호작용이 있다. 일단 관찰들을 설명하고 실천적 사례들을 조정하기 위해서 타당한 이론이 제시되면, 그것은 그 자체로 새로운 실천적 적용들에 영감을 줄 수 있다. 다른 한편으로, 이전에는 이론이 의심치 않던 면들을 실천이 실상을 드러내듯이, 역사의 사례들을 연구하면 지지이론의 변경으로 이어질 수 있다.

이 양자의 관계는 일방, 혹은 다른 방향에서의 인과관계가 아니다. 둘 사이에는 양 방향 모두로 작동하는 복합적 유형의 피드백이 따른다. 과학에서는 이론이 주도하는 경향이 있는 반면, 공공정책에서는 실천이 주도하는 경향이 있다. 두 영역 모두에서 동일한 유형의 이론과 실천 사이의 상호작용이 발견될 것이다.

과학에서의 가설의 경우에는, 아마도 전형적인 경우겠지만, 원래의 통찰에서 일반이론이 나온다. 그 일반이론에 근거하여 혁신적인 기계들이 고안되고 구축된다. 그 기계들 일부는 이론에 의해서 망라되지 않았던 환경들에 초점을 맞추었을 수 있다. 이는 기계들을 이론에 맞추어 넣기 위한 이론의 수정 혹은 확장으로 이어진다. 이것은 그 다음에는 더 새로운 유형들의 기계에 영감을 불어넣었을 수 있다.

과학적 사례에서의 전형적 영역처럼, 공공정책의 영역에서도 유사한 가설적 사례가 기술될 수 있다. 그것이 실천적 성공을 가져오면서, 혁신이 도입된다. 그 성공으로 인해 학자들은 성공을 가져온 혁신에 관심을 가진다. 혁신의 실행을 설명할 이론을 그려내는 창조적 통찰의 적용자는 그 이론을 추종하는 학자들이다. 그 이론이 첫 번째 성공에 잠재해 있는 원리를 그 다음에는 다른 곳에 적용하게 할 수 있다.

각각의 경우, 창조적 상상력을 발휘하여 결실을 맺을 수 있는 방향을 가리키면서, 이론과 실천은 서로를 강화한다. 과학에서는 일반이론이 보통 기계에 앞서 오지만, 반드시 그런 것은 아니다. 그리고 사회적 혁신에서는 실천이 보통 설명이론에 선행하지만, 반드시 그런 것도 아니다. 이것들은 보편적 규칙이라기보다는 일반적 경향이다. 그리고 두 가지 모두에서 쉽게 발견할 수 있는 예외들이 있다.

이것이 의미하는 바는, 인간 연구의 영역에서는 그에 따른 중요한 추론이 있다는 것이다. 만일 실천이 보통 그것을 해석하는 이론 앞에 온다는 것이 옳다면, 그리고 그에 근거한 이론이 정책공학자들의 창조적 활동 없이는 변화를 촉진하지 못한다는 것도 옳다면, 그때에는 정책 변화에서 이론의 역할이 자연의 연구보다 덜 중요하다는 결론이 나온다.

학자들과 그 지지자들에 관한 한 사상전은 두 분야에서 똑같이 강렬할 수 있다. 정말이지 정치이론에서 사상전은 더욱 강할 수 있는데, 그 이유는 그것이 사회의 미래 경로를 둘러싼 권력전이라는 느낌 때문이다. 이런 느낌에도 불구하고, 두 영역 모두에서 그것은 해석을 둘러싼 전투다. 자연영역에서는 공학자들이 순수 과학자들을 따라가는 경향이 있다. 따라서 해석을 둘러싼 투쟁에서의 승리는 최소한 일반이론의 근거들 위에서 세워진 기계들의 세대에 영향을 미칠 수 있다.

정치이론에서는 이런 일이 덜 발생할 것 같다. 일반적으로 길을 인도하는 정책공학에 관여하고 있는 사람들에게는 사상 갈등의 결과물이 덜 중요한 듯하다. 그들에게는 실천적 행동에 의해서 미래가 이미 틀 지워졌다는 것이 더 그럴듯하다. 또한 그것을 망라할 맥락상의 이론을 제공하기 위해서 사상전이 일어난다는 것이 더 그럴듯하다. 사상들이 중요한 이유는 우리가 세상을 보는 방식이 중요하기 때문이다. 그러나 그것은 가까운 미래에 집행될 정책들에 대한 조망이라기보다는 그들이 가장 큰 영향력을 가지는 장기(長期)적으로 집행될 정책들에 대한 조망일 뿐이다.

일단 정책공학의 역할이 평가를 받았다면, 한편으로는 닉슨과 히스정부의 업무수행, 다른 한편으로는 레이건과 대처정부의 업무수행에서의 차이를 설명할 수 있게 된다. 이미 보여주었듯이 1970년대의 행정부와 1980년대의 행정부 사이에 사상들의 수용 정도에는 아무런 차이가 없었다. 그 사상들에 헌신할 정당들을 선출할 정도로 두 시대 모두 대중적 수준에서는 그 사상들이 충분히 수용될 수 있었다. 그러나 각각의 시대에 학술적이고 '사정에 밝은' 모임들에서는 신랄하게 비판될 정도로 지식층의 수준에서는 거의 수용될 수 없었다.

업무수행에서의 차이는 정책 탓일 수 있다. 레이건과 대처행정부는 세부 정책 집행 기관들을 훨씬 더 잘 갖췄고, 현직에서 훨씬 더 실천적인 정책들을 발전시킬 필요가 있음을 알았다. 공약(公約, manifesto)들이 각각의 시대에 똑같은 일반화이론을 담고 있다면, 이후의 정부들은 그 일반화이론을 실행에 옮길 준비로서 세부정책 대안들(detailed policy options)을 가지고 있었다.

닉슨과 레이건의 강령들은 모두 정부 부담의 축소를 언급했지만, 레이건팀은 세금 삭감의 기술을 이해하였고, 이전에 봉착했던 몇몇 장애물들을 극복하기 위해 고안된 세부적인 일련의 정책 제안들도 갖추고 있었다.

히스와 대처의 공약들 모두 국가 산업들을 사적인 부문으로 되돌리려는 바람을 언급하였다. 그러나 이것이 히스 시기에는 이행되지 않은 바람으로 머물러 있었다. 반면 대처팀은 정책 문제들에 대한 몇몇 개념을 가지고, 가능한 선택지들에 대한 몇몇 관념을 가지고 현대 민주 사회에서 성공할 수 있는 성공적인 기법들로부터 배울 결심을 하고 들어갔다. 그 결과 히스 때는 더 많은 산업이 국유화된 반면, 대처 시대에는 국유기업으로부터의 철수가 가속화되는 현상이 벌어졌다.

일부 관찰자들이 찾아냈던 두 지도자의 차이는 처음에는 참여자들의 성격 혹은 기질에서, 그들의 선입견들에서 찾았다. 또한 그 당시에 현실적이었던 것에서, 여론지도자들이 수긍할만한 것이라며 받아들일 준비가 되어 있던 것에서 찾았다. 하지만 지금은 정책 그 자체의 탓으로, 정책의 기술과 세부 사항들 탓으로 돌려지고 있다. 첫 두 명의 지도자들은 어떻게 그것을 해낼 수 있을지를 몰랐고, 두 번째 두 지도자들은 그것을 알았다.

닉슨과 히스가 공직을 맡았던 시기를 겪은 지지자들 중, 그들이 공표했던 계획안들을 지지하는 사람들 중 일부는 미래에 그런 대의(大義)들에 대해 더 강인하고 더 건전한 기수(旗手)가 될 수 있는 사람들을 찾기로 결심했다. 다른 사람들은 다른 메시지를 얻었다. 즉, 참여자들로서 혹은 가까운 관찰자들로서 그 첫 시도들에 밀접하게 연관되어 있던 일부는 과거에 실패했던 곳에서 미래에 성공하려면 더 교묘하고 더 복잡한 정책들이 필요하다는 교훈을 얻었다.

뒤늦게 깨달았지만, 정책의 세부 사항들이 정책의 성패를 가른 결정적 요소인 것처럼 보인다. 레이건과 대처가 그들의 계획안들을 지지하는 사람들에게는 전임자들보다 더 강인하고 더 건전해보였다는 점은 옳다. 이것은 전임자들과는 달리 그들이 대체로 공언했던 의도들을 포기하거나 뒤집어버리지는 않았기 때문이다. 다른 말로 하자면, 레이건과 대처 모두 그들의 전임자들에게는 불가능했던 방식으로 자신들의 본래 계획안들을 옳게 만들 수 있었던 것은 실행에 옮겨졌던 정책들이 성공했기 때문이다. 그것들을 실행했던 지도자들이 더 강해 보이게 된 것은 정책들이 성공했기 때문이고, 되풀이되고 확장될 수 있었기 때문이다. 지도자들이 더 강했기 때문에 정책들이 더 성공적일 수 있었던 것은 아니다.

앞에서의 분석이 암시하는 것은 1970년대 어느 시점에서 전략에서의 중대한 전환이 일어났다는 점이다. 즉, 자유시장 친화적이고 정부영역의 확장 및 정부 지출의 성장에 적대적인 정치사상들을 지지했던 몇몇 요소들 중에서 중대한 전환이 일어났다는 것이다. 1970년대 이전에는 원칙 수준에서 싸워 왔다. 즉 집단주의 정책들(collectivist policies)이 만들어내는 해악을 지적하는 것, 그리고 시장경제의 우월한 미덕들을 지적하는 것에 강조점이 두어졌다. 출판된 책과 논문들, 이루어진 강의들, 개최된 세미나들, 이 모두가 자유기업에 우호적인 사례를 알리기 위해, 그리고 중앙집권적 계획화를 잠식해버리기 위해 구상되었다.

그 주제들에 강성이었던 강령에 근거해서 닉슨 및 히스정부가 선출되었다는 점은 그 설득전이 성공했음을 입증한다. (그럼에도 불구하고) 그들이 성공하지 못했다는 것은 왕자(王子)들만 믿어서는 안 된다, 정말이지 그들이 지지한다고 공언한 사상들만 믿어서는 안 된다는 격언의 가치를 입증한 것이다.

1970년대에 영국과 미국에서는 정책 그 자체에 대한 새로운 관심이 생겨났다. 자유기업 계획안을 지지했던 다수는 이전처럼 계속해서 일반적으로 시장의 미덕을 흥행시켰고, 집단주의 정책들의 흠결들을 비판하고 폭로하였다. 일부는 계속해서 학술계의 여론을 겨냥하였고, 다른 이들은 정치적 지도자들을, 일부는 사정에 밝은 대중들을 겨냥하였다. 이즈음 새롭게 생겨난 요소가 정책 연구(policy research)였다. 여기서는 정책 제안(policy proposal)들의 성공 기회를 극대화하기 위해서 정책 제안들의 세부장치(mechanism)들이 탐구되었고, 다듬어졌고, 반짝반짝 윤을 내었다.

새로운 정부의 선출과 그것의 입법 준비 사이에 시간 지체가 있다는 평가는 이 새로운 행동 배후에 있는 논리 때문이었다. 공무원들의 지연 및 방해로 인한 준비 지체 때문에 그 과정은 1년이 걸릴 수도 있고 여러 해가 걸릴 수도 있다. 그 다음 해에 입법이 통과될 수 있을 때쯤이면, 임기 말이 다가올 것이고, 인기 없는 정책들로 인한 위험을 집권한 정부가 감수하려고 하지 않을 것이다.

그래서 정책 연구(policy research) 뒤에 있는 사상 중 하나가 정책들을 미리 만들어놓고 다가오는 정부에서 즉각적 행동에 옮길 태세를 갖춤으로써 실행 지연을 단축시키자는 사상이었다.

그 다음으로 1970년대에 정책 연구의 발전으로 이어졌던 것은 공무원이 사실상 실천적 지식의 독점을 누리고 있다는 평가였다. 외부인들은 사상들을 일반적으로 옹호할 수는 있다. 하지만 사건들을 가동시킬 수 있는 경험과 전문성은 오로지 정부의 다양한 부서들에 있는 관료제에서만 발견할 수 있다. 그러한 독점의 결과 공무원의 관점이 일반화되는 경향이 있다는 것이다. 심지어 무엇이 이루어져야 할지에 대해 분명한 생각을 가진 의지가 강한 장관이라 할지라도, 이것이 불가능하다고 외치는 전문적인 의견 연합 대형(隊形) 앞에서는 외톨이일 뿐이다.

그래서 정책 연구팀들이 한 행동은 그 공무 독점을 부분적으로 종식시키는 일이다. 미리 준비하고 세부적인 기법을 연구하면, 그들은 대안적 제안 및 주도권의 원천을 제공할 수가 있다. 그리고 그때까지 세부 사항을 배타적으로 장악한 덕에 공무원이 가졌던 효과 만점의 거부권도 무시할 수 있다.

정책 연구가 세 번째로 의도했던 결과는 신뢰성과 관련된 장벽을 깨는 것이었다. 일반적 사상들이라면 '연관성이 없다'거나 '작동되지 않는다'면서 기각되었을 수 있지만, 세부적인 정책 제안은 민감하게 주목을 받을 만했다. 만일 어떤 것들을 이룰 세부적인 계획들과 장치(mechanism)들을 가지고 있다면, 그것들에 대해 이루어질 수 없는 것이라고 주장하기는 어려울 것이다. 그렇지 않았다면, 유일하게 가능한 것이라고 지금 퍼져 있는 패러다임에 설득당했을 수 있던 장관들이었다. 하지만 장관들은 이것이 진실이 아님을 보여줄 뿐 아니라 잘 돌아갈 대안들로 무장할 수 있었다. 적용 방법론상의 세부 사항이 그것의 근저에 있는 사상에 신뢰감을 부여해준다.

그래서 정책 연구의 발전으로 이끈 중요한 통찰들 중 하나는 일부 기법들이 다른 기법들보다 더 성공적일 거라는 깨달음이었고, 그것들이 어느 것인가는 조사를 하면 알 수 있다는 깨달음이었다.

자유시장 계획안들을 옹호하던 사람들 중 일부는 이제, 예전처럼 사상들에서의 승리가 바로 사건들에서의 승리로 이어질 거라고 가정하지 않았다. 그보다는, 어떤 정책이 성공적일 수 있는가를 알아내려는 작업에 종사하게 되었다. 그들은 이것을 함으로써 전체 공공정책이론을 생각하게 되었고, 그럼으로써 그것들 앞에 놓여 있던 장애물들을 극복하기 위한 정책들을 고안하고 세울 수 있게 되었다.

비슷한 목적들을 달성하기 위해 다른 방식으로 시도하는 것이 그 외의 것보다 더 성공적일 수 있음을 이해하게 되자, 경쟁적으로 정책 제안들을 평가하게 되었다. 정책 연구 작업자들은 어떤 제안이 지지를 받을지 그리고 어떤 제안이 대중의 여론으로부터 멀어질지를 알아내기 위해 가설적 시나리오들을 검증하기 시작했다. 조정들이 이루어졌고, 세부 사항들이 다듬어졌다. 1960년대의 특징이었던 자유기업사상들에 대한 광범한 옹호와는 매우 다른 일련의 정책 제안들이 1970년대에 점차적으로 출현했다.

시장 해법들로의 성공적 전환을 추구하는 일을 하고 집단주의의 환각을 깨는 일을 하는 그룹들, 학회들 그리고 연구소들이 여전히 있다. 그러나 이제는 그 진영 위에 새로운 아이들(new kids)이 있다. 미국과 영국 모두에서 자유기업 옹호가 아니라 정부의 상이한 영역들에 걸쳐 정책들의 실행을 담보할 수 있는 세부 정책들을 조사하고 준비하는 것을 자신의 기능으로 삼는 연구소들이 설립되었다. 1960년대의 상황과 1970년대의 상황 사이의 중요한 차이는 이것이었다.

새로운 연구소들이 자신들의 출발점으로 삼았던 것은 시장 지향적 사상들을 실천하려고 했던 1970년대 초 명목상 자유기업 정부들이 했던 실패들이었다. 그들은 정치 체제가 어떻게 작동했는가를, 그리고 입법자가 되려고 하는 사람들(would-be legislators)에게 놓인 문제들을 어떻게 풀 것인가를 알게 되었다. 그들은 소비자들의 선택을 연구하고 기업이 이론에서도 옹호되고 실천에서도 확장될 수 있는지 그 방식을 연구했다. 이 연구자들은 정책입안자들이 찾고 있던 바로 그 정책들을 그들에게 제공하였다.

Ⅱ부

공공분야

공공선택이론은 연구의 높은 질과 일관된 전망으로 영향력을 넓히며 성장하고 있었다. 공공선택이론은 대중적 지지를 받지는 못했다. 또한 그 가치를 존중받는 이론이었지만, 경제 사상에서 벌어지고 있는 발전과는 별로 관계가 없는 것으로 여겨졌다. 여기에는 이유가 있다. 공공선택이론은 기본적으로 경제학의 이론이 아닌 정치학의 이론이다. 이 이론은 '정치경제학(Political Economy)'에는 잘 맞지만 '경제학(Economic Science)' 교실에서는 생소한 존재인 것이다. 공공선택이론은 경제학적인 사고를 정치적 행동에 적용시키며, 나아가 특정 경제원리가 정치분야에서 일어나는 행태를 해석하고 설명하는데 어떻게 적용되는지를 보여준다.

5
공공선택

1986년 노벨 경제학상을 수상한 미국의 제임스 뷰캐넌(James Buchanan) 교수는 고든 털럭(Gordon Tullock) 교수 등과 함께 수년에 걸쳐 '공공선택이론(Theory of Public Choice)'을 개발했다. 버지니아 폴리텍 연구소에서부터 최근에는 버지니아 주에 위치한 조지 메이슨 대학에서 공공선택이론의 이론가들은 경제 학술지에 그들의 이론과 관련된 여러 논문들을 게재하고 있다. 이러한 연구들을 관통하는 일관된 주제는 사람들이 정치활동에서도 그들의 경제활동과 매우 흡사한 양상으로 행동한다는 것이다.

70년대에 몇몇 경제이론의 학파들이 등장하여 각광을 받았다. 서로 양립 불가능한 이론들이 아니었던 이 학파들은 당시 실제에 있어서 이미 신뢰를 잃기 시작하던 케인스 학설의 핵심 논제들을 이론적으로 논박하였다.

무엇보다 먼저, 시장경제 체제 전반에 대한 존중심이 회복되고 있었고, 신고전학파의 생각들이 다시 힘을 얻었다. 밀턴 프리드먼의 주도하에 통화주의 시카고학파는 정부의 화폐 공급과 인플레이션율의 관계를 지적하며 1970년대를 주름잡았다. 1976년 노벨상 수상자였던 프리드먼 자신이 경제적 간섭주의에 치우친 정부들에 대한 논리정연하고 세련된 비판가였다.

통화학파에 비해서는 덜 눈에 띄었지만, 오스트리아학파도 천천히 대두되고 있었다. 현대에 들어와 이 학파의 대표적인 이론가였던 하이에크는 1974년 노벨상을 수상하였다. 이 학파의 강조점은 일련의 (경제) 균형 상태들이 아니라, (경쟁) 과정으로서의 경제학에, 그리고 주로 개인들의 욕구와 행동에 의해 추진동력을 얻는 경제학에 있었다. '오스트리아학파' 경제학의 특징은 거시경제학의 거부, 그리고 미시적인 경제활동 속에 경제활동의 실제 현실이 있다는 주장이다.

다른 학파들과 그들의 분파들은 경제 분석에 새로운 개념들을 도입했다. '합리적 기대 가설'이 각광을 받았다. 이에 반해 다수의 국가들이 서로 '맞바꿈'(trade-off) 관계로 여겨왔던 높은 실업과 인플레이션이 동시에 발생하는 스태그플레이션을 겪게 되었다. 이 둘의 관계를 서로의 기회비용으로 파악한 필립스 곡선의 명성은 이 '스태그플레이션'이라는 늪에 빠지고 말았다.

이는 토마스 쿤이 말한 과학혁명의 전형인 시기였고, 지금도 아마 그럴 것이다. 현존하는 패러다임이 모순과 비정상으로 인해 무너지자 학자들은 '케인스적 합의(Keynesian consensus)'라는 패러다임을 대체할 다른 어떤 것을 찾았다. 토마스 쿤은 이러한 시기에 가장 창의적인 연구가 이루어진다고 말했다. 그리고 그의 말처럼 이 시기에 경제학적으로 많은 창의적인 연구들이 이루어졌다.

이런 동요를 배경으로 공공선택이론은 연구의 높은 질과 일관된 전망으로 영향력을 넓히며 성장하고 있었다. 공공선택이론은 대중적 지지를 받지는 못했다. 또한 그 가치를 존중받는 이론이었지만, 경제사상에서 벌어지고 있는 발전과는 별로 관계가 없는 것으로 여겨졌다. 여기에는 이유가 있다. 공공선택이론은 기본적으로 경제학의 이론이 아닌 정치학의 이론이다. 이 이론은 '정치경제학(Political Economy)'에는 잘 맞지만 '경제학(Economic Science)' 교실에서는 생소한 존재인 것이다. 공공선택이론은 경제학적인 사고를 정치적 행동에 적용시키며, 나아가 특정 경제원리가 정치분야에서 일어나는 행태를 해석하고 설명하는데 어떻게 적용되는지를 보여준다.

경제학과 정치학은 이분법적으로 구분되어 왔다. 다시 말해, 학자들은 이 둘을 근본적으로 다른 유형의 활동이라 여긴 것이다. 학자들이 보기에 사람들이 경제활동을 할 때는 경제활동과 관련된 일련의 행위를 하고 정치활동을 할 때는 그와 전혀 다른 행위를 한다고 보았다. 공공선택이론학자들은 두 활동은 밀접하게 연관되어 있으며 사람들이 정치에서도 경제활동을 할 때와 비슷하게 행동한다는 점을 보여주었다.

경제학에서는 사람들이 자신들의 목표에 근거하여 결정을 내린다고 말한다. 사람들은 어떠한 가치를 위해 다른 가치를 맞바꾸기도 하면서 자신만의 가치 서열에 따라 행동한다. 사람들은 더 가치 있게 여겨지는 추가적인 소득을 위해 여가의 가치를 희생하기도 한다. 그들은 시장에서는 재화를 사고판다. 기업가들은 시장에 진입하여 투자자와 생산자,

소비자와 공급자를 연결한다. 정보 또한 그 가치가 있으며 그에 상응하는 가격으로 사고팔린다. 위치와 시간의 측면에서의 근접성이 가치를 증가시키듯, 희소성도 가치를 증대시킨다. 많은 사람들이 공급이 제한된 재화를 원할 때 가격은 그에 반응하여 올라간다.

이 모든 것들은 우리와 친밀한 환경이다. 명백한 법칙들을 조사하면서 처음에는 불규칙해 보이는 것들에 통일성을 주는 통찰을 만들어내는 분석적 작업들이 수없이 이루어졌다. 하지만 정치학은 다른 방법으로 연구되어 왔다. 학자들은 정치학을 전혀 다른 유형의 활동이라고 여겼다. 학자들은 사람들이 자신의 의견이 다수의 지지를 얻게 하기 위해 경쟁하면서 집단적으로 의사결정을 내린다고 간주했다. 의사결정은 선거를 통해서만 간헐적으로 이루어진다고 여겼으며 헌법상 보장된 경우를 제외하고는 소수가 다수의 의지에 굴복한다고 생각했다.

공공선택이론학파의 주된 통찰은 사람들의 정치활동이 그들의 경제활동과 매우 유사하게 진행된다는 평가이다. 사람들은 그들의 이익을 극대화하기 위해 행동하며 그들의 목표에 맞는 의사결정을 한다. 사람들은 맞바꿈도 한다. 사람들은 선거철에만 투표로써 간헐적으로 의사결정을 내리는 것이 아니다. 사람들은 정치 과정에 영향을 미치기 위해서 행동을 하기 때문에 현실은 지속적인 '투표'의 연속이다.

공공선택이론학자들은 일종의 표 시장이 있다는 가설을 세웠다. 공급이 부족할 때 가격은 높아지고 더 높은 가치로 거래된다. 특정한 가치는 다른 가치들보다 더 높은 가격에 거래된다. 다시 말해, 표는 경제적 가치가 있으며 그러한 것으로서 거래된다. 다수가 소수의 의견을 간단히 기각하지 않는다. 오히려 소수가 합리적인 보상을 받고 그들의 표를 거래한다. 즉, 사람들은 그들이 더 가치 있게 생각하는 어떤 것을 위해 경제적 가치를 가진 표를 거래하는 것이다. 이는 다른 경제적인 교환과 같은 행위이다.

이 모든 것들이 도무지 현실적이지 않고 추상적이고 철학적으로 보일 수 있다. 공공선택이론은 경제활동이라는 측면보다는 사람들이 정치활동에서 행동하는 방식에 대해서 더 많이 설명하는 듯하다. 공공선택이론의 가치는 부분적으로는 이 이론이 다른 어떤 전통적인 모델들보다 정치 과정에서의 집단의 행태를 훨씬 더 정확하게 예측하는 능력에 있다는 데 있다. 공공선택이론학자들은 경제적 행태에 대한 일반 법칙이 정치활동에도 적용된다고 가정한다. 그럼으로써 정치활동에서 이루어지는 것에 대해 집단적 의사결정의 연속이라고 보는 전통적인 정치학의 그림으로 얻을 수 있는 것보다 더 생생한 그림을 얻게 한다.

공공선택이론학자들은, 소수자들이 다수자들의 의지에 매번 굴복한다고 보기는커녕 왜 정반대되는 현상이 일어나는지를 설명한다. 즉, 왜 소수자들이 집단적으로 다수자들의 희생하에 집단적으로 자신들의 의견을 관철하는 현상이 자주 발생하는지를 우리에게 설명한다. 부실한 공장의 폐쇄와 관련된 표는 아주 적다. 그러나 공장 폐쇄에 영향을 받는 투표자들에게는 그 문제는 정말 중요하다. 그들의 대표들은 이 중요한 사안에 대해 높은 가격을 지불할 의사가 있다. 그들은 다른 이슈들에 대한 지지를 하는 대신 공장 폐쇄 문제에 관한 그들의 견해에 지지를 얻는 교환을 할 것이다. 따라서 비록 공공선을 해치는 한이 있더라도, 문제 현안들에 대해 여러 소수 집단을 만족시키는 데 성공하는 연합전선이 형성된다.

각 특정 소수 집단을 지원하는 데에는 많은 비용이 들지 않는다. 따라서 각각의 사안에서 혜택을 받는 사람들은 결국 계산서를 치르게 될 사람들보다 '지지'라는 측면에서 더 많은 대가를 지불할 태세가 되어 있다. 전자가 후자에 비해 각 사안에 대해 느끼는 중요도가 더 크기 때문이다. 개별 사안의 장점에 근거해서가 아니라 '지지를 거래하는 산술'에 근거해서 정치적 현실이 구축되는 것이다. 경제학에서도 그러하듯이 사람들은 이러한 시스템 안에서 자신들이 받는 보상을 극대화하기 위해 행동한다. 그 보상은 반드시 물질적일 필요는 없으며, 그들이 중요하게 여기는 것이면 된다.

공공선택이론은 우리가 정치활동에서 보는 다수자들을 다수자의 구성 요소들로 분해한다. 그리고 사람들이 각자 덜 중요하게 여기는 것 대신 더 중요하게 여기는 무언가를 얻기 위해 어떻게 서로 거래하며 집단을 구성하는가를 보여준다. 이는 변화하는 교환기준 속에서 소수자들이 특정 주제에 대해 시장의 맛과 향을 생각나게 하는 지지의 변천 유형에 따라 어떻게 다른 사람들과 표를 거래하는지도 보여준다.

'정치적 흥정'(horse trading)[역자주10], '결탁'(log rolling)[역자주11]과 같은 미(美)의회 연구자들에게 이미 친숙한 용어들은 당선된 대표자들뿐만 아니라

역자주10) 상태와 성능을 속이는 말 판매자와 이에 맞서던 말 구매자의 흥정에서 비롯되어 윤리적으로 부당한 거래 혹은 힘든 거래를 뜻하는 말. 의회에서는 정치적 뒷거래의 뜻으로 쓰인다.

역자주11) 미국 의회에서 상호 합의를 통해서 각자의 이해가 걸린 안건에 대해서 지지를 교환하는 투표 거래 행위. 원래 통나무 위에 두 사람이 올라가서 그것을 굴리는 경기에서 비롯된 것으로, 끝까지 보조를 맞추지 않으면 실패한다는 의미를 담고 있다.

사회집단에게도 적용된다. 모든 선거는 공약 선물꾸러미를 선사한다. 정치라는 것은, 정치인들이 매력 없다고 보는 것보다 더 중요한 많은 유권자 집단들이 매력을 느끼는 그런 선물꾸러미 조합을 만들어내는 데 있다. 이런 정치활동은 실제 투표가 이루어지는 선거철에만 국한된 것은 아니다.

심지어 선거와 선거 사이의 선거가 없는 기간에도 이러한 지지가 교환된다. (이익)집단들은 일부 법안들을 지지해주기도 하고, 일부 법안들에 대해서는 묵인해 주기도 한다. 다른 법안들에 대해서는 반대하기도 한다. 경우에 따라서는 반대가 너무나 강력해서, 이를 '매수'하지 않으면 안될 때도 있다. 이런 정치적 수완들이 정치적 현실의 아주 중요한 부분으로 인식되고 있다. 우리는 이런 정치적 수완들을 통해서 정치를 훨씬 잘 이해할 수 있다. 합리적 의사결정에 더 무게를 둔 단순한 모델에 의거해서 정치를 이해하는 것보다 그 강조점을 준(準)경제적 교환에 두고 이해하는 것이 정치를 훨씬 잘 이해할 수 있음을 확인시켜 준다.

공공선택이론은 공공부문 경제에서 활동하는 수많은 집단의 행태와 그들이 집단적으로 야기하는 결과물들을 예측하는 데 아주 강력한 도구임을 보여 왔다. 공공선택이론은 관료들이 당선된 지도자의 정책들을 무심하게 수행하는 공복들(public servants)이 아니라 그 정책들에 대해 강력한 이해관계를 지닌 실체가 뚜렷한 이익집단, 혹은 일련의 이익집단이라고 본다.

공기업에 종사하는 노동자들은 그 서비스의 수준과 질에 지대한 영향을 미치는 위치에 있는 집단으로 간주되고 있다. 또한 그들에게 투입되는 자금의 수준에 대해 의식적인 이해관계를 보이는 집단으로 간주되고 있다. 국가의 행정을 담당하는 공무원들은 자신들이 맡은 집행의 총체적 규모, 인력의 수준, 그리고 활동의 범위에 알아볼 수 있을만한 이해관계가 있다.

심지어 입법자들도 단순히 당선된 공공의 대표이기보다는 자신만의 우선순위와 이익을 추구하는 뚜렷이 구분되는 또 다른 이익집단으로 떠오르고 있다. 투표자들이 입법자들에게 가시적인 신뢰를 보낼 수 있는 활동들은, 활동 자체의 가치와 관계없이 신뢰를 받을 수 없는 활동에 비해 입법자들에게는 더 큰 이득이 된다.

공공부문에 종사하는 노조지도자들의 이해관계는 가능한 한 최소한의 비용으로 가능한 한 최선의 공공서비스를 생산해 내는 데 있지 않다. 그들의 관심은 노조 가입자를 최대한으로 늘리는 데 있다. 이는 물론 공공서비스의 수혜를 받는 일반대중들의 이익에는 반하는 것이다.

투표권을 가진 일반대중들이 여러 이익집단으로 나누어져 각자 가치 있게 여기는 목적들을 추구할 때, 민주주의 사회에서 나타나는 공공재 공급의 일부 특징들은 설명하기가 더 용이해진다. 예컨대 보통은 집단적으로 지불된 재화나 서비스에 대한 각자의 소비를 극대화하는 것이 모든 개인들의 이해관계에 맞을 것이다. 이익집단들은 정치 과정을 통해 자신들이 받는 서비스를 증대시키기 위해 압력을 행사할 수 있다. 서비스를 받는 그룹들은 그저 계산서만 처리하는 일반 납세자들에 비해 거래를 위해 더 뚜렷하고 더 유력한 집단을 형성한다. 민주주의 사회에서 공공재가 과잉 공급되는 경향은 그 체제 안에 있는 이러한 압력을 고려해봤을 때 충분히 이해할 수 있는 현상이다.

어떤 마을에 10명의 주민들이 도로의 상태 개선을 추구한다고 가정해보자. 10명은 정치적 영향력을 발휘하기엔 부족한 숫자다. 하지만 자기네 지역의 도로상태 개선을 반기는 사람들은 더 있다. 따라서 자신의 지역에 대한 도로 개선을 추진하는 사람들과 전반적인 도로 상태의 개선을 추구할 태세가 되어 있는 사람들로 구성된 연합전선을 형성할 근거가 된다. 정치인들은 도로 개선을 약속함으로써 해당집단의 지지를 받으려고 할 것이다. 자신의 도로가 개선되지 않는 사람들도 해당지역 도로 개선 원칙에 아주 강하게 반대하지는 않을 것이다. 도로 개선이 자기에게 부과하는 비용이 반대를 해야 할 만큼 충분히 크지 않다고 느끼기 때문이다. 이러한 활동의 누적효과로 필요 이상 도로의 개선이 이루어지는 것은 당연하다. 사람들이 정부의 지출을 통해 지불하는 대신에 직접 자금의 일부를 분담했다면 그때 지출했을 비용보다 더 많은 비용이 지출될 수 있다.

공공선택이론학파의 일반적 접근법은 정치적 활동을 경제적 활동과 같다고 여기고 유사한 투입요소로 간주하는 것이다. 이러한 맥락에서 볼 때 정치적 틀 안에서 활동하는 집단을 마치 경제적 환경에서 활동하는 사업가처럼 다루는 것이 아주 유용하다. 사람들이 일정한 규칙하에 각자 자신의 이익을 극대화하기 위해 행동하는 것을 당연하게 받아들이는 것은 좋은 예측도구이다. 경제활동에서와 마찬가지로 그들은 기회를 찾고, 자신들에게 이익이 되는 혜택을 증가시키려고 한다. 또한 시장 점유율(market share, 시장에서의 선택률)을 늘리기 위해 경쟁하고, 결과물을 얻기 위해 투입되어야 하는 노력과 희생을 낮추려고 언제나 노력한다.

기업들이 시장 점유율을 위해 경쟁하듯이 각 부처의 관료들 또한 더 많은 예산 배정을 받으려고 경쟁한다. 비슷한 방식으로, 기업 내에서 고위 간부들 간의 직책과 명예를 향해 벌어지는 힘겨루기와 공직에서의 부처 내 각 부서장들 간에 승진을 향해 벌어지는 투쟁은 쌍벽을 이룬다. 그래서 관료들이 겉으로 천명된 정치적 목표들과 그에 대한 반응만 바라본다고 가정하는 것은 그 결정들에 의해 생애와 경력이 영향을 받는 관련자들의 개인적 이해관계의 요소를 간과하는 셈이 된다.

경제적 목적을 추구하는 사업가들의 행태는 경제적 성과에 큰 영향을 미친다. 이는 정치적 맥락 안에서 경제인처럼 행동하는 집단에게도 마찬가지이다. 그들은 여러 사안에 영향을 미칠 수 있는 실질적인 힘을 가지고 있다. 공무원들은 공공정책을 지원할 수도 지연시킬 수도 있다. 만일 특정 정책이 그들의 핵심 이익을 위협한다면, 그들은 그 정책을 무산시킬 수도 있다. 공공부문 노동자들은 입법자들에게 압력을 가하기 위해 파업행위를 실행할 수도 있고, 파업을 하겠다고 협박할 수도 있다. 필수적인 공공서비스를 제공받지 못한 대중의 거친 항의는 정치인에게 가장 취약한 부분이다. 왜냐하면 인기야말로 그들로서는 거래에 쓸 핵심 자산이기 때문이다.

노동조합 지도자들은 노조원들의 고용 보장을 최대화하고 업무환경을 최적화하겠다는 동의를 받아내기 위해 자신들의 추종자들을 이용하여 비협조를 무기로 위협할 수 있다. 개개인의 이익을 위해 행동하는 일반대중 집단들은 입법자들에게 압력을 가하기 위해 항의도 하고, 언론으로부터 유사한 압력을 이끌어내기 위해 시위를 하기도 한다.

입법기관의 구성원들 중 재선을 원하는 사람들은 어떤 사안에 대한 절박한 행동 혹은 그것의 부재가 그들을 지켜보는 유권자들의 분노를 일으킬지에 촉각을 곤두세운다. 그 다음에는 행정부에 압력을 가하고, 행정부의 프로그램의 일부를 계속 진행할지 포기할지에 대한 결정 혹은 새로운 조치들을 취할지에 대한 결정에 영향력을 행사한다.

정치체계에 가해지는 이런 모든 압력들은 매우 현실적인 것이다. 이에 반해 정부의 의지는 연약한 갈대와 같다. 정부는 공약에 있었던 경로를 행할 수 있고 계획에 착수할 수 있지만, 특정 압력에 직면하면 이에 반응하지 않을 수 없다. 통치 기술의 일부는 아마도 어떤 사안이 실행에 옮겨질 수 있는지를 예견하는 일이다. 또한 언제 영향을 받는 이익집단으로부터 너무 큰 저항이 발생해 정책을 망치게 될지 아닐지를 예견하는 일이기도 하다. 행정은 아무튼 '가능성 모색 기술'이라고 묘사되어 왔다.

'정치 또한 시장'이라는 통찰은 설명을 위한 장치이다. 경제학의 수많은 설명적 이론들과 마찬가지로, 이러한 통찰은 회고적으로 지적할 때 가장 유용하다. 즉, 이론에 비추어 보아야만 우리는 발생한 현상들을 볼 수 있고 사건들을 해석할 수 있다. 공공선택이론을 가지고 우리는 왜 어떤 정치 프로그램들은 성공했고 어떤 정치 프로그램들은 실패했는지 알 수 있는 단초를 파악할 수 있다. 때때로 성공을 기대한 집단은 결과적으로 그 혜택이 작다고 느낄 수 있다. 하지만 잠재적으로 손실을 입게 될 사람들은 커다란 손실을 예상하고 이를 예방하기 위해 큰 대가를 지불할 준비가 되어 있다는 사실에 다가가게 된다. 그 큰 대가는 꼭 돈으로 지불되어야 할 필요는 없다. 시간, 노력, 희생 또는 다른 집단의 지지를 얻기 위해 교환한 어떤 것으로도 지불될 수 있다.

공공선택이론은 우리로 하여금 소수자들이 다수자들보다 더 나은 혜택을 입는 현상을 이해할 수 있게 해준다. 이는 공공선택이론이 아니었다면 기묘하고도 이해되기 어려운 현상이다. 전통적인 정치 패러다임에서는 다수가 소수의 희생으로 이득을 얻기 위해 표를 던진다. 반면 공공선택 모델은, 다수가 혜택을 얻는 것이 의미하는 것은 그 혜택보다 더 큰 액수를 소수자에게서 빼앗아오는 것이라고 지적한다. 더 노골적으로 말하면, 다수자들에게 각각 1달러씩 주고자 한다면 1달러보다 큰 돈을 각각의 소수자들에게서 받아내야 한다는 것이다. 소수자들은 비명을 지를 것이다. 반대로 말하면, 소수자들에게 이득을 주기 위해서는 다수자들에게 소수자들의 이득보다 적은 돈을 받아내도 된다. 다수가 소수를 지원할 때, 소수는 큰 이득을 얻지만 다수는 적은 금액만 지불해도 된다. 다수의 원망은 가볍지만 소수의 칭송은 대단히 크다.

이는 농부들의 수가 백 년 전에 비해 현격히 줄었음에도 불구하고 몇 배나 되는 국가 혜택을 받는다는 사실이 설명해준다. 이는 선진국에서 보이는 전형적인 모습으로, 선진국에서는 농부들이 소수가 되었지만, 이들은 다수의 도시 납세자들의 세금으로 엄청난 보조금을 받는다. 농업이 대다수의 노동자들을 수용하고 있는 저개발 국가에서는, 소수인 도시민들을 지원하기 위해 다수인 농업 종사자들에게 세금을 부과하거나 농산물에 인위적으로 낮은 가격을 책정한다. 농민들의 숫자가 줄면서 지원을 얻어내는 그들의 능력은 증대된다.

위의 예시는 소수에게 혜택을 주는 것이 다수에게 혜택을 주는 것보다 쉽다는 공공선택이론을 설명하는 핵심 논리이다. 그렇게 하는 것이 비용은 적게 들고 수혜자가 느끼는 가치는 높아서 입법자들에게는 현명한 맞바꿈이 되는 것이다.

모든 소수자들이 정치 과정에서 동등하게 중요한 것도 아니고 소수 집단 구성원의 숫자가 중요한 요소가 되는 것도 아니다. 공공선택이론에 따르면 사람들은 이득에 부여하는 가치에 따라 거래를 할 태세가 되어 있다. 숫자로는 소수인 어떤 집단이 특정 이득에 아주 높은 가치를 두어 높은 비용을 지불할 의향이 있을 수 있다. 이는 그 소수 집단이 잠재적 동맹자들이 가지고 싶어 할 아주 큰 지지를 거래할 준비가 되어 있을 수 있다는 뜻이다.

소수 집단의 가시성은 그들의 성공에 아주 중요한 요인이다. 어떤 경우 소수 집단이 특정 의사결정으로부터 이득을 얻으리라고 예상됐지만, 그 영향력이 거래될 수 있는 가시적인 집단으로 주목을 받지 못해 의사결정에 효과적으로 영향을 주지 못할 때도 있다. 예를 들어 학교가 폐쇄 위기에 놓여 있을 때, 학부모 집단은 매우 가시적인 집단이다. 그들은 회합을 하고 시위를 하거나 대표자인 의원에게 서신을 보낼 수도 있다. 좀 더 적극적으로는 길거리 행진을 하거나 텔레비전에 방송될 인터뷰를 할 수도 있다. 하지만 미래에 개설될 학교에 관한 문제에서 새 학교를 이용하고자 할 미래의 학부모 집단은 그들의 지지가 거래되기 어렵기 때문에 정치적으로 그만한 중요성을 인정받지 못한다.

소수 집단의 중요성을 더해 주는 또 다른 요인은 소란을 일으킬 능력이 있는지의 여부이다. 사회복지사들의 숫자는 전기기술자들의 숫자보다 많을 것이다. 하지만 사회복지 업무에서 일어날 수 있는 잠재적 소요사태는 전기의 수급에서 일어날 수 있는 잠재적 소요사태의 크기보다는 작을 것이다. 이는 사회적으로 기여하는 객관적인 가치와는 상관없이 전기기술자들이 더 큰 영향력을 가진다는 것을 의미한다.

소수 집단이 정치 시장에서 효과적으로 거래하기 위해서는 강한 자의식을 가져야 한다. 즉, 체제 내에서 그들이 바라는 이득을 추구하는 소수자로서 자신들의 집단 이해관계와 위상을 명확히 밝혀야 한다는 것이다. 그들의 지역에 새로운 주거용 건물들이 들어서는 것을 막고자 하는 소수의 환경보호 활동가들은 명확하고 식별 가능한 집단을 형성한다. 그들은 스스로가 누구인지 알며 특정 사안에서 자신들의 이해관계가 무엇인지 안다. 그들은 입법자들에게 자신의 견해를 전달할 수 있고 대중을 선동해 분쟁을 일으킬 수 있다.

새로운 주거용 건물의 건축으로 혜택을 받을 사람들은 소수의 환경보호 활동가들보다 더 많을 것이다. 하지만 그들은 자의식을 가지고 있지 않다. 그들은 스스로가 누구인지 잘 알지 못하며, 그 순간에는 나라 여기저기에 각자 떨어져 살고 있을 것이다. 또한 그들이 관련 지역에서 새로운 건물 신축에 따른 직접적인 수혜자가 어떻게 될 수 있는지도 제대로 인식하지 못할 것이다. 공공선택이론에 대한 분석은 우리에게, 다른 조건들이 동일하다면, 자신의 위치와 득과 실에 대한 예상을 명확히 하는 전자의 집단이 후자의 집단에 비해 정치 시장에서의 거래자로서 더 효율적인 집단이라고 말한다.

영국에 비해 공공선택이론의 발생을 더 쉽게 했던 미국 정치의 특징을 돌이켜 보는 것은 어렵지 않다. 미국은 영국에 비해 스스로를 하위 집단이라고 여기는 사람들이 엄청나게 많은 매우 파편화된 사회이다. 이는 물론 공공선택이론이 영국에는 적용되지 않는다거나 설명력이 떨어진다는 의미는 결코 아니다. 다만 영국에서는 공공선택이론의 뿌리가 미국보다 덜 명확하다는 것이다. 영국의 정치 시장에서 지지와 이득을 교환하던 집단들 다수는 직업군에 기초하는 경향이 있다.

미국 정치에는 '지지기반 형성'이라고 하는 오래된 전통이 있다. 이는 그들이 서로 합쳤을 때 일반투표에서 이길 수 있는 충분한 수의 집단에게 호소하는 것을 의미한다. 미국 정치에서의 다수 집단은 목적을 위해 함께 뭉친 소수 집단의 연합으로 생각되어 왔다. 미국의 주요 정당을 특징짓는 이 소수 집단들의 연합은 이동하기도 하고 변하기도 한다. 하지만 원리는 그들 중에서 다수파를 만들기 위해 충분한 이해관계 집단들을 만족시키는 원리이다.

미국의 정당들은 '유대인', '흑인', '스페인계', '여성', '참전 용사', '조합 노동자', '농부' 등과 같은 여러 집단들에 계산된 호소를 한다. 이러한 연합은 각각의 집단으로부터 만들어진다. 연합은 각각의 집단이 자신들에게 이익이 있다고 느끼는 바에 따라 정치판을 왔다 갔다 하면서 이동하고 변화한다. 1984년 선거에서 미국의 상원의원 먼데일이 저지른 전형적인 실수는 집단 구성원들의 지지보다는 집단의 지도자들의 지지를 얻는 데 힘썼다는 것이다. 지도자들은 그들의 호전성 때문에 눈에 띄지만 그들이 대변하는 듯이 보이는 소수 집단의 전체적인 견해를 반영하지 못하는 경우가 있다.

항상 뒤늦게 깨닫는 것이지만, 공공선택이론학파는 미국 정치에서의 소수자가 하는 역할의 관찰을 통해 현금으로 재화 혹은 서비스와 교환하듯 표로 혜택과 거래되는 것을 파악해냈다. 이를 통해 정치영역에서의 행태가 경제영역에서의 특징과 다르지 않다는 통찰을 이끌어내는 것을 발견하는 것은 그리 어렵지 않다. 이는 소수자들이 그들을 '대표하는' 것으로 생각하는 정당이나 후보자들을 지지했다는 이전에 가지고 있던 사상보다 훨씬 더 정확한 그림을 보여준다.

또한 공공선택이론은 일반적으로 전통적이고 영구적이라고 인식되는 집단만을 다루지 않기 때문에 더 생산적이다. '흑인', '히스패닉'과 같은 개인의 지위에는 변화가 없지만 전체적으로 일련의 현안들에서는 추가적으로 상이한 그리고 변화하는 소수 집단에 소속되는 것은 가능하다. 거주 지역에 따라 한 개인은 고속도로 보수에 더 많은 보조금이 내려와야 한다는 데 찬성하는 집단에 속할 수도 있고 새로운 다리 건설을 지지하는 집단에 속할 수도 있다. 어떤 사람의 직업은 그로 하여금 특정 산업을 지지하는 집단에 속하게 할 수도 있고 외국과의 경쟁에 반대하게 할 수도 있다. 또 주택 소유주들이 재산세를 낮추기를 바라는 반면 세입자들은 정부의 집세 통제를 지지하는 집단에 속할 수 있다.

정치 과정 내에서 이동하고 변화하는 집단들의 모든 행태는 공공선택이론의 영역 안으로 들어온다. 정부의 모든 수준에서 그들의 압력에 반응하고 그들과 표 및 영향력을 거래하는 당선된 대표자들의 행태 또한 그러하다. 전통적인 정치 모델로 설명하려고 할 때, 민주주의 정부의 몇몇 결과물들은 매우 비합리적이고 비생산적으로 보인다. 분석가들은 명백한 오류들을 수정하지 못하는 사회의 무능력함에 당황했다. 공공선택이론의 커다란 장점은 그러한 행태에 맞아떨어지는 패러다임을 제공한다는 것이다. 즉, 그 안에서 그 행태가 정치적 영향력 시장이라는 말로 해석될 수 있는 패러다임을 우리에게 제공한다는 것이다. 공공선택이론의 몇몇 유용한 연구들은 우리에게 정부의 직접적인 책임하에 있는 경제부문의 구조와 운영에 대한 흥미 있는 통찰을 제공해왔다.

6
공공부문

공공선택이론은 재화나 서비스가 세금으로 지불되고 정부의 책임하에 생산되는 경제부분의 특징을 설명하는데 특히 더 효과적이다. 공공부문의 경제라는 측면은 전통적인 정치 모델 어느 것으로도 설명하거나 이해하기 어려운 듯이 보이는 부분이 있다.

예컨대 공공부문의 과잉 생산 경향이 그것이다. 사람들이 재화나 서비스를 위해 집단적으로 공공부문에 지불할 때, 그들은 각자가 개별적으로 지불할 때 소비하는 것보다 더 많이 소비하는 경향이 있다. 공공선택이론은 그 정곡을 찌른다. 더 많은 서비스를 위한 수요는 항상 존재한다. 제약 조건이 없다면 사람들은 하루에 한번 보다는 두 번씩 버스가 운행되길 원할 것이다. 또한 더 많은 조명시설과 더 좋고 더 많은 도로를 원할 것이다. 제한이 없다면 이것은 실제 사용과는 무관할 것이다. 따라서 수요는 은연중에 무한해질 것이다. 극단적인 예로 사람들은 혹시 버스를 타고 싶을 경우가 생길지 모른다는 이유로 빈 버스가 삼십 분에 한 번씩 지나가길 바랄지도 모른다. 제한하는 조건이 없다면, 이것이 사람들이 보일 수 있는 합리적인 선호다.

물론 그러한 선호를 제한하는 비용 측면의 제약이 존재한다. 사람들이 재화나 서비스를 얻기 위해 직접 지불할 때, 그들은 제한된 자원을 배분해야 하며 결국 각자를 위한 수요를 제한해야 할 것이다. 공공부문의 경제에서는 이러한 제한이 덜 효율적으로 작용한다. 왜냐하면 제약조건들이 덜 강하게 느껴지기 때문이고, 제약조건들이 재화나 서비스의 공급과의 연결고리가 덜 가시적이기 때문이다.

한 지역의 소수자들이 서비스의 개선을 바랄 수도 있다. 서비스의 단점이 그들에게 저절로 다가올 수도 있고, 선거의 후보가 소수자들과 함께 서비스의 개선을 들고 나올 수도 있다. 서비스의 개선으로 인한 혜택은 가치 있게 여겨지는 반면 이로 인한 비용의 발생은 가치가 작은 결과일 뿐이다. 집단의 크기가 작더라도 자신들의 서비스의 개선을 바라는 그들의 욕구는 다른 사람의 욕구에 더해질 수 있다. 이런 식으로 그것을 제약하는 의미 있는 압력이 존재하지 않는 상황에서 더 많은 서비스를 요구하는 일반적 수요가 생길 수 있다. 집단들은 정치 시장에서 이득과 지지를 교환하며, 비용에 반대하는 사람들로부터는 그에 상응한 지지를 받을 수 없다.

그 결과 만일 개인적으로 결정을 내려야 했다면 개인들이 선택했을 것보다 더 많은 양의 공공재나 서비스가 공급된다. 이것이 서비스의 품질이 더 높다거나 소비자의 요구와 수요에 더 잘 부응한다는 것을 의미하지는 않는다. 단지 개인적으로 지출하는 선택을 할 때보다 정치 과정을 통한 집단적인 소비를 할 때 더 많이 소비한다는 것을 의미한다. 서비스를 얻기 위해 직접 지불해야 할 때 개인들은 공공부문으로부터 공급받을 때보다 적은 양을 요구한다. 따라서 공공부문은 공공선택이론의 통찰이 없었다면 비합리적으로 보일 재화나 서비스의 잘못된 분배를 만들어낸다.

공공부문의 과잉 생산으로 인해 혜택을 입는 것은 소비자뿐만이 아니다. 너무나 당연하게도, 생산을 관리하는 자도 서비스가 증가함에 따라 자연스럽게 더 높은 지위와 권한을 얻게 된다. 해당 부서에 고용된 자들도 그들의 서비스에 대한 수요가 증가함에 따라 승진 기회가 주어지고 소득이 늘어나게 된다. 입법자들도 이 활동에 자금을 대는 일반 납세자들로부터의 지지도 상실하지 않으면서 과잉 생산된 서비스의 혜택을 입는 집단들로부터 지지를 얻게 된다. 그 결과 어떠한 반대 압력도 없이 추가적 서비스에 대한 막대한 편파적 지원이 이루어진다.

공공부문은 민간시장에서의 개별적인 소비자가 수요하거나 지원하는 것보다 더 많이 생산되고 있으면서도 그 서비스는 결코 소비자의 수요와 필요에 반응한 것이 아니다. 이는 정치 과정으로부터의 압력에 반응한 것이다. 민간시장에서 소비자는 자원을 다른 곳에 쓰기로 결심하면서 구매하는 재화나 서비스의 양을 제한할 수 있다. 공급은 소비자가 지불할 태세와 능력에 따라 제한된다. 공공부문에서 소비자는 공급량이나 지불하는 가격을 제한할 수 없다.

민간부문에서 소비자는 그들의 필요를 충족시키는 재화나 서비스를 선택하고 그렇지 못한 것들은 거부한다. 이러한 과정의 결과로 재화나 서비스는 소비자의 선호에 맞추려는 경향이 있다. 그렇게 부응하지 못한 생산자들은 소비자들이 떠날 경우 파산의 위험에 처해진다.

공공부문은 완전히 다른 압력을 받는다. 공공부문은 자금이 대부분 세금으로부터 나오기 때문에 소비자들은 생산에 대한 비용을 지불할 수밖에 없다. 소비자들에게는 효과적인 대안이 없다. 그 이유는 첫째, 공공부문은 대개 독점적이며 둘째, 소비자들이 공공 공급에 지불하도록 강제될 때 대부분의 소비자들은 (동일한 서비스를) 민간으로부터 공급받기 위해 필요한 추가적 지출을 감당할 여유가 없기 때문이다. 이는 소비자들이 공공부문에 대한 경제적인 영향력을 행사할 기회가 전혀 없다는 것을 의미한다. 주기적으로 정치적 영향력을 행사할 기회가 존재하지만, 이것들은 아주 큰 공약꾸러미의 일부를 구성한다. 이 꾸러미에서 특정 품목의 공공재화와 서비스들에 대한 지출은 대단히 미미하다.

그러므로 소비자들은 공공재화나 서비스에 거의 영향력을 미치지 못한다. 정치체계는 과잉 생산을 원하고 소비자의 대응을 반기지 않는다. 반면 생산자들은 서비스에 지대한 영향을 미친다. 생산에 있어서 경영진과 노동자 모두 생산하는 서비스의 종류에 직접적인 이해관계를 가지고 있다.

공공서비스분야의 관료들은 어쨌든 관리하기 편한 서비스, 관리 및 경영업무를 담당하는 사람들에게 경력과 관련된 기회를 극대화시키는 서비스에 이해관계를 가지고 있다. 노동자들은 그들의 노력과 수고를 최소화하면서도 직업의 안정성과 보상을 극대화해 주는데 관심이 있다. 이들 두 집단 모두 그 체제에 실제 압력을 가할 지위에 놓여 있다. 주어진 공급량을 받아들이는 것 외에 다른 대안이 없는 소비자들과 달리 경영자와 노동자 이 두 집단은 모두 거래에 영향력을 행사할 수 있다. 입법자들로서는 두 집단 모두가 그들의 삶을 어렵게 만들 수 있다.

관료들은 그들의 지위와 위상에 역효과를 불러올 수 있는 변화를 막거나 지연하고 심지어 되돌릴 수 있는 힘을 가지고 있다. 노동자들은 서비스의 제공을 방해하거나 방해하겠다고 위협할 수 있고 당선된 지도자들에 대항하여 시위를 벌일 수도 있다. 그 결과 공공서비스는 생산자가 '득세할' 수 있다. 이는 시간이 지날수록 공공부문이 소비자보다 생산자의 필요에 맞춰질 수밖에 없다는 것을 의미한다. 이러한 체제 속에서는 소비자가 아닌 생산자가 진정한 힘을 가진다. 거래를 하는데 생산자가 소비자보다 더 큰 영향력을 가지는 것이다.

해가 갈수록 조금씩 더 공공서비스는 전반적으로 대중 전체의 필요나 요구를 만족시키는 것이 아니라 소수의 생산자 집단이 원하는 바를 달성하기 위한 방향으로 전환되어 갔다. 이러한 '생산자 득세'는 공공선택 이론으로는 설명이 가능할 뿐 아니라 정말이지 예측도 가능하다. 하지만 더 전통적인 정치 모델로는 설명하기가 매우 어렵다. 어떻게 시민들이 자신들의 관리가 가능한 영역을 벗어나 그들이 고용한 집단의 잇속만 채우는 방향으로 자원을 이용하는 서비스를 만드는 것을 선택하여야만 했는가? 이는 정치 시장에서 일반대중의 희생으로 특정 집단에 추가적인 교섭력을 주는 과정을 깨닫지 못하면 아주 기이한 현상으로 보일 것이다.

생산자 득세의 생산물들은 공공부문으로 가면 발견하기가 어렵지 않다. 명목적으로 대중의 편익을 위해 존재하는 서비스들은 이를 통해 생계를 유지하는 집단의 편익에 맞물려간다. 우체국이 가장 전형적인 예를 보여준다. 둘째 주 토요일의 배달이 없어졌다. 일요일 편지 수거도 없어졌다. 우체국은 토요일에 더 이상 문을 열지 않는다. 전보서비스도 사라졌다. 이 중 어느 것도 소비자들의 압력으로 인한 결과가 아니다. 반대로 그것은 소비자가 원하는 것과 정반대다. 하지만 주말에 일하지 않는 것은 우체국 서비스 생산자들의 삶을 윤택하게 했다.

공공부문 전반에 걸친 이러한 경향은 생산자의 편의와 필요가 소비자의 편의와 필요보다 우선하는 경우이다. 이는 즉각적인 변화가 아니다. 이런 경향은 압력들이 행사됨에 따라 수년간에 걸쳐 쌓아 올려진 모습이고 그 결과 드러난 것이다. 쓰레기 수거인들은 이른 아침부터 시끄러운 소리로 주민들을 깨운다. 이는 그들의 노동계약서에 '업무 달성'에 따라 임금을 지불받는다고 명시되어 있기 때문이다. 한 업무를 위한 적절한 추정 시간이라고 생각되는 것이 계산되고 그에 따라 하루의 업무량이 계산된다. 이런 계산은 노동자들이 이른 아침에 업무를 시작해서 정오에 하루의 업무를 끝내는 시간까지 매년 검증되고 논란이 되었다. 이는 민간분야에서는 사실상 불가능하다. 왜냐하면 회사들은 가격에 반영된 비용을 계산할 것이고 대중들은 저렴한 경쟁사를 택할 것이기 때문이다. 하지만 공공부문에서는 소비자들에게 대안적 선택을 할 수 있는 사치를 허용하지 않는다. 왜냐하면 공공부문에서는 일반적인 경우 파산하지 않을 것이기 때문이다. 결과적으로 수년에 걸쳐 계약은 점점 서비스 조건들이 생산자의 결정에 의존하는 방향으로 진행된다. 노동조건안에 쓰인 여러 세부 사항들은 이러한 체제에 가해지는 압력에 대한 분석 없이는 이해될 수 없다. 신문과 텔레비전 프로그램의 생산에서라면 모를까, 공공부문의 특징을 잘 드러내는 이러한 근로계약은 민간부문에서는 이에 대응되는 것을 찾을 수 없다.

민간병원에서 직원들이 이른 아침에 병원을 청소하기가 편하다는 이유로 오전 6시도 되기 전에 환자들을 깨운다는 것은 상상도 할 수 없는 일이다. 또한 환자 이동 담당자가 자신의 근로조건 개선을 위한 규칙들을 이유로 엑스레이나 다른 검사를 위해 환자를 복도에 몇 시간씩 기다리게 하고, 혹은 몇 시간씩 환자가 병실로 돌아가서 기다리게 하는 것은 있을 수 없는 일이다. 하지만 이런 관행들은 공공부문의 보건소에서 실제로 일어나고 있는 일들이다. 민간부문의 병원이 돈을 더 많이 벌기 때문이 아니다. 이는 민간병원이 생산자가 득세하는 체제가 아니며, 이로 인해 그들이 그들의 소비자의 필요를 충족시키는 데 최우선권을 부여하기 때문이다.

공공부문 공급의 한 가지 특징이 노동자들의 편의를 최우선으로 고려하는 것이라면 또 다른 특징은 필요 이상의 인원을 배치하는 경향이다. 하나의 재화를 생산하기 위해 더 많은 자원이 필요하다는 측면에서, 공공부문은 민간부문에 비해 전반적으로 더 비효율적이다. 이는 비교를 통해 증명된 부분이다. 공공부문에서의 단위원가는 민간부문의 동일한 산업에서의 단위원가와 비교해 볼 수 있다. 해당 서비스가 공공부문으로 넘어가기 이전의 가격을 비교해 볼 수도 있고 한 나라의 국가부문에서 생산되는 가격과 다른 나라의 민간부문에서 생산되는 가격을 대조해 볼 수도 있다.

비교를 해보면, 동일한 결과물에 대해서도 공공부문에서 생산된 재화나 서비스의 경우 가격이 높게 나타나는 반복적인 현상을 볼 수 있다. 다른 조건들이 동일할 때 국가에서 의료보험, 철, 대중교통 등을 생산한다면 민간부문에 비해 더 많은 인력을 필요로 한다. 공공선택이론은 우리에게 그 이유를 설명해 준다.

일반적으로 효율적인 인력관리는 생산자와 소비자 모두를 위한 것이다. 경쟁 시장의 생산자들은 인력을 효율적으로 관리함으로써 비용을 낮추어 직접적으로 이윤을 증가시키거나 가격을 낮추어 더 많은 소비자를 끌어 모으거나 시장에서의 소비자 선택율을 증가시킨다. 그러나 공공부문은 경쟁 시장처럼 움직이지 않으며 소비자들에게 선택을 할 수 있는 사치를 허용하지 않는다. 효율적인 인력관리를 장려하는 인센티브는 존재하지 않으며 다른 압력만이 지배할 뿐이다.

많은 인력을 관리하는 책임을 가지는 것은 경영진의 이해관계에 맞다. 추가적인 책임은 추가적인 보상을 가져다 준다. 노동자들은 인력 과잉을 그들에게 좋은 것으로 인식한다. 겉으로 보기에는 노동자 1인당 해야 하는 일이 줄어들고 일자리가 늘어나며 고용보장도 훌륭해보인다. 노동자들을 대신해 협상하는 사람들에게도 이런 인식은 현실적인 것이다. 효율적인 인력관리를 통한 인력 감축을 인정하는 것은 노동조합 운동가들의 이해관계에 맞지 않다. 인력 감축은 노조 가입원의 감소를 의미하기 때문이다. 공공부문의 협상에서 공공부문 노조는 인력 감축을 초래하는 어떤 새로운 장비나 작업 방법의 도입도 꺼려하기로 악명이 높다.

공공재화나 서비스의 관리자나 정부의 일부가 효율성 제고를 원할 수 있지만, 이를 달성하기 위해서는 보통 극단적인 조치가 필요하다. 실제적인 힘을 가지지 못한 집단의 희생으로 힘 있는 집단의 수요에 부응하는 것이 일반적으로 더 쉽다. 이것은 공공부문의 공급에 관계된 곳에서는 소비자의 희생으로 생산자들에게 더 많은 이득을 준다는 의미이다. 〈고형폐기물 관리위원회〉의 미국인 이사는 1986년 연례회의에서 영국의 진정한 관광 명소는 황실이나 역사적 건물이 아닌 쓰레기 수거 트럭 뒤에서 쓰레기봉투를 들어 뒤로 던지는 다섯 명의 남자들이라고 선언했다. 그는 이 광경이 건물들보다 더 역사적인 의미가 있다고 말했다.

인력 과잉의 정도와 소비자로서의 일반대중이 지불하는 비용은 이전에 국가에 의해 고용된 인력들이 진행하던 공공서비스를 넘겨받기 위해 민간부문에서 위탁자가 왔을 때 일어나는 일에서도 볼 수 있다. 민간 위탁자들은 같은 업무를 더 낮은 비용과 더 적은 인력으로 수행할 수 있다. 그들은 피고용인들에게 더 힘든 일을 강요해서 이 일을 달성하는 것이 아니다. 그들은 그들의 노동력을 더 효율적으로 활용함으로써 그 일을 달성한다. 가끔 새로운 장비가 도입되거나 더 흔하게는 더 나은 경영방법이 사용되기도 한다.

그들이 이런 노동조건을 달성할 수 있는 것은 그들이 다른 위탁자들과 경쟁하고 그들이 시장에서의 소비자 선택을 잃으면 파산에 직면하기 때문이다. 민간부문에서 노동자들이 이런 조건을 받아들이는 이유는 그렇게 하지 않으면 그들의 직장이 위기에 처하기 때문이다. 공공 공급에서 민간 위탁자로 전환될 때 나타나는 흥미로운 특징은 민간기업으로 이전한 많은 노동자들이 생산자가 득세했던 국가부문에서 일할 때보다 직업 만족도가 높아졌다고 느낀다는 것이다. 비록 자신들의 업무가 더 효율적으로 관리되고 사용되며 인력의 비중이 낮아지기는 하지만, 노동자들은 초과 업무 시 주어지는 보너스를 얻기 위한 새로운 기회를 찾고, 더 큰 책임이 주어지는 높은 직책으로의 승진을 향한 새로운 기회를 노린다.

전통적인 정치이론으로는 예측할 수 없는 재화나 서비스의 공공 공급의 한 특징은 공공 공급이 만성적인 과소 출자에 시달린다는 것이다. 표면적으로 보면 사람들이 스스로 버텨낼 마땅한 자금조차 없는 서비스를 공급받기를 바랄 이유가 없어 보인다. 각각의 서비스를 위한 자금 조달이 납세자에게 소소한 것에 불과하다고 보면, 왜 지금처럼 그것들이 과소 출자에 시달리는지 이해하기가 어렵다. 생산 과잉 경향은 이미 언급했지만, 이와 비슷한 경향인 자본 과잉이 전혀 없는 이유는 무엇일까.

그에 대한 답은 경상비 계정과 자본 계정 모두에 가해지는 압력에서 찾을 수 있다. 모든 서비스에 대한 자금 조달은 입법자들이 느끼기에 납세자들이 감당할 수 있는 범위까지로 한계가 정해진다. 공공서비스의 수혜자들은 그 서비스를 지탱하는 사람이 지불의 점증에 반대하는 것에 비해 그것을 더 높게 평가한다. 거기에는 세금을 그 서비스들의 압력이 필요로 하는 수준으로 유지하려는 이해관계가 전반적인 배경으로 깔려 있다.

전체 자금 조달에서 경상비 지출로 끌어당기는 힘이 더 크다. 하지만 경상비 지출은 현재 수준의 서비스의 공급과 그와 관련된 지불을 뒷받침하는 것이다. 그러나 자본 지출은 미래 서비스를 뒷받침하는 것이다. 경상비로 끌어당기는 힘은 서비스가 끊기면 항의할 일반대중과 요구사항이 맞지 않으면 서비스에 차질을 일으킬 수 있는 노동자로 인해 생기는 것이다. 자본 계정에는 그러한 끌어당기는 힘이 없는데, 이는 미래의 서비스의 혜택을 받을 사람들이 현재에는 압력을 거의 행사할 수 없기 때문이다. 이들은 넓게 분산되어 눈에 보이지 않는 세력으로 자본재 마모로 인한 손실을 쉽게 파악하지 못한다.

존폐 위기에 놓여 있는 현존 학교의 학부모들은 정치 시장에서 거래하기 위해 압력을 가할 수 있다. 하지만 지금 새로운 학교를 짓기 위해 지출이 이루어져 미래에 혜택을 입을 수 있는 잠재적 학부모들은 그럴 수 없다. 대부분 그들은 자신들이 어떤 집단인지 잘 알지 못하며 현재의 자본 지출과 미래에 돌아올 혜택 사이의 연결고리도 인식하지 못한다.

총조달자금에서 끌어당기는 힘들이 불균형을 이루기 때문에 입법자들과 관리당국은 항상 경상 지출을 삭감하지 않기 위해서 자본 지출을 절감하기가 더 쉽다. 새로운 장비 구입이나 사업장 건설을 연기하는 것이 당장의 지불을 연기하거나 서비스를 감축하는 것보다 정치적 비용이 적게 든다. 여러 해에 걸쳐 나타나는 불균형적인 압력은 공공부문에서 자본 지출의 비중이 지속적으로 낮아지는 결과를 초래한다.

그 결과, 공공서비스는 낡고 제대로 유지 보수되지 못한 장비가 많아지는 경향을 보인다. 민간부문의 산업은 현대화 경쟁, 최신기술을 사용하는 경쟁에서 뒤처질 여유가 있을 수 없다. 그렇게 하는 기업은 시장에서 도태될 것이다. 그러나 정치 시장에서는 다수의 자의식을 가진 수혜자가 경상비 지출에 자금을 조달하기 위해서 자의식을 가진 수혜자가 거의 없는 자본 지출을 줄임으로써 이득이 생긴다.

'민간의 풍족함과 공공의 누추함'이라는 문구는 제대로 자금이 조달되는 민간의 재화와 서비스들과 제대로 자금이 조달되지 못하는 공공부문의 재화와 서비스들을 묘사하기 위해 만들어진 말이다. 이는 공공부문의 장비 상태에 적용될 수 있는데 공공부문은 전체 자금 조달 수준과는 관계없이 자본 투자가 부족한 경향이 있기 때문이다. 자본계획을 위해 넘쳐나는 자금이 얼마간은 정당화되고 정치적으로 지지를 받을 수 있다. 그렇지만 얼마 안 있어 의도한 목표를 달성하지 못하고 오히려 경상비 쪽으로 과도한 배분이 나타날 것이다. 왜냐하면 압력으로 인해 이전 자금 조달에 적용되었던 것과 동일한 끌어당김이 경상비에 가해지기 때문이다.

이 결과의 하나로, 우리는 세련되고 현대화된 민간부문과 낡고 뒤떨어진 공공부문을 보게 된다. 공공부문의 산업장비들은 본래의 사용연한을 넘기고 새로운 장비의 구입은 연기된다. 소비자들은 그들의 기술과 현대화된 장비로 생산할 수 있는 제품에 비해 낡고 시대에 뒤떨어진 공공재를 받을 수밖에 없다. 전통적인 정치적 의사결정 모델을 이용하여 이런 현상을 설명하려면 당황스러울 수 있다. 하지만 경제적 본성을 가진 정치 시장 모델을 활용하면 충분히 설명가능하다. 경상비 지출이 자본재 지출에 비해 더 많은 이해당사자를 보유하고 있다.

공공선택 모델은 정부 관료들의 태도를 설명하는 데 특히 효과적이다. 전통적 모델에서는 관료들을 일정 한계 내에서 대중들의 의지를 반영하는 정부의 도구로 인식한다. 이러한 시각에서 보면 정무직 상관들이 결정한 정책들을 수행하는 헌신적이고 흔들림 없는 공무원들이라는 그림이 나온다.

공무원들은 헌신적이며 '정부라는 기계'의 본질적이고 가치 있는 부분을 형성할 수 있다. 하지만 공공선택 모델은 공무원들을 어떤 의미로도 기계로 보지 않는다. 그들도 사람이며 다른 사람들을 자극하는 것과 비슷한 목표와 열정이 그들의 동기부여가 된다. 그들은 정치 시장에서 거래할 가치 있는 자산들을 가진 뚜렷이 구별되는 소수 집단이다. 우리가 그들을 이익을 극대화하기 위해 일하는 민간인 사업가처럼 움직인다고 인식하면 우리는 그들이 주어진 상황 속에서 어떻게 반응할 것인지에 대한 훨씬 더 상세한 그림을 그릴 수 있다. 그리고 그들의 전반적 행태에 대한 훨씬 더 이해가 잘 되는 설명을 얻을 수 있을 것이다.

관료제에서는 연공서열과 책임에 따른 보상이 주어진다. 그러므로 공무원들에게 그들의 책임 범위를 넓히고 지위를 높이는 것이 개인 경력에서의 관심사이다. 책임 범위 축소에 따른 적정한 보상이 없는 한, 해당 부서의 규모를 축소하는 것은 공무원들의 이익에 반하는 행동일 것이다. 이와 반대로 관료들은 예산과 인사를 모두 늘릴 수 있는 새로운 부서 활동 영역에 대한 제안을 더 좋아할 것이다.

어떤 프로그램이 특정 부분의 대중들로부터 실질적인 수요를 가진 채 시작할 수 있다고 가정해 보자. 선거 후보자는 지지하는 표들과의 암묵적인 거래에서 새로운 서비스를 제안하면서 대중들을 선동할 수 있을 것이다. 그 집단은 정부의 관심을 이끌어내기 위해서 시위나 데모를 할 수도 있을 것이고, 미디어의 관심을 받을 수도 있을 것이다. 어떤 점에서는 입법자들이 채택하여, 그 다음에 해당 사안에 대해 무언가를 하라고 정부에 압력을 넣는다.

바로 이 부분에 공무원들이 개입한다. 그들은 문제가 된 사안을 연구하라는 요청을 받을 것이며, 해결방안을 제시할 것을 요청받을 것이다. 그들의 책임영역에 새로운 프로그램을 추가하는 것은, 그리고 심지어는 낙점을 받는 부서가 되기 위해 다른 부서와 경쟁하는 것은 그들의 이해관계에 딱 맞아떨어진다. 이것이 바로 공직에서의 '왕국(王國) 구축'이라고 알려진 과정의 시초이다. 그 아래에서 그들은 그들의 활동영역, 자기 휘하의 간부진 규모, 그리고 그들에게 가능성이 열려진 월급봉투를 확장하기 위해 행동한다.

이 과정은 회사 내에서 그들에게 책임을 지고 의존하며 가능한 한 많은 숫자의 사람을 가지려고 하면서 서로 영향력과 지위 경쟁을 벌이는 민간기업의 중역들 간의 경쟁과 쌍벽을 이룬다. 민간부문에서 중역들에게 자기 부서가 앞장서서 새로운 영역들로 옮아갈 것을 기대하고 새로운 시장으로 이동할 것을 제안하는 것이 일상적인 것처럼, 관료제도 이런 유형의 행태를 반영하고 있다. 관료들이 정말로 흔들림 없고 헌신적일 수 있지만, 그들의 행동에 대한 더 정확한 설명은 다음과 같은 가정에 의해서 생겨난다. 그들이 민간부문의 사업가들과 비슷한 행동양상을 보인다고 가정하는 것이다. 다만 경제 시장이 아닌 정치 시장에서 입찰하고 거래하면서 말이다.

공공선택이론이 다른 이론들과 다른 점은 관료제를 이익집단으로 바라보고 그들의 동기를 고려한다는 점이다. 전통적 관점에서는 공무원 집단을 공정하고 불편부당한 방식으로 규칙을 관리하기 위해서 외부에서 있는 심판자로 바라보았다. 하지만 공공선택이론에서는 그들을 정치 시장에서 거래하는 또 다른 집단으로서의 게임 선수들로 본다. 공공선택이론은 관리자로서의 역할뿐 아니라 참여자로서의 그들의 이해관계도 인식한다.

민주주의 사회에서 공공부문이 지속적으로 팽창하는 경향은 책임범위를 늘리려는 관료들의 노력만으로는 설명되지 않는다. 수혜자에게 부과되는 비용보다 더 큰 혜택을 인식하고 있다는 것만으로도 설명되지 않는다. 공공부문에는 혜택의 직접적 전달을 관리하는 것 이상이 있다. 공공의 자금으로 생계를 유지하는 모든 사람들이 공공부문의 일부이다.

군인과 경찰들도 당연히 공공부문에 해당된다. 국가 보건과 국가 교육에 고용된 모든 사람들도 해당된다. 또한 광산, 철도, 심지어는 자동차 공장을 포함할 수 있는 국영 기업에 직접적으로 고용된 사람들뿐만 아니라 생존을 위해서 국가 보조금에 기대고 있는 산업에 종사하고 있는 모든 사람들도 여기에 포함되어야 한다.

이들이 전부가 아니다. 지방정부 중앙정부 등 각기 다른 수준의 정부에 고용된 사람들까지도 거기에 포함되어야 한다. 그래서 거리의 환경미화원부터 건축가들까지, 공원 관리원부터 법률가들까지 모두 공공부문의 일부로서의 모습을 띠고 있다. 그들 모두 각자 해당하는 분야에 대한 예산 배정이 잘 유지되는지 혹은 증가되는지 관찰하는 데에 기득권적 이해관계가 있다. 그들은 다른 곳에서의 증가 때문에 세금 형태로 본인들에게 떨어지는 비용에 대해 반대할 수 있다. 그러나 다른 곳에 지출하는 것에 반대하기보다 자신들의 분야에 투입되고 있는 예산을 지키기 위해 더 많이 노력한다. 집단적으로 그들은 공공부문 활동들의 꾸준한 확장을 위한 강력한 세력을 이룬다.

영리한 정치인들은 공공선택이론이 정립되기 훨씬 이전부터 공적부문으로부터 혜택을 받는 집단들을 이용하여 다수 집단을 구성할 수 있다는 사실을 알고 있었다. 당선된 대표자들의 관점에서 보면 정부에 의지하여 생계를 유지하는 투표자들이 반 이상을 차지하는 것은 굉장히 큰 이득이 있다. 공무원이든 공공부문의 노동자든 공공복지 수혜자든 상관없이 그들의 조합으로 다수 집단을 이룰 수 있다면 그들은 정치 시장에서 혜택을 재분배하면서 살고 거래하는 정치인을 선출할 것이다.

이러한 과정은 관련된 대부분의 당사자들의 이익과 반대되는 것이겠지만 자기 존속적이거나 아마도 자기 가속적인 과정이다. 그 과정은 대부분의 서비스에 대해 그들로 하여금 스스로 선택했을 것보다 더 높은 수준의 소비를 유지하게 한다. 그리고 거기에는 그 서비스들에 대한 생산자 득세, 자본 부족, 과잉 인력이 부과했던 추가적인 비용이 있다. 여기에 관료적 통제 등의 비용까지 더하면, 마치 사람들이 그들이 원하는 것 이상의 서비스와 그들이 지불할 필요가 있는 것 이상의 대가 지불을 위해 투표하는 것처럼 보일 수도 있다. 그러나 다시 한 번 강조하자면 그들이 받는 혜택에 비해 각각의 정책으로 인한 손실은 매우 작다. 정치 시장에서의 거래 유형은 사람들이 그들 스스로의 이익을 포함하여 공공선에도 반할 수 있는 방식으로 개인주의적으로 행동하게 만든다.

정치 시장에서 전혀 거래를 하지 못하는 하나의 집단은 바로 우리의 다음 세대들이다. 그 거래는 지지를 해도 아무런 현재의 이득이 없으며, 결국 협상의 여지도 없다. 따라서 지금의 세대에게 이익이 돌아가기 위해선 다음 세대의 희생이 따르게 된다. 현재의 유권자들에게 다음 유권자들이 지불할 혜택을 줄 것이라고 설득한다면, 현재의 지지를 얻을 수 있으며 이때도 미래의 지지는 중요하지 않다.

민주주의 사회에서 연금과 사회보장제도는 서비스 수령자들이 지불했던 금액과 무관하게 이득을 제공하는 경향이 있다. 전형적으로, 더 많은 금액을 지불하면 더 큰 혜택을 제공하는 새롭고 관대한 규모의 혜택이 도입되었다. 직접적인 수혜자들은 당연히 그것을 지지한다. 높은 금액을 지불하는 사람들도 자신에게 약속된 이익이 더 높을 것이라는 근거에서 그것을 지지한다. 이러한 혜택의 대가는 현재 그 문제에 발언권이 없는 그들의 자녀들이나 손자들에게 물려질 것이다.

아무리 간단하게 인구학적 계산을 해보아도 미래의 납세자들의 세금으로 이런 시스템이 지탱될 수 있고, 약속이 지켜질 수 있음을 알 수 있다. 물론 미래의 납세자들은 이를 받아들이려 하지 않을 것이다. 이는 행운의 연쇄 편지와 비슷한 개념으로, 지금 지불하는 사람들은 장래에 자신이 지불한 것에 대한 보답을 해줄 사람이 많다는 믿음을 가지고 행동한다는 것이다.

존 메이너드 케인스는 "결국에 우리는 모두 죽는다."라고 했다. 그에게는 맞는 말이다. 그러나 연금과 보험 시스템의 기초(基礎)는 연금 및 보험을 도입하고 지속시켜서 이익을 얻은 사람들에게도 그것이 맞는 말이라는 것이다. 그들은 오늘의 정치 시장에서 이득을 얻고, 미래 세대가 자신들을 불운한 자로 여기기 시작할 때 오늘의 정치가들은 안전하게도 국정 담당자로 변모되어 그들이 닿을 수 없는 곳에 있을 것이다.

연금과 보험 시스템의 문제가 위기 지점에 이르기 전에 문제를 제기하려고 하는 정치인들은 약속을 받은 혜택 수령자들의 기대와 이해관계에 반하게 될 것이다. 사람들에게 지금 많이 내고 나중에 적게 돌려받자고 요청하는 처방은 정치 시장에서 높은 가치를 가질 것 같지 않다. 관측자들은 정치인들의 근시안적인 태도와 장기적인 계획을 세우지 못함을 지적해 왔다. 공공선택이론에 근거한 답은 미래의 자산은 계산되지 못한다는 것이다. 현재 유일하게 가치가 있는 것은 자신들의 자녀들과 손자들이 괜찮은 세상에서 살 것이라고 하는 현재 유권자들의 관심이다. 그러나 이 관심은 정치가들이 사람들의 관심을 오로지 지금 세상에만 초점을 맞추게 하려고 그렇게 애쓸 때는 그리 많은 가치를 가지기 어렵다.

전통적인 패러다임으로만 무장하고 바라보는 사람들에게 비합리적이고 비생산적이라고 인식되는 공공부문의 경제의 특징은 공공선택이론을 떠올리면 예측하거나 해석하기가 쉬워진다. 사람들이 자신도 모르게 자신의 이익에 반대되게 행동하는 것은 타인들의 이익에 반하는 것으로서 자신의 이익에 두고 있는 상대적 가치로 설명된다. 사람들이 스스로는 선택하지 않았을 상황을 집단적으로 고안하는 것은 정치 시장에서 표와 영향력이 가지는 가치로 설명된다.

공공선택 모델은 현재의 시스템을 더 잘 이해할 수 있도록 하는 것에서 그치지 않는다. 공공선택 모델은 어떻게 현재의 시스템이 이를 개혁하거나 개선하려고 하는 그 많은 시도들에 왜 어떻게 저항해 올 수 있었는지를 말해주는 세밀하고 섬세한 유형의 설명도 제공한다.

7
관료제의 반응

일반적 이해관계에 역행하는 공공부문의 특징은 오래 전부터 알려져 왔다. 공공부문의 상대적으로 낮은 비용 효과, 비효율성, 그리고 빈번하게 일어나는 적절한 자본 조달의 부족은 다양한 연구의 주제가 되어 왔다. 그것이 소비자의 수요와 필요에 반응하지 못한다는 점은 널리 알려진 사실이다. 또한 반응하는데 과도한 시간이 들거나 마지못해 대응하거나 미적지근하게 대응한다는 점도 일화의 수준에서 그리고 훨씬 중요한 통계학적 연구에 이르기까지 잘 알려져 있다.

이와 비슷하게, 특정한 방식으로 행동하는 관료제의 경향들에 대한 기록도 있다. 책임 범위를 넓히기 위한 투쟁인 부서 내에서 일어나는 '왕국(王國) 구축'과 국가부문의 확장을 향한 지속적인 압력은 정치학뿐 아니라 대중적인 유머를 통해서도 알려졌다. 영국의 가장 성공적인 코미디 프로그램은 공무원들의 행태와 태도를 주제로 삼았으며, 이는 관객들이 우스꽝스런 과장 뒤에 놓여 있는 근본적 진실을 이해할 것을 전제로 하였다.

공공선택이론이 제시되기 전에는 공공부문과 공공부문을 관리하는 관료제의 문제는 실수로 인한 것이며 체제의 주요한 부분이 아니라는 일반적인 가정이 있었다. 즉, 관료제의 부정적인 특징은 공공부문의 경제가 잘못된 방향으로 진행되었을 때, 또는 의도되지 않은 실수를 범했을 때를 반영하였다고 생각되어졌다. 이는 실제로 사실이다. 그러나 이것들은 체제 자체의 내재적인 결함들이라기보다는 제거될 수 있는 우발적 활동들이라고 가정하고 있었다.

겉으로 보기에는 그리고 솔직히 합리성의 수준에서는 공공부문의 결함들이 적절한 치료법을 통해서 식별되고 교정될 수 있어 보인다. 공공부문의 인력이 필요 이상으로 많다면 그때에는 인력들을 정리하면 된다. 또 낡고 오래된 장비를 사용하고 있다면 새로운 장비로 교체하면 될 것이다. 비효율적이거나 비용이 효과적으로 책정돼 있지 못하다면 개선을 위해서 새로운 경영 기법과 업무 방식을 도입하면 될 것이다. 만일 소비자의 필요와 요구에 충분히 대응하지 못하고 있다면 이 문제가 경영진의 관심사가 되어 변화가 이루어질 수 있도록 하는 방법을 적용하면 된다.

전반적으로 공공부문에 관해 걸쳐 있는 가정들은 표면상으로는 흠들이 있다면 그것들이 교정될 수 있다는 합리적인 것이다. 관료제 스스로도 그런 생각을 했었다. 다시 말해서 부정적인 관행이 발견되었고, 그 가정으로 인해 그것은 단순히 해결방안을 도입하면 된다고 보았다. 관료제는 비슷한 기능의 민간부문에 비해 규모가 큰 경향이 있으므로 규모를 줄여야 한다. 총체적으로 과도한 양의 서류 업무와 중복행정도 존재하는 듯이 보인다. 그런 경우에 이러한 것을 더 이상 필요하지 않게 만들 새로운 시스템이 확립되어야 한다. 관료제가 왕국을 건설해나가는 경향이 있다면 그때에는 그들이 더 이상 확장되지 못하게 하는 환경이 조성되어야 한다. 만약 부서의 책임범위가 자꾸 넓어지는 경향이 있다면 이를 막기 위한 조치가 채택되어야 한다.

이 모든 대응들은, 공공부문의 다른 문제들에 대한 대응들과 같이, 잘못된 것은 바로잡을 수 있다는 칭찬받을만한 관점을 가지고 있다. 태도가 근본적으로 건강하다면 그럴 수 있겠지만 사람들은 공공부문이 지금보다 훨씬 더 낫기를 기대했어야 할 것이다. 결국 공공부문과 관료제의 문제들은 지속적으로 발견되었다. 그것들을 기록한 많은 연구성과물이 발간되었고 시스템이 잘 확립된 특징적인 부분에 대해서도 기록하였다. 때때로 연구들을 통해 식별된 결함들을 바로잡을 수 있는 해결책이 제시되기도 했다. 의문이 드는 점은 이렇게 오래 연구되고 알려졌으며 해결책이 제시되었는데도 왜 부정적인 관행이 여전히 공공부문의 특징이냐는 것이다.

이에 대한 답은 해결책이 잘못되었다는 것이다. 특정 결함을 제거하기 위해 해결책이 맞춤형으로 제시되었지만, 그 해결책이 실행되었을 때도 그 결함을 개선하지 못하였다. 그 실패 이유 자체가 교훈적이다. 그래서 그것이 적용되는 과정을 도식화할만한 가치가 있다.

공공부문의 일부에 과잉 인력 현상이 있음을 인지하기는 어렵지 않다. 이는 민간부문과의 간단한 비교만으로도 가능할 것이다. 공공부문에서 인력을 감축하려는 시도는 민간부문에서보다 더 큰 저항에 직면하게 된다. 민간산업에서는 궁극적으로 폐업의 위협이 있다. 노동자들로 하여금 모든 것을 잃지 않게 한 채 저항을 밀고나가는 데는 한계가 있는 것이다. 민간기업들은 경쟁력이 있어야 하며, 때때로 인력 감축을 한다. 저항이 존재하지만 상황에 대한 논의 후에는 이를 받아들이게 된다. 왜냐하면 이는 경영진뿐만 아니라 노동자에게도 이익이기 때문이다.

하지만 공공부문에서는 이런 현상은 나타나지 않는다. 일반적으로 폐쇄나 파산의 위협이 없으며 경쟁력을 갖출 필요도 없다. 인력 감축을 묵인하는 것이 노동자와 경영자 모두에게 이익이 되지 못한다. 공공부문의 노동자들은 직업 안정성을 중요하게 여긴다. 특히 물가지수에 연동된 연금제도(index-linked pension)를 포함하여 민간기업이 줄 수 있는 것보다 더 후한 주변 혜택이 수반될 때 그러하다.

노동자, 노조지도자, 그리고 경영진들이 인력 감축 시도를 방해할 수 있는 영향력은 막대하다. 그들은 서비스 자체에 대한 통제권을 가지고 있고, 항의나 시위를 통해 미디어에 접근할 수 있다. 또한 대중들에게 접근할 수 있을 뿐만 아니라 그들을 통해 파업이나 위협을 가해 입법자들에게도 접근할 수 있다. 인력 감축에 대한 저항은 엄청나서 약간을 얻기 위해 상당한 정도를 견뎌야 한다. 입법자들은 정치적 의미에서 비용이 경제적 의미에서 이익을 초과한다는 점을 곧바로 깨닫게 된다.

공공부문에서의 자본 소비에 대처하기 위한 시도를 하는 것은 약간 더 낫긴 하지만 문제를 해결할 정도는 아니다. 편향된 영향력 행사는 서비스와 급여를 위해 경상적 측면에서 만들어진 수요를 맞추기 위해 자본이 되는 자금의 약탈을 용이하게 한다. 얼마 지나지 않아 자본 잠식이 심각하게 진행되었다는 사실이 명백해지고 개선 방안이 필요해진다. 이런 문제가 이유 없이 그저 거기에 존재한다고 취급되기 때문에 더 큰 어려움이 발생한다.

자본 지출을 위한 추가적인 재정을 위해 투표를 함으로써 그것을 해결하고자 하는 시도는 증상에 대해서만 처치를 함으로써 병을 치료하는 것과 같다. 어떤 새로운 자금이라도 정확히 이전과 같은 끌어당김의 아래에 놓이기 마련이다. 자본 회계로 가려고 했던 여분의 현금은 대신에 임금에 대한 압력을 해소하기 위해 사용된다. 따라서 그 새로운 자금은 노동자들의 임금 요구에 더 쉽게 응하게 해주는 또 다른 새로운 자금원이 될 것이다. 노조는 협상이 꽉 막혀 있을 때 교착 상태를 타개하는데 필요한 여분의 현금을 만들기 위해 새로운 장비 구입과 부지 건설을 한두 해 더 연기할 것을 제안할 것이다.

소비자들의 요구를 잘 반영하지 못한다는 문제는 소비자들의 이익을 대변한다는 의도로 고안된 새로운 기관의 설립으로 다루어진다. 민간경제에서 소비자들은 그들의 필요와 요구를 구입 혹은 구입 거부를 통해 나타낸다. 기업들은 소비자들이 무엇을 사고자 하는지에 반응한다. 그렇지 않으면 소비자들은 자신의 필요와 요구에 반응하는 다른 곳으로 이동할 것이기 때문이다. 기업들에게 소비자들이 자신들이 생각하는 서비스를 이야기하는 기관은 불필요하다. 첫째로 소비자들은 지출 패턴을 통해 말한다. 둘째로 해당 기업은 무엇을 해야 할지 알기 위해 자체적인 시장조사를 한다.

공공부문에서 소비자들은 구매 의사를 통해 그들의 의사를 표현할 수 없기 때문에 자신들의 이익을 대변하기 위해 '소비자 감시단체'를 설립한다. 우체국이 제1종 우편물에 대한 요금을 인상할 때 우체국 이용자들의 이익을 대변하는 공식 모임은 '대중'들이 요금 인상에 대해 어떻게 생각하는지 우체국에 전달한다. 실제 대중들은 우체국의 우편서비스의 대안으로 이용할 우편서비스가 없기 때문에 그들의 의사를 표현할 기회가 거의 없기 때문이다. 그동안 우체국은 사용자 모임이 중시하는 것에 관심을 기울일 수도 있고 기울이지 않을 수도 있다. 그래서 그 모임은 사건들에 영향을 끼칠 힘도 없고, 대중에 의해서 선출되지도 않았고, 대중을 대표하지도 않는다. 만일 그런 힘을 가지고 있다면 민주적 통제가 없는 곳에서 통제를 한다는 환상을 줌으로써 사정은 더 나빠질 것이다.

감시 집단들이 자신들이 감시하기 위해 설립된 산업과 서비스에 '포획'되어가는 경향도 있다. 소비자 감시 집단은 해당 산업에 대해 수년간 조사하고 그들과 협상하여 문제와 고충에 대해서 이해하게 된다. 아주 조금씩 감시 집단의 역할은 대중의 대변인에서 기업의 대변인으로 바뀌어간다. 감시 집단은 그들이 경계해야 하는 침입자들과 수년간 함께함에 따라 효율성이 낮아지기 시작한다. 실제 대중은 혼다자동차가 겪는 어려움에 대해 알려고 하지 않는다. 대중들은 관심이 없다. 혼다자동차가 적정가격에 적정품질을 제공하지 못한다면 그들은 현대자동차를 선택할 것이다. 그리고 혼다자동차도 이러한 사실을 알고 받아들인다.

공공재나 서비스에 대처하려고 하는 시도가 있었던 것처럼, 관료제의 문제를 해결하기 위한 시도도 이루어지고 있다. 이런 시도들은 관료제의 문제를 우발적 성격의 것으로 다루는 관점으로부터 도출된다는 점에서 앞에서 언급한 것과 같은 문제를 안고 출발한다. 즉 다소간 스스로를 그 체제에 따라붙었던 불운한 특징들이자 제거되어야 할 대상으로 여기는 것이다. 이를 시행해야 할지 말지 결정해야 하는 문제가 있다. 이 문제는 관료제 구조에서 제거되어야 할 문제이다. 관료제의 표준적인 관행과 절차는 C. 노스코트 파킨슨(C. Northcote Parkinson)이 자신의 법칙에서 불후의 작품이 된 특징들을 드러내었다. 그의 책은 전체를 관통하는 진실이 없었더라면 희극의 고전이 되지 못했을 것이다. 텔레비전에 방송된 '네, 장관님'이라는 시리즈도 마찬가지다. 외국 시청자들은 흔히 이 시리즈가 희극작품인지 사회적 다큐멘터리인지 헷갈려한다.

관행을 아는 것과 이를 교정하는 것은 전혀 다른 문제이다. 공공서비스의 절차가 민간산업의 절차에 비해 복잡하고 성가시다는 것을 전제했을 때, 가능한 해결책은 민간부문을 연구하는 것일 수 있고, 이를 공공관료제에 도입하는 것일 수 있다. 많은 선진 경제권 국가들에서 공공행정부문의 활동은 구체적이고 반복적으로 연구의 대상이 되어 왔다. 민간부문의 전문가들이 경영 효율을 연구하기 위해 영입되어 왔다. 시간과 동작 전문가들이 관행들과 절차들을 검사해 왔다. 최단 경로 분석—최단 공기와 최소 경비로 작업을 진행하기 위해 컴퓨터로 작업 일정을 결정하는 방법—이 이러한 작업을 위해 이용되었다. 유행하는 문구는 시시각각으로 변하지만 연구와 발표의 순환은 계속된다.

추천이 이루어지고 의지 표명이 이어진다. 부분적으로 일시적인 개선이 이루어지지만 관행은 계속된다. 부서들은 몇몇은 기능이 이전되어 병합되거나 폐지될 수도 있다. 그러나 결국 왕국 구축, 업무 확장, 관할범위 확장을 위해 힘쓰는 관료가 거기에 여전히 존재할 것이다. 서비스개혁은 이리 저리 왔다 갔다 하는 파도와 같지만 바위들은 파도가 물러나면 항상 그 자리에 여전히 있다.

문제를 발견하고 이를 고치고자 하는 이 방법의 근본적인 오류는 그것이 다음과 같이 가정하는 데 있다. 즉 공공부문이 민간부문과 같이 행동할 수 있다고 가정하는 것이다. 대부분의 공공부문의 부정적 관행들은 민간부문과 비교함으로써 명백히 드러난다. 다시 말해서, 민간산업은 공공부문의 성과를 평가하기 위한 기준이 된다. 공공부문이 민간부문에 미치지 못하면 민간부문의 기법들을 이식하여 민간기업과 더 흡사하게 행동하려고 노력한다.

공공부문이 민간부문과 같이 그렇게 행동할 수 있어야 한다고 기대해야 할 이유는 없다. 그 둘은 전혀 다른 종의 동물이기 때문이다. 민간부문을 그런 식으로 행동하게 하는 힘들이 전혀 없는 곳에서, 공공부문이 민간부문이 하는 일을 하게 할 수 있다고 가정하는 데서 오류가 나온다. 공공부문은 민간부문에서 생기는 것과는 전혀 다른 종류의 압력을 안팎에서 받는데, 이것이 공공부문이 민간부문과 다르게 행동해야 하는 이유다.

공공선택이론의 많은 연구와 조사가 이런 압력과 이에 따르는 결과들에 대한 세밀한 검토에 힘을 쏟았다. 공공부문과 민간부문 모두의 내부에 존재하는 원동력은 사람들이 공통적으로 가지고 있는 평범한 목표와 열망이다. 이득을 극대화하고 삶의 위치, 근로 여건, 그리고 그들에게 쌓이는 보상을 향상시키려는 욕구는 정말이지 민간부문과 공공부문 모두에게 동일할 것이다. 그러나 각각의 부문에서 지배적인 규칙과 조건이 너무나도 달라 동일한 원동력이라 할지라도 불가피하게 서로 다른 결과를 낳는다.

두 부문의 구조상 차이를 인식하지 못하는 것이 오류의 원천이다. 공공부문이 민간부문과 다른 이유는 공공부문에 가해지는 힘들이 공공부문을 그렇게 만들기 때문이다. 누구도 그런 식으로 이것을 의도하지는 않았지만, 집단의 이해관계와 압력이 그런 결과물을 낳았다. 민간부문은 인간의 합리적인 창작물이 아니다. 인간의 작품이기는 하지만 사전의 계획에 따른 것은 아니다. 민간부문은 다양한 인간활동이 결합된 결과로서 그런 결과가 나올 수 있는 것이다. 민간부문을 민간부문이게 하는 특징은 선택의 자유, 경쟁, 개인의 선호에 따라 자원을 분배할 수 있는 능력, 그리고 지불할 태세가 되어 있는 것에 소비를 한정하는 능력과 같은 것들이다.

이런 특징들 다수는 공공부문에서는 나타나지 않거나 아주 미미한 정도로 작동한다. 따라서 공공부문의 결과는 민간산업에서 나타나는 것과 전혀 다르다. 위의 언급된 특징들은 개인들이 자신들의 배타적인 이익을 향해 체제를 운용할 수 있는 정도를 제약함으로써 민간부문의 구조에서 중요한 역할을 하는 것으로 언급되었다. 선택이 있기에 가격이 제한된다. 소비자들이 수요를 철회할 수 있기에 서비스를 생산자의 필요에만 맞출 수 없다. 지출이라는 것이 사람들이 기꺼이 내어놓을 것에만 한정되어 있기 때문에 제공된 것의 질이 사람들을 끌어당길 정도로 충분히 매력이 있어야만 한다.

배타적 이익 추구에 규제와 규율을 부과하는 요인들이 효과가 없다는 건 공공부문의 중요한 일면이다. 흔히 사람들은 공공부문이 대중의 희생을 통해 그 참가자들의 이익을 추구하거나 달성하려는 것이 특징이라고 예상할 것이다. 경제의 국가부문이 그렇게 행동하는 이유는 성장 중에 우연히 기어들어온 특성 때문이 아니라 내재하는 구조적인 측면 때문이다.

민간부문의 관행을 옮겨 심으려는 노력이 실행되지 않는 이유는 그 관행들을 유지시키는 압력이 존재하지 않기 때문이다. 공공재화와 서비스의 공급은 효율적이지 않아도 되기 때문에 민간산업보다 비용 효과가 낮다. 효율성으로 이어지게 만드는 압력의 강도가, 필요 이상의 인원을 배치하고 제한적 관행을 채택하게 만드는 압력에 비해 약하다.

더 많은 자본 지출과 더 많은 최신 장비, 그리고 새 건물을 지으려는 욕구는 가용자금을 경상비로 끌고 가는 압력에 비해 약하다. 대부분의 힘들이 소비자의 희생으로 생산자의 필요와 욕구를 만족시키려는 쪽으로 이끌고 가는 시스템 안에서 소비자의 이해관계를 고려하고 보호해야 한다는 느낌은 경건한 소망밖에 되지 않는다.

공공관료제에도 비슷한 유형이 반복된다. 가장 본질적인 사실은 공공행정은 민간경영처럼 작동하지도 않을 뿐더러, 그만큼 효율적이지도 않다는 것이다. 왜냐하면 그럴 필요가 없기 때문이다. 공공행정은 민간부문이 비효율적일 때 받는 불이익을 받지 않고, 대신 인원 확대와 기능 확대의 압력을 받는다. 민간기업의 고위 간부들도 공공부문과 비슷하게 영향력 경쟁을 벌이고 자신의 영향력 범위를 넓히려고 경쟁한다. 다만 그 차이는 민간부문에는 궁극적으로 시장에서의 시험이 있다는 것이다. 만약 매출이나 저축이 늘거나 기업의 경쟁력이 커지면 살아남는 것이고, 아니면 압력에 의해 퇴출된다. 하지만 공직에는 이렇게 성과를 측정하는 시장에 상응하는 시험이 없다.

공공부문의 문제점을 개선하고 부정적인 특징들을 제거하기 위한 많은 시도들은 민간부문을 기준으로 이루어진다는 공통점을 가지고 있다. 그리고 공공부문의 결점들은 우발적인 것들이며 해결이 가능하다고 전제하고 있다. 공공선택유형의 분석은 두 가지 특징들 모두 공공부문 개선을 위한 그런 시도의 성공 가능성을 낮추고 있다고 말한다. 우선, 민간부문으로 하여금 이런 특징들을 가지게 하는 압력이 공공부문에 없다면, 공공부문이 이러한 특징들을 가질 이유가 없다. 둘째, 이익집단과 그들의 동기에 따른 결과들을 검토한 바에 따르면, 공공부문의 공급의 주요한 문제점들이 우발적인 것이 아니라 필연적임이 인정된다. 즉, 공공부문의 부정적 측면들은 공공부문이 수립되고 운영되는 방식에 따른 거의 어쩔 수 없는 결과라는 것이다.

공공선택이론의 관점에서 보자면 공공부문 공급의 문제는 정치 시장의 부산물들이다. 경제 시장에서 거래되는 재화와 서비스는 하나의 유형의 결과물을 가져온다. 하지만 정치 시장에서 거래되는 투표와 지지는 다른 경제 시장의 결과물과는 다른 유형의 결과물을 가져온다. 경제 시장을 성공적이게 하고 공공선에 반응하게 하는 특징들이 정치 시장에는 존재하지 않는다. 대신 정치 시장에는 그것을 성공적이게 하고, 공공선의 희생으로 그 안에서 거래하는 소수 집단의 이익을 위해 반응하게 하는 특징들이 존재한다.

공공부문에서 종종 소수 이익집단이 공공선에 해가 되게끔 자신들의 이익을 추구할 수 있게 하는 압력을 행사한다. 소수 이익집단의 이러한 행동이 민간부문의 방법과 관행을 공공부문의 운용에 접붙이려고 만들어낸 시도를 성공적으로 막을 수 있게 한다. 직설적으로 말하면, 민간부문의 관행과 제약들을 공공부문에 도입하는 것은 소수 집단의 이익에 반하며 소수 집단은 그것을 적용하려는 어떠한 시도에도 반대할 힘이 있다.

다시 한 번 국가부문이 민간산업처럼 행동하게 하려는 시도를 좌절시키는 기법들과 관행들을 추적하기 위해서 가설적인 예를 들어볼 수 있다. 참가자들이 이것들을 의식적으로 적용한 것인지 혹은 그들이 누리는 특권적 지위를 방어하려고 하다가 무의식적인 욕구로부터 이런 결과를 낳았는지는 중요하지 않다. 이것들이 적용되었다는 것과 성공적이라는 사실만이 중요하다.

국정 운영에 대한 연구가 보여주는 바에 따르면 투입의 삭감에도 불구하고, 절감을 할 기회, 비슷하거나 더 나은 결과물을 이뤄낼 수 있는 기회가 있다. 이런 사례는 때때로 일어날 수 있는 것이다. 획기적으로 경제성을 추구하는 정치적 결정이 이루어졌다고 해보자. 그때 그것은 그 삭감이 자기네가 아닌 다른 부서에서 일어나도록 하려는 투쟁이라는 의미에서 여러 부서 간의 전투가 시작되었음을 알리는 신호다. 심지어 최종적으로 감축된 비용을 대부분 감당할 부서가 정해졌다고 하더라도 그 부서 관할하에 진행되는 업무들 사이의 투쟁은 여전히 진행된다. 다른 사람에게 쓴 약을 먹이기 위한 노력도 계속된다.

각 부서 간의 예산 유지 혹은 증가를 위한 경쟁이 계속되는 가운데 그들이 집단적으로 정부에 가하는 압력은 정부의 획기적 절감을 방해한다. 각 부처의 고관들은 그들 부처의 획기적 예산 감축에 따라 나타날 끔찍한 결과에 대한 예측들을 내놓는다. 그 다음에 장관들은 자기 부처 공무원들이 준비한 자료를 바탕으로 내각 내에서 자신의 부처의 예산을 확보하기 위해 싸운다. 여타 각료들은 각 부서의 장관이 다른 부서들에 대해서 아는 것보다 이에 대해 더 모른다. 각료들은 그 수치들을 평가할 강력한 지위에 있지 않다.

낭비되는 예산을 절감하려는 단순한 시도로 시작된 것이 본래 책정했던 절감의 정도를 타협하고 축소하려는 압력으로 발전하면서 내각의 장관들 사이의 다툼으로까지 발전한다. 이러한 과정은 각 부서 내에서도 작은 규모로 반복된다. 내부 부서들은 절약을 위한 기회가 있나 하고 찾으려 하기보다는 자신들에게 지정된 책정액을 합리화하는 데 심혈을 기울인다. 관료들은 자신이 속한 소규모 부서와 전체 부처에 예산이 줄어드는 것은 자신들의 이익에 반한다는 사실을 완벽하게 체득하고 있다.

자신들의 부서와 부처의 예산 배정을 유지하고 예산 삭감은 다른 부서에 떨어지게끔 이끄는 압력들을 극복하기 위한 시도로 두 가지 방법이 시도되었다. 첫째는 전체 부서에 똑같이 예산을 줄이는 것이다. 예를 들어 모든 부서에 5%의 예산 감축을 실시하는 것이다. 다른 방법은 모든 부서에 그 부서가 쓸 예산총액의 한계를 부과하고 어떻게 그 정도의 예산만 사용할 것인지 달성 방법은 각 부서 자율에 맡기는 것이다.

이 두 가지 방법은 모두 공무원들이 그들의 책정액을 고수하려고 투쟁하리라는 것과 이러한 방법들의 도입을 무효화하려고 시도하리라는 것을 감안한 것이다. 모든 사람이 전 부서에 걸친 예산 삭감을 받아들여야 한다면 다른 부서에 희생을 전가하려 하는 경향을 근절할 수 있을 것이다. 이 방법은 이론상으로는 최소한 장관들이 자신들의 부서의 예산을 지키기 위해 부서 대변인으로서 행동하고, 자신들의 자금을 유지하기 위해 서로 반목하는 내각에서의 투쟁을 예방할 수 있다.

이와 비슷하게 각 부서에 예산총액 한도를 설정하는 것은 부처 내의 다툼을 예방하기 위해 만들어졌다. 이론상으로는 각 부서가 정해진 전체 예산하에서 타 부서와 예산을 둘러싸고 투쟁할 것이 틀림없다. 각 부서가 자신들의 책정액을 합리화하고 수요총액을 쟁취해오라고 장관을 바깥으로 내보내는 대신에, 예산총액이 미리 정해지고, 다툼이 부서 내부에서 일어나게 된다.

이 두 전략들 뒤에는, 불필요한 지출과 낭비가 확인될 수 있다면 그것들은 제거될 수 있거나, 충분한 규율만 참아낼 수 있다면 최소한 억제할 수 있다는 전제가 있다. 전 부처 예산 삭감과 예산총액이라는 사상은 초과할 수 없는 상한선을 부과한다는 것이고, 그 아래에서 각 부처가 살아남아야만 한다는 것이다. 각 부서들은 낮은 비용으로 업무를 수행하기 위해 중복행정이나 과도한 업무 절차를 간소화해야 할 것이다.

그러나 현실은 다르다. 공무원들은 한계선 안에서 절약하기보다 그것을 뚫고 예산을 넘겨버리는 것이 쉽다는 것을 안다. 또한 장관들은 전반적인 삭감에 대하여 전체적으로는 괜찮다는 반응을 보이지만 자신의 부처가 하는 본질적인 일에는 적용하지 말아야 한다고 반응한다. 예컨대 공공의료, 교육, 연금, 그리고 사회보장제도의 핵심적인 영역에는 삭감이 없어야 한다. 그들은 환경분야에 대한 예산을 삭감하는 것은 잘못된 절약이라고 주장한다. 방위 예산을 삭감하는 것은 안보를 취약하게 할 것이다. 각 부처의 핵심적인 일을 확실히 방어하면 모든 사람을 똑같이 특권적 지위를 향한 내각의 싸움이라는 아주 익숙한 그림으로 전락시키는 삭감으로 바뀐다. 이것이 관료들이 편안하게 느끼는 시나리오인데, 그들은 이를 어떻게 대처해야 하는지 알고 있다.

예산총액 설정은 반응이 이중적이다. 우선, 공공서비스분야의 각 부처에 할당된 예산총액에 대한 직접적인 반대가 있다. 그들은 예산총액을 지키는 것이 불가능함을 보이는 예산안을 올릴 것이다. 둘째, 정부가 예산총액을 승인한 후 각 부처들은 예산을 초과하도록 압력을 행사할 것이다. 개별 사안이 고려될 때마다, 기존의 예산배정총액이 초과되지 않을 수 없게끔 하는 특정한 상황들이 (해당 부서에 의해) 고안될 것이다.

예를 들어, 예산총액이 교사와 같은 주요한 인력의 최대 임금 인상분을 받아들일 수 있는 수치 아래로 제한하기 위해 사용된다고 치자. 그 결과로 일어난 노동 분쟁은 정부에 압력으로 작용할 것이다. 그 결과 타협안이 노동자들에게 수용 가능하다고 보일 때 해당부처 장관은 내각에 그에 맞추는데 필요한 자신의 부처에 대한 예산총액을 높여달라고 요구할 것이다. 이런 식으로 여러 개별적인 사건들로 인해 예산총액 상한선은 깨어질 것이다. 각각의 사건들은 설득력이 있는 경우다. 각각을 위한 여분의 현금이 부처 안에 있는 다른 곳의 절감을 통해서 맞추어질 것이라는 관념은 가능한 선택안이 아니다. 이는 단순히 부담을 다른 곳으로 전가시키는 것밖에 되지 않을 것이다. 다른 곳으로 부담을 전가시키지 않는 유일한 선택안은 자본회계로부터 빼앗아 경상 지출을 늘리는 것뿐이다.

전 부처 예산 삭감과 예산총액 상한 설정의 이면에 있는 사상이 행정상의 낭비를 억제할 것이라는 것임을 알면서도, 공공부문에 가해지는 압력은 예산을 절약하기보다 예산 절약 정책 자체를 뒤집는 것이 더 쉽다. 특정 부서를 위해서는 전 부처 예산 삭감 정책의 예외가 적용된다. 여분의 자금은 예산총액을 넘어야 할 수밖에 없는 상황을 제시한 부서들에 할당된다. 관료들은 많은 경험으로 예산을 투입받을 수 있는 상황을 만들어내는 데 능숙하다.

전통적인 정치 모델에서처럼 공무원들을 액면 그대로 받아들이는 사람은 공무원들이 예산을 더 가치 있게 쓰기 위해 재정을 절약하려 할 것이라고 예상할 것이다. 따라서 그는 간결한 절차와 업무 방식의 채택을 통해 공공자금이 절약될 것을 기대할 것이다. 그의 예상에 따르면 일부 부서는 그 업무가 다른 부서로 이전되고 폐쇄될 것이다. 불필요하거나 생산성이 낮은 활동들은 색출되고 제거될 것이다. 최종 결과물은 이전에 비해 얼마간 더 적은 투입량으로 생산된 결과물일 것이고 이는 효율성 증대를 의미할 것이다.

예산 배정 과정의 참여자들을 자신의 이익을 확보하기 위해 기업인처럼 일하는 정치 시장의 거래자로 보는 공공선택이론을 통하여 보면 다른 패턴이 예상된다. 공공선택이론은 좀 더 현실적 경험에 가깝다. 예산 삭감이 부과되면 행정적 절약이 아닌 서비스의 삭감으로 그것을 달성하려고 한다. 공공행정이 절약의 예봉에 맞닥뜨리는 대신 그 부담을 떠안는 것은 서비스 수령자들이다. 게다가 예산 삭감이 적용된 부분은 대개 민감하고 가치 있는 분야로 서비스 수령자들의 목소리가 높고 분명하며 미디어 노출이 많다.

예산 삭감이 발표되면 위협을 받는 서비스 수령자들은 즉시 불만을 표출한다. 언론도 이에 따라 반응하고 해당 부처는 항의가 거세짐에 따라 압력을 느낀다. 정부는 인기가 떨어지는 것을 실감하게 되고 그 구성원들은 정치적 우려를 나타내기 시작한다. 입법자들은 적개심에 가득 찬 편지를 받고 그 서비스의 유지를 지지하는 여론이 얼마나 강력한지를 보여주는 조사 결과를 받는다. 그렇게 되면 예산 삭감으로 얻을 이득이 너무나 작아서 정치적 손실을 정당화할 수 없게 된다. 정부는 실행해 봤자 더 이상 가치가 없기 전까지 그리고 절감 열망이 사라지기 전까지 일정한 지지 수준을 잃어버릴만한 여유가 있는지를 계산한다. 이는 정말이지 예산 삭감이 제의되었을 때부터 공무원들이 의도했던 바이다.

공공선택이론에 따르면 삭감 제의는 (경직성 경비라고 할 수 있는) 행정보단 서비스부문에 들어갈 것이고, 그 중에도 유력한 지지집단이 있는 서비스에 먼저 제의될 것이다. 여기서 유력한 지지집단이란 자신의 혜택을 인식하고 그것을 가치 있게 여기며 미디어에 노출되어 있고 능력 있는 대변인과 정부에 문제를 일으킬만한 능력을 가지고 있는 집단을 말한다. 그 혜택은 간접적인 것일 수 있다. 그 이익을 받는 수혜자가 이익집단 구성원이 아니라 이익집단을 대변하여 생계를 유지하는 사람들이거나 현재 위협받고 있는 정책의 수혜자들일 수 있다는 점에서 그러하다.

의료서비스분야의 예산 절약은 그 속에 병원의 폐쇄나 생명을 구하는 수술의 연기가 포함될 수 있다. 교육 예산의 삭감은 수학 선생님의 숫자를 줄일 수도 있고, 해군 예산의 삭감은 선박의 수를 줄일 수도 있다. 이런 유형은 다른 부분에서도 비슷하게 나타난다. 삭감 제안은 먼저 가장 가치 있는 서비스분야에 권해질 것이고, 정부가 가장 취약한 부분에 권해질 것이다. 그 결과 예산 절약 캠페인들은 오래 지속되지 못하고, 획기적 행정적 절약도 달성하지 못한다. 대체적으로 노력과 인기와 같은 비용이 그것들을 달성하려고 하는 사람들에 대한 결과 이상 많이 들기 때문이다. 행정상의 반대에 대항하는 씁쓸하고 힘든 투쟁이라는 커다란 노력은 미미한 비용 절감밖에는 가져오지 못한다.

공무원에 관한 텔레비전 코미디 시리즈 'Yes, Minister(네, 장관님)'에서 의료서비스 비용 삭감의 결과에 대한 가공의 에피소드를 방영한 적이 있다. 병원에서 여느 때처럼 바쁜 행정직들이 있었지만 환자는 한 명도 없는 상황이었다. 서비스는 완전히 사라졌지만 어떠한 예산 절약도 불가능했다. 정부 관료들이 이런 식으로 대응하는 상황이 소설 속에서만 일어날 것이라고 믿는 사람들은 미국 관세청과 이민국의 자료들을 살펴봐야 할 것이다. 10퍼센트의 예산 삭감이 책정되었을 때 담당자는 공항을 통해 들어오는 마약을 막는 경찰들을 즉각 근무 해제하는 방식으로 대응했다. 행정예산의 절약이 제시되기는커녕, 가장 가치 있는 서비스 그리고 정부에서 가장 취약한 부문이 삭감이 된 것이다. 이건 굉장히 극단적인 경우로, 문제의 담당자는 일자리를 잃었지만, 해고되진 않고 다른 부서로 전근 발령되었을 뿐이다.

Ⅲ부

미시정치

공공선택이론을 일종의 비판이론이라고 하더라도 그 연구결과나 발견에는 창조적인 대응책이 내재되어 있다. 만약 기존의 정치시스템이 특정 부류의 정책 수립을 가로막는다면 다른 정책들, 즉 이 시스템이 강제하는 정치적 압력을 무시하는 정책보다는 이런 압력에 순응하여 작동하는 정책들이 수립될 수 있다. 그와 같은 정치적 압력들이 미리 알려져 있고, 압력의 원천을 확인할 수 있다면 이런 압력에 순응하여 작동하거나, 우회하거나, 혹은 극복할 수 있는 정책들이 고안될 수 있는 모든 가능성이 나타난다.

8
비판에서 창조성까지

공공선택이론은 비판이다. 이 이론은 우리로 하여금 공공부문에서 벌어지는 일들이 왜 지금과 같은 형태로 나타나는가를 설명해주고 이해할 수 있도록 도와주는 분석 도구이다. 공공선택이론은 공공정책의 수립과 실행에 관련된 다양한 집단의 이해관계를 추적할 수 있게 해준다. 또한 이해관계를 통해 공공정책에 의해 촉발된 반응을 예측하고 설명할 수 있게 해준다. 이와 같은 접근방법으로 무장함으로써, 납득이 가지 않는 혹은 불합리한 현상이나 정책들이 나타나는 원인을 파악할 수 있다. 공공선택이론은 또한 왜 보수주의 프로그램들이 어려움에 부딪치게 되는가를 보여준다. 전통적으로 보수주의 프로그램의 본질은 경제활동에서의 정부의 역할과 정부가 시민에게 부과하는 비용을 제한하는 것이다. 보수주의 프로그램은 정부활동의 규모와 범위를 축소시키기 위해 노력하고, 정부가 비즈니스에 지우는 규제에 따른 부담의 감소를 추구한다. 또한 정부가 부과하는 부담이 없었으면 개인과 기업이 자신의 우선순위에 따라 사용할 수 있을 많은 자금들을 정부가 선취하는 것을 막기 위해 노력한다.

이와 같은 보수주의 프로그램들의 모든 목적들은 공공정책의 수립 과정에 관련된 대부분의 집단의 이해와 충돌한다. 이 목적들은 사회 전체적으로는 혜택을 준다. 특히 부의 생성 과정에 기여하며, 사회구성원 대다수의 삶의 질을 향상시킨다. 그럼에도 불구하고 그 어느 것도 보수주의 프로그램들의 목적들을 현실 정치의 영역에서 실현시키기에는 불충분하다. 정부에 대한 보수주의적 접근 방법의 일부로서의 이러한 목적들은 이익집단들이 자신들의 핵심적인 이익으로 인식하고 있는 것과 약간 상반된다. 모든 소수 집단은 일반적으로 정부 지출의 감축으로 자신들에게 주어지는 고유한 혜택이 위협을 받고 있는 것으로 볼 수 있다. 이론적으로는 지출의 전반적인 삭감이 지지를 받을 수 있겠으나 개별 이익집단들 각각은 자신들을 위한 프로그램을 유지하기 위해 이를 감축하려는 사람들보다 훨씬 더 강하게 싸운다.

관료들은 보수주의적인 프로그램이 자신의 책임영역과 통솔하는 직원의 규모를 확대하여 더 높은 급여체계로 나아갈 기회들에 실질적인 위협이 된다는 것을 즉각적으로 인식한다. 그들의 이해관계는 공공 프로그램이 더 많아지고 커지는 데 있다. 관료들은 공공부문의 활동범위와 지출의 감축 전망을, 중단시킬 수 없다면, 제한하기 위해 행동할 것이다.

이제 보수주의적인 불만의 주요 원천을 확인해 보자. 보수주의자들은 국가권력과 정부 지출이 집단주의적 그리고 중앙집권적 정부에서 급속히 확장되는 반면 보수주의적 정부에서는 훨씬 느린 속도로 확장됨을

자주 목격해 왔다. 보수주의자들은 사회주의 정부가 들어설 때마다 정부의 규모가 한 방향, 즉 증대하는 방향으로만 움직이는 '사회주의 톱니바퀴(socialist ratchet)' 현상에 대해 이야기한다. 만약 보수 성향의 정부가 정권을 잡고 있는 동안 이러한 흐름을 잠시 유보시키고 국가권력의 증대를 중단시킬 수 있다면 이는 바랄 수 있는 최선으로 간주된다.

보수 정부에 참여하는 사람들뿐만 아니라 보수 성향의 정부 지지자들에게도 이렇게 정부 규모나 지출 수준의 증대 흐름을 막기 어렵다는 사실은 당혹스럽고 화가 나는 일이다. 공공선택이론이 제공하는 통찰이 없다면 이들은 이런 현상을 어떻게 설명해야 할지 모른다. 그러나 이제 공공선택이론 분석의 도움으로 왜 이런 현상이 나타났는가를 깨닫는 것이 가능해진다. 정부로부터의 혜택을 인지하는 개별 이익집단의 반대와 더불어 보수적인 프로그램의 핵심 강령과 직접적으로 충돌되는 관료주의의 작동이 위의 현상에 대한 설명의 단초가 된다. 그것은 보수적인 정책 제안이 '현대 사회에 부적절'하거나 더욱이 '현실 세계에서 실행 불가능'하기 때문이 아니다. 그것은 기존에 확립된 이익을 지키기 위해 반대 방향으로 작용하는 강력한 압력에 대항하여 정부의 의지를 밀어붙이는 것은 정치적으로 매우 어렵다는 점 때문이다.

이제 미국의 닉슨정부와 영국의 히스내각의 상대적 실패를 설명할 수 있다. 두 정부 모두 보수주의적 정책에 대해 전투적으로 투쟁하는 압력에 대해 효과적 대응책을 가지고 있지 않았다. 비록 두 정부 모두 이론적으로 작은 정부 혹은 더 적은 비용의 정부를 선호하는 지적 환경에서 출발하였지만 보수적 정책을 적용할 때 나타나는 실질적인 어려움이나 혹은 이런 어려움을 극복하는 데 필요한 전략에 대해서는 사전적으로 어떠한 감각도 갖고 있질 않았다. 두 정부 모두 사건들이 사상을 따라간다는 견해에 동조하였으나 공공선택이론학파 분석의 혜택은 보지 못했다. 물론 당시에도 공공선택이론은 있었다. 그러나 아직 초기 단계였고 충분한 주목을 받지 못한 상황이었다.

엄청나게 다양한 설명들을 이끌어냈던 실패들은 공공선택이론에 비추어보면 너무나 간단한 것으로 보인다. 정부의 많은 프로그램들은 한쪽으로는 정부가 하고자 원했던 바를 기획했지만 다른 한편으로는 시스템 내에 내재한 실질적인 압력들과 부딪쳐야 했다. 그 결과는 닉슨과 히스정부하에서 정부의 규제 권한과 경제에서의 정부의 역할 모두가 증대되었고 마찬가지로 그 비용도 증대된 것으로 나타났다.

공공부문에서의 행태를 설명해 주는 적절한 모형의 부재 속에서 두 정부 모두 자신이 무엇에 대항하여 싸우고 있는지조차 몰랐다. 정부가 정책을 적용할 때 의존하게 되는 자문그룹이나 전문가들이 바로 그 정책들을 위협하게 될 이해관계의 당사자들이었다. 두 정부는 모두 임금과 물가가 희망하던 수준보다 더 빠르게 상승함을 발견하였는데 이런 방향으로 이끄는 압력의 실체가 무엇인지에 대해서는 이해하지 못했다. 두 정부 모두 임금과 가격에 대한 법적 통제를 도입했고 관료적 권한을 늘리지 않았음에도 불구하고 관료적 권위가 크게 확대됐다. 세계에서 가장 강한 어떤 정부도 임금과 가격으로 대표되는 실제 사건들에 대해 이들보다 더 많이 임시방벽을 쌓았던 적은 없었다. 임금과 가격들이 정부의 의도로 세워진 엉성한 장벽을 뚫고 나오게 되면 곧바로 수요와 희소성이 지시하는 자연적 수준을 취한다.

결국 미국의 닉슨정부나 영국의 히스정부 모두 정부 참여자들의 이기적 행동에 의해 규정된 정치적 행동에 대한 제약이 있음을 전혀 이해하지 못했다. 만약 두 정부가 모두 정부의 정책으로 인해 자신의 이익이 위협받음을 인지한 이익집단들과 자신의 경력 기회가 위협당하는 관료들에 의해 얼마나 강한 정치적 반대가 발생되는지를 깨달았다면, 그들은 매우 다른 정책들을 시도하였을 것이고 다른 결과를 얻었을 것이다. 적어도 그들이 제시했던 프로그램들의 상대적 실패는 정확히 그들이 정치체제를 잘 다루지 못한 데 기인하였던 것이다.

공공선택이론은 오랜 기간 공공부문의 무자비한 증가와 더불어 이를 반전시키려는 여러 차례의 시도가 모두 실패했음을 설명해준다. 정말이지, 공공선택이론이 설명하는 것에는 이런 현상을 악으로 간주하고 원칙적으로 반대하지만 이를 해소하기 위해 할 수 있는 일이 없다고 생각하는 사람들의 숙명론도 있다. 그렇지만 숙명론이 하는 것은 그게 전부다. 공공선택이론학파는 새로운 분석 방법을 제공하였다. 이는 비판을 제공하고 우리에게 무엇이 잘못되었는가를 보여준다. 여기서 질문은 공공선택이론의 발견 혹은 연구결과가 체계화될 수 있는가 하는 것이다.

새로운 분석은 적어도 정치인들에게 그들이 한계를 가지고 있음을 가르쳐준다. 또한 정치인들로 하여금 작동하기 어려운 정책들을 미리 예측할 수 있게 해준다. 만약 이것밖에 이루어지지 않는다 하더라도 새로운 분석은 유용하다. 왜냐하면 희망과 비현실적인 기대에 따른 실망을 없애 주기 때문이다. 기존의 시스템 내에서 이익집단들이 어떻게 상호작용하는가를 이해하게 되면 정치지도자들은 적어도 문제가 생길 운명인 정책들은 피할 수 있다. 따라서 공공선택이론의 분석은, 비록 비판에 그친다 하더라도, 정치 과정에서 실패할 정책들을 미리 걸러낼 수단을 제공한다. 또한 그렇게 함으로써 지난(至難)하고 분열적인 대립과 투쟁들을 예방해주고, 정치인들로 하여금 보다 현실적인 목표를 향해 그들의 시야를 낮추도록 인도해준다. 이러한 모든 것들은 그 자체로서 가치 있는 성취들이다. 그러나 그 성취들은 모두 정치인들에게 무엇을 하지 말아야 할지를 알려준다. 그러나 그 어느 것도 정부에게 정부가 옳다고 생각하는 정책들을 실행하는 방법을 알려주지는 못한다.

공공선택이론을 일종의 비판이론이라고 하더라도 그 연구결과나 발견에는 창조적인 대응책이 내재되어 있다. 만약 기존의 정치시스템이 특정 부류의 정책 수립을 가로막는다면 다른 정책들이 수립될 수 있다. 즉 이 시스템이 강제하는 정치적 압력을 무시하는 정책보다는 이런 압력에 순응하여 작동하는 정책들이 수립될 수 있다. 그와 같은 정치적 압력들이 미리 알려져 있고, 압력의 원천을 확인할 수 있다면 이런 압력에 순응하여 작동하거나, 우회하거나, 혹은 극복할 수 있는 정책들이 고안될 수 있는 모든 가능성이 나타난다.

겉으로 보기에 이런 가능성은 낮아 보인다. 소수자의 이익은 일반적인 과세에 의해 충당되는 특별한 혜택을 받는 데에 있다. 관료의 이해는 더 비용이 많이 들고 증대된 국가부문에 있다. 따라서 이들의 이해관계가 정부의 보조금과 특혜의 감소와 부합하고 공공부문에서의 재화, 서비스 생산의 감소와 부합하도록 하는 획기적인 정책이 필요할 것 같다. 외견상 정책들은 사람들로 하여금 자신들의 이해관계에 직접적으로 반하는 쪽으로 움직이도록 만들어 놓아야 할 것 같다.

그러나 이와 같은 명백히 모순된 이해관계를 해결해줄 수 있는 다양한 방법들이 존재한다. 즉, 이런 정책들의 효과가 궁극적으로 선택된 소수 집단들에 대한 특혜의 규모를 감소시키고 국가권력과 국가의 지출을 감소시키는 결과를 초래한다고 하더라도 사람들이 이런 정책들을 지지하거나 묵인할 수 있게 해주는 여러 경로가 존재한다는 것이다.

하나의 가능성은 새로운 혜택이 기존의 혜택을 보상해준다면 사람들은 기존의 혜택을 포기할 수 있다는 점이다. 다른 조건이 같다면 사람들은 기존의 혜택을 유지하기 위해 투쟁한다. 왜냐하면 혜택을 받는 사람들에게 그것의 가치는 그로 인해 다른 사람들이 느끼는 비용보다 크기 때문이다. 그러나 그들은 교환의 일부로서 그들에게서 이미 떠났다고 느끼는 혜택과 결별할 수 있다. 이 말의 의미는 사람들이 기존의 혜택을 포기함으로써 얻는 이득이 더 커야 한다는 것이고 또 그렇게 느껴져야 한다는 것이다. 혜택전달시스템이 대부분의 사람들에게 이득이 되어야 한다는 점은 당연한 이치이다. 그러나 이를 뚜렷하게 보여주는 것은 어렵기 때문에 실행에 옮기기는 쉽지 않다. 사람들은 자신들이 얻는 이득은 강하게 인식하나 다른 사람들의 이득을 위해 충당되는 비용에 대해서는 강하게 인지하지 않는다.

만약 맞바꿈을 제안하는 정책이 있다면, 새로운 이득은 마땅히 더 커야 할 뿐만 아니라 대상이 되는 수혜자들에게도 그렇다는 점이 명백하게 느껴져야 한다. 사람들에게 그 정책이 자신들을 더 나아지게 만들었다는 느낌을 주지 않으면 그 맞바꿈으로부터의 정치적 이득은 존재하지 않는다. 어떤 경우는 기존의 혜택을 그 이득이 더 크다고 인식되는 새로운 혜택으로 대체하기 위한 목적의 정책들을 수립하는 것이 가능하다.

이는 외견상 혜택 전환 총액이 증가함으로써 소위 '사회주의 톱니바퀴'를 한 번 더 강화시키는 것처럼 보이지만, 꼭 그렇지는 않다. 새로운 혜택은 그 특징이 다를 수 있다.

사람들이 민간부문에서 더 큰 편익을 얻는 것이 자신들에게 더 유리하다는 것을 인지할 수 있기 때문에, 국가로부터의 혜택 상실을 받아들일 태세가 되어 있는 정책을 수립할 수 있을 것이다. 이 경우 국가가 혜택을 주는 체제는 민간부문에서의 혜택으로 대체됨으로써 잠식된다.

다시 말해서 사람들은 한 번의 보다 큰 이득, 그렇지만 체제에 종지부를 찍을 이득을 얻기 위해 장기적이고 지속적인 국가로부터의 혜택을 포기하는 경우도 있을 수 있다. 실질적이고 즉각적인 이득이 제시되는 정책들이 지속적인 혜택에 대한 대안으로 창출될 수도 있을 것이다. 사람들이 지금의 더 많은 이득에 가치를 두고 또 그 이득의 시간적 근접성이 지속적인 혜택의 총누적 가치를 능가한다면, 맞바꿈을 할 토대가 되는 것이다.

새로운 정책이 민간부문에서 인지할 수 있는 더 큰 이득을 사람들의 수중에 되돌려주기 때문에 그들이 국가로부터의 혜택이 없어지는 손실을 받아들인다면, 그때는 그 정책은 정부의 역할을 감소시킬 수 있다. 사람들이 현재의 일회성 이득을 지속적인 정부의 혜택을 대체할 수 있는 대안으로 간주한다면, 이와 같은 이득을 제공하는 정책은 초단기적으로 정부의 비용을 증가시킴에도 불구하고 미래 정부 비용을 점진적으로 감소시킬 수 있다. 이 두 가지 방안 모두 놀라운 것은 아니다. 공공선택이론의 영역에 일단 들어오게 되고, 정치시스템이 시장과 같이 작동하는 것으로 간주되면, 그때는 정상적인 시장에서의 거래와 같은 형태를 지닌 위의 예들은 당연한 것으로 여겨져야 한다.

민간의 경제 시장에서 사람들은 자신들이 더 많은 가치를 부여하는 것을 얻기 위해 더 낮은 가치를 지닌 것을 포기하면서 매일 매일 이득들을 거래한다. 이것이 자유로운 교환의 기반을 제공한다. 장기와 단기를 맞바꾸는 것은 민간경제에서 일상적인 일이다. 어떤 사람들은 미래의 정기적인 소득을 위해 오늘의 지출을 포기한다. 다른 사람들은 현재 소비를 위한 현금을 얻기 위해 미래의 소득을 포기한다. 이와 같은 거래들은 경제적 거래를 하는 시장에서는 일상적인 일이다. 그러나 이와 같은 거래를 체계적 접근의 일부인 것처럼 형상화하는 정책들은 정치적인 측면에서 볼 때 기발한 것으로 느껴진다.

위의 정책들이 하는 모든 것은 이미 정치 시장에서 존재하고 있고 기능하고 있는 거래의 원리들을 표면에 드러내주는 것이다. 이런 정책들은 그러한 정치 시장이 존재한다는 인식에서 출발하고 거래의 의도를 가지고 정치 시장에 진입한다. 정부의 의지에 불과한 것을 가지고 이 시장에 존재하는 힘과 압력에 반대하려고 시도하기보다는 받아들여질 수 있는 결과물을 얻기 위해 똑같이 그 힘들을 이용한다.

지금까지 고려한 두 가지 접근방법들은 동일한 원리로부터 도출되었던 일련의 기법들의 시작일 뿐이다. 정치 시장의 존재를 받아들이면 특별히 이 시장을 위해 고안된 일정한 범위의 각각 다른 정책들이 등장한다. 전통적인 정치행위 모형에서의 이념 갈등은 이제 이익집단들의 상호작용과 이 집단들 각각의 시장상황에 맞게 수립된 정책의 발전에 의해 보완된다. 새로운 정책들은 정부로부터의 혜택의 가치를 인지하고 있는 다양한 집단들의 반대에 직접 맞대응하지 않는다. 그보다는 더 높은 가치에도 불구하고 정부의 규모와 범위의 감축을 가능하게 만드는 것으로 느껴지는 더 큰 가치를 가진 어떤 것을 제시하면서 시장에서의 거래를 추구한다.

물론, 어떤 특정 집단이 합리적으로 제시할 수 있는 것보다 더 많은 이득을 요구할 수 있는 정치적 영향력을 향유하는 경우들도 있을 수 있다. 이런 경우는 대안이 될 수 있는 범위의 실현 가능한 정책들로 이어진다. 아마도 기존 집단을 능가하는 새로운 집단이 형성되고 구축될 수 있을 것이다. 그렇다면 이 새로운 집단은 기존 집단과 겨룰 정책을 가진 잠재적 거래 상대가 될 것이다. 기존 집단으로부터의 득표와 지지의 상실은 새로운 집단으로부터 받는 득표와 지지에 의해 정치 시장에서 상쇄될 것이다. 의회의 입법자들은 새로운 집단으로부터 더 많은 지지를 얻을 것이라는 인식하에 기존의 강력한 집단이 향유하고 있던 혜택을 제한하기 위한 조치를 취할 수 있다고 느낄 것이다.

그들이 사회적 희생하에 누리고 있는 이득에 대해 다루려는 시도를 하기 전에 기존 집단의 힘을 제한하고 중립화하기 위한 정책들이 구축될 수 있다. 기존 집단의 힘이 한 번 훼손되면, 높은 혜택을 요구하고 유지할 수 있는 능력도 감퇴한다. 기존 집단의 정치적 영향력이 감소하면서 그들의 문제를 일으킬 능력도 감소한다면, 그들은 거래할 것도, 그리고 그들이 거래의 대가로 필요로 하는 것들도 덜 가지게 된다.

이와 같은 새로운 정책적 접근들을 연결해주는 공통의 실마리는 새로운 정책적 접근들이 공공선택이론 비판의 창조적 대응이라는 점이다.

만약 사람들이 정치 시장에서 실제로 거래를 한다면, 이는 정부가 전통적인 수단으로 달성하고자 할 수 있는 것들을 제한할 것이다. 그러나 이는 동시에 정치 시장의 작동과 맞물려 돌아갈 수 있는 새로운 스타일의 정책 수립의 길을 열어놓을 것이다. 따라서 이런 메커니즘을 이용하지 않음으로써 실패했던 곳에서도 이런 메커니즘을 이용하면 성공할 수 있다.

이런 유형의 정치는, 만약 그것이 달성될 수 있다면, 공공선택이론의 비판을 기조로 해서 출발한다. 그 원천은 이전의 정책들이 왜 실패했는가에 대해 이해하는가에 달려 있다. 공공선택이론학파의 분석을 따라가면, 이익집단들이 전통적인 정책들의 가장 큰 장애물임을 입증하였던 방법이 일련의 새로운 정책들의 출발점을 제공한다. 새로운 정책들은 다음과 같은 환경들을 고안해낸다. 즉, 여기서는 이익집단들이 그들에게 주어진 새로운 목적들을 추구하고, 그들을 상쇄시킬 더 힘 있는 집단들에 의해 압도되며, 혹은 그들의 이익이 훼손되는 것을 뒷받침할 권력을 발견한다. 이론적으로 이 모든 것들은 다른 사람들의 희생을 대가로 특정인들에게 혜택을 주는 대리인으로서의 국가의 역할을 감소시키는 데에 이를 수 있다.

아주 명백한 것은 이것이 함축하고 있는 정치적 행동의 스타일 면에서의 근본적인 차이가 있다는 점이다. 이는 상세한 부분까지 세심한 주의를 필요로 한다. 다양한 이익집단들에 의해 향유되는 혜택들은, 거래되는 정치적 영향력과 지지 등과 마찬가지로 공공선택이론의 분석에 의해 추적되어야 한다. 현재의 입지점이 철저하게 이해된 연후에야 이를 변화시킬 수 있는 그세력들을 이용할 수 있는 정책들을 수립하는 작업을 시작할 수 있다. 이는 창조적인 연습이다. 자동적으로 정답을 만들어 내는 이념적 공식은 없다. 정말이지, 여기에는 정답이 없을 것이다. 다만 더 나은 해결책들과 나쁜 해결책들만이 있을 뿐이다.

이런 유형의 정책 생성이 통상적인 정책 생성과 극적으로 구별되는 특징은 그것이 일어나는 곳의 수위(水位)이다. 이는 개인들이 정치 시장에서 그들의 선호도를 표현하는 수준까지 내려가야 하고 또한 그 수준에서 거래되어야 한다. 그 차이는 미시경제학으로부터 거시경제학을 분리하는 것만큼이나 크다. 전자는 자신의 목적을 달성하기 위해 개인들이 행하는 선택을 다루는 학문이다. 여기서는 현존하는 유인들을 고려하고, 사람들이 행하는 맞바꿈들, 그리고 그들이 맞바꿈을 하는 상황들을 고려한다.

경제학자들이 미시경제학적 요소들의 기본적인 중요성을 인식할 수 있으나 이를 정치적 영역에까지 확대시키지 않는 것은 이들의 특징이다. 또한 경제학자들이 '국가산업의 종식' 혹은 '모든 종류의 보조금의 철폐' 등을 요구하는 것이 그들의 미시경제학 연구로부터 도출된 분석에 의한 것이라고 이야기하는 것을 듣는 것은 특별한 일이 아니다. 그들은 영국 수상에게 '국립보건서비스(NHS, National Health Service) 철폐'를 요구하고 미국 대통령에게는 '식료품복지제도(food stamp programme)의 종식'을 요구한다. 정치지도자들은 단순히 그들이 이런 일들을 하고자 한다고 해서 이를 달성할 수 없음을 잘 알고 있다. 그래서 그들은 이와 같은 대범한 충고를 정치적 현실과 괴리된 것으로 간주한다. 공공선택이론 안에서 고찰된 사상들은 그들이 그렇게 생각하는 것이 옳음을 보여준다.

많은 경제학자들이 보다 정확한 경제적 현실을 보기 위해서는 미시적인 연구가 필요함을 발견한 것과 같이 정치의 영역에서도 이런 미시적 연구가 유용하다고 주장할 수 있다. 만약 사람들이 경제적 영역에서와 마찬가지로 정치 시장에서도 입찰하고 경매하는 것이 사실이라면, 미시적 수준에서의 연구는 보다 의미 있는 그림을 보여줄 것이고 보다 실질적인 해결책을 제시해줄 수도 있을 것이다.

미시경제학이 있는 것과 마찬가지로 '미시정치학'이 있다는 것이다. 미시경제학은 개인과 집단의 경제적 시장에서의 행태를 다루는 반면 미시정치학은 정치 시장에서 그것을 본다. 더 나아가, 미시경제학이 경제적 시장에서 의사결정과 행동이 실제로 행해지는 수준에 보다 근접하고, 그래서 실제 사건들에 보다 가까운 것과 마찬가지로, 미시정치학도 정치 시장에서의 실제 사건에 보다 근접하고 있다고 할 수 있다.

거시적인 수준에서 국가산업의 종식 혹은 모든 보조금의 철폐를 이야기하기는 쉽다. 그러나 정부는 그렇게 할 수 없기 때문에 이런 조언을 따르지 않는다. 정부도 국립보건서비스나 식료품복지제도에 대해 어떤 조치를 취할 수 없다고 하더라도 그 프로그램들의 문제점을 아마 알 수 있을 것이다. 거시정치학은 실행되지 않는, 그리고 실행하기 위해 노력하면 실패하는 광범위한 싹쓸이 치유책을 제시한다. 이런 정책들은 정치적 현실을, 즉 정치 시장에서 이익을 얻기 위해 거래하는 개인과 집단들이 하는 의사결정들을 충분히 고려하지 않은 것이기 때문에 실패한다.

반면, 미시정치학은 공공선택이론의 발견들을 인정한 정책들의 형성, 그리고 이를 해당 개인 및 집단의 행동을 전환하기 위해 그 발견들을 이용한 정책들의 형성을 담고 있다. 이익집단들이 국민 일반의 비용으로 누리는 정부의 혜택에 대해 이를 수술하기 위해 대규모 행동을 추진하는 대신, 미시정치학은 환경의 변화를 통해 사람들이 행하는 선택들을 변화시키는 정책을 창출한다.

지금까지는 비록 이론 수준에서만 고려되었지만, 그럼에도 이미 전통적인 접근과 형식 및 내용에서 확연히 다르게 보는 정책 형성의 접근법으로 몇 가지 특징들이 드러났다.

첫 번째로 정치는 사상전만을 고려하지 않는다는 암묵적인 가정을 하고 있다. 공공선택이론의 발견으로부터 나온 지도를 따름으로써, 미시정치학은 사람들의 자기 이해관계가 공공정책에 대한 그들의 태도 결정에 중요한 역할을 한다는 가정에서 출발한다.

사람들이 정치 시장에서 거래를 한다는 전제 아래 사람들은 자신들이 거래하는 것의 가치에 잠재적 영향을 미칠지 여부의 측면에서 정책을 고려한다. 따라서 한 집단으로부터 특정 이념에 대한 일반적인 지지를 획득하는 것도 가능하고, 또한 이들이 실천면에서는 이러한 특정 이념을 자신들의 고유한 상황에 적용하려는 시도를 저지하고 있음을 발견하는 것도 가능하다. 공공부문에서 일하는 사람들도 정부가 너무 크다고 생각할 수 있다. 그러나 자신이 속해 있는 부문이 감축되어야 한다고 생각하는 경우는 아주 드물다.

두 번째 주요한 차이점은 미시정치학이 소수 집단이 국가로부터 받는 혜택에 대해 취하는 입장에 있다. 전통적인 자유시장주의의 입장은 소수 집단이 받는 혜택에 대해 이것이 부적절하다고 보고 이러한 혜택을 없애기 위해 노력한다. 사람들이 자신들이 받는 혜택을 지키려 한다는 전제하에, 이 혜택의 비용을 부담하던 사람들로부터 이 혜택을 없애는 대신 받아낼 거래가 거의 없다는 전제하에, 자유시장주의에 근거한 이런 시도는 혜택을 받던 사람들로부터 분노와 적대감을 표출시켜 실패하게 된다.

미시정치학의 태도는 정부로부터의 혜택이 있다는 것, 그리고 이러한 혜택이 그 정당성과는 무관하게 고수될 것임을 받아들이는 것이다. 만약 사람들이 이런 혜택의 제거를 용인한다면, 그들은 분명히 그 대가로 무언가 더 많은 혜택을 제공받아야 한다. 그렇지 않으면 그 이익을 뒷받침할 수 있는 그들의 힘이 먼저 잠식되어야 한다. 전통적인 분석에서 놓치고 있는 점은 현재 상황(현상 유지)이 정당성의 원천으로 간주되고 있다는 점이다. 만일 어떤 것이 오랫동안 향유되어 왔으면, 수혜자는 이를 침해할 수 없는 가치로, 그리고 기성 사회의 일부분으로 간주한다. 그들은 이를 지키기 위해 싸울 것이고, 이를 위협하는 개혁에 대해서도 분노를 느끼며, 그들의 입장을 정당화하기에 적합한 이념을 찾을 것이다. 이는 넓은 의미에서 미국의 독립을 위한 투쟁의 이면에 있던 상황이다; 그들은 그들에 대해 새로이 가해진 침입에 대항해 이미 향유하고 있던 권리를 지키기 위해 투쟁했던 것이지 새로운 혜택을 주장한 것이 아니다.

일정한 혜택의 정당성에 대한 주장을 뒷받침해주는 적절한 예가 있을 수 있다. 그런 주장들은 이론적인 수준에서는 중요할 수 있다. 그러나 그러한 주장이 기존의 혜택들을 제거하는 결과를 초래할 것이라는 기대를 할 필요는 없다. 환경의 변화는 기존의 혜택을 없애려는 직접적인 시도에 의해서가 아니라 이런 혜택들을 거래되도록 하는 정책들에 의해 나타날 가능성이 높다. 미시정치학은 도덕적 이슈들을 외면하기보다는 국가로부터 혜택을 받는 사람들의 입장에 대해 좀 더 동정적이다. 개인과 집단에 의해 의사결정이 이루어지는 수준까지 내려감으로써, 그리고 유인체계를 조사함으로써, 미시정치학은 사람들이 자신들의 상황을 보는 방법을 연구한다. 미시정치학은 전통 그 자체가 정당성의 원천이라고 하는 주장을, 손실에 대한 대가로 무언가를 제공하는 정책들을 수립하려 하는 그들의 주장을, 동의하는 것은 아니지만, 인정한다.

미시정치학은 전통적인 정책에 비해 덜 대결적임과 동시에 덜 전체론적이다. 이는 가능한 한 짧은 시간에 전반적으로 시장경제의 비전의 적용을 추구하지 않는다. 대신에 침투해 들어갈 수 있는 정책들을 여기저기서 찾으려고 한다. 미시정치학은 정부의 혜택과 소득 이전이 더 높은 가치를 제공하는 것으로 인식되는 것들에 의해 맞바꿔지는 그런 상황을 창출하려고 노력한다. 광범위하게 싹쓸이를 한 곳에서 미시정치학은 훌륭한 세부 사항을 제공해준다. 또한 각각의 상황에 대한 근접한 연구를 포함하고 있고 그런 분야에서 성공적인 결과를 얻기 위해 고안된 정책의 수립을 포함하고 있다. 따라서 미시정치학은 보다 부분적이고 보다 점진적이다.

성공적인 정책 수행을 위해 미시정치학은 혜택을 침해당한 이익집단에 적대적인 대신에 이 이익집단의 개별 구성원들과 협조하는 경향이 있다. 때때로 미시정치학은 미래의 감축 추세로 이어지기 위해 단기적으로 국가 지출의 증대를 고민한다. 때때로 미시정치학은 불공정한 이득을 훨씬 더 불공정하고 더 장기적인 이득과 거래를 하도록 촉진시키기 위해 특정 이익집단에게 불공정한 이득처럼 보이는 것을 이용할 수 있게 해줄 것이다.

미시정치학은 덜 전체적일뿐만 아니라 일관성도 덜하다. 미시정치학은 모든 곳에 적용하려고 하지 않으며 한꺼번에 보조금과 정부 간섭이 없는 단순한 시장의 원리들을 추구하지도 않는다. 이런 원리들은 정책 수립을 위한 지표라기보다는 좀 더 장기적인 목표의 영역에 속한다. 미시정치학은 모든 분야에서 각각 다른 문제점을 노출한다는 시각으로 출발하기 때문에 거의 모든 분야에 걸쳐서 각각 다른 정책들을 생산해낸다. 이익집단들, 그들에 대한 혜택의 성격, 그리고 과거의 작동 등은 사회의 한 분야에서 또 다른 분야까지 다양하다. 따라서 이들을 다루는 단순한 공식은 없다. 반면에, 그 세부 사항들은 각각의 경우에 모두 다를 것이다. 만약 각 분야에서 나타나는 문제들이 각각 다르다면 그 해결책들도 다 달라야 할 것이다.

미시정치학도 일관성을 가지고 있으나 이는 접근방법이 항상 같다는 일관성이다. 정책과 권고안은 분야별로 각각 다르나 정책과 제안이 산출되는 방법은 동일하다. 이는 현 상황, 향유하고 있는 다양한 이익과 혜택들, 관련된 이익집단들의 본성, 그리고 그들이 구사할 수 있는 정치적 힘과 압력에 대한 상세한 분석과 더불어 시작한다. 거기에서부터 혜택을 맞바꾸고, 서로 다른 집단들 간의 권력구조를 변화시키고, 개인과 집단들이 이전 소득의 장기적인 소멸과 국가부문에서 공급되는 재화와 서비스 비중의 감소로 이끄는 환경을 받아들이도록 유인체계를 수립하는 정책의 수립으로 나아간다.

미시적인 정치적 접근은 전통적인 자유시장정책보다 더 보수적이다. 왜냐하면 엄밀하게 말해서 이런 접근이 보다 부분적이고 보다 점진적이기 때문이다. 이런 접근은 급작스런 변화와 즉각적인 충격을 주도록 고안된 정책을 생산해내지 않는다. 대신에 이 접근방법은 희망하는 목표에 궁극적으로 도달하도록 하는 일련의 사건들이 일어나도록 시도한다. 이런 일련의 사건들은 정치 시장에서 이루어지는 거래들과 교환들이다. 이런 거래들을 무시하거나 종식시키려고 하는 대신에, 미시적인 정치적 접근은 이런 거래들의 결과물에 영향을 미치려는 여러 제안들을 가능한 것으로 만듦으로써 그 거래들과 함께 작동한다. 전통적인 혹은 오랜 시간 지속된 혜택들은 공격받지 않지만, 보다 매력적인 제안들의 기조 위에서 작별한다. 개별적인 집단들은 지속되고 있는 국가로부터의 이전 혜택을 단기적 이득 혹은 동등한 민간부문에서의 이익과 교환하기를 제안받는다.

이런 과정은 시간이 걸린다. 미시적인 정치적 접근은 사회를 그 자체로 받아들이며 사회를 점진적으로 그러나 갈수록 확실하게 보조금의 감소와 경제에 대한 정부 개입의 감소를 유도하는 방향으로 변화시키는 정책들을 여기저기에 도입한다. 이러한 정치적 접근의 누적된 결과는 사회 내에서 자발성의 정도를 증가시키고, 정부의 영역 밖이자 개인과 집단에 의해서 행해지는 선택의 범위 안에 있는 의사결정의 영역을 확대시킨다. 이것은 갖은 수단을 다 동원한 혁명적인 프로그램은 아니지만 한 방향으로의 꾸준하고 일관된 움직임을 추구한다.

개선된 사회가 어떤 모습을 가질 수 있을까 하는 그림을 그리는 것과 이미 존재하고 있는 사회의 작동을 분석하는 것은 별개이다. 미시정치학의 역할은 이 둘 사이의 영역에 있다. 그것은 세상이 있는 그대로에서 나아가야 할 방향으로 변화시키기 위해 정책이 수립되는 영역에 있다. 경제적 과정에 정부의 간섭이 적을수록, 규제가 적을수록, 그리고 사람들이 자신들이 선호하는 곳에 배분할 자금에 대한 선점이 적을수록 세상은 더 좋아질 것이다. 그런 세상을 원한다고 해서 세상을 그렇게 만들지는 못한다. 또 그로부터 이득을 얻고 있는 다른 사람들을 설득하지도 못한다. 그러나 정책들이 새로운 정책으로부터 주어지는 대체 이득을 위해 정부로부터 받던 혜택을 포기하도록 사람들을 설득하는 방식으로 고안된다면 그 정책들은 세상을 바꿀 수 있다. 혹은 그 일을 하는 정부에 대한 적개심 대신 지지를 이끌어내는 방식으로 사회에 대해서 일부 집단들이 가지고 있던 지렛대를 제거하도록 사람들을 설득하는 방식으로 고안된다면, 이런 정책들은 세상을 변화시킬 수 있다.

이런 접근방법과 단순한 점진주의 사이에는 명백한 차이가 있다. 점진주의는 작고 느린 발걸음으로 전진하는 것을 말한다. 작은 발걸음은 그것이 너무 미미해 이런 시도의 성공을 막을 만큼의 반대를 불러일으키지 못할 것이라는 전제하에 사회적으로 작은 낱알에 불과한 것으로 간주될 것이다. 점진주의의 대표적인 예가 페이비언주의(사회주의의 핵심 이론, 즉, 토지와 산업자본을 개인과 계급에서 해방시켜 보편적 이익을 위한 공동체 소유로 전환해 사회를 재조직하자는 이론, 역자 주)이다. 최종 목표가 불러일으킬 반대 없이 통과하기에 충분할 만큼 작은 일련의 단계들에 의해 그때에는 받아들일 수 없는 목표였던 사회주의를 달성하는 것을 기본사상으로 했다는 점에서 그렇다.

미시정치학은 점진주의 같은 것이 아니다. 그 틀에서 생성된 정책들은 참아내도록 고안되는 것이 아니라 현재 상태의 사회가 선호하도록 고안된다. 많은 수의 집단과 개인이 제안된 대체 이득을 선택한다면 이것이 만들어내는 변화는 매우 클 수 있다. 미시정치학은 사회의 궁극적 형태라는 개념을 가지고 있지 않고 보조금과 경제에 대한 정부 개입의 축소라는 방향으로 나아가는 과정이라는 개념만 갖고 있다. 그러한 과정의 결과로 등장하는 사회는 어떤 형태를 띠든 우월한 지위의 설계자에 의해 결정된 것이 아니라 각각 다른 의사결정과 행동들의 상호작용으로부터 자연스럽게 귀결된 사회일 것이다. 더 나아가, 압력들의 방향을 바꾸는데 필요한 상황들을 창출해내면서 사회의 현존하는 압력을 이용하는 것은 미시정치학의 접근방법의 기본이다.

이것이 만드는 변화가 점진적으로 나타날 수는 있다. 그러나 이는 점진주의적인 것이 아니다. 이는 전통적인 정책들과 똑같은 정책들을 단지 더 느리게만 하려고 하는 것은 아니다. 이는 각각 다른 일들을 하기 위해 새로운 정책들을 만들려고 노력한다. 조금 더 명료하게 말하면, 미시정치학은 상이한 방법으로 새로운 정책을 창출하려고 한다. 이는 이루어져야 할 것들의 목록으로부터 시작하지 않는다. 또 이런 것들을 천천히 이루고자 하는 것도 아니다. 이는 이루어져야 할 것들을 모른다는 전제에서 시작하나 이것이 맞닥뜨리는 다양한 상황에 대응한 정책들을 창안해내는 기법으로 무장한 상태에서 출발한다. 이는 접근방법이지 우선순위의 집합이 아니다. 집행되어야 할 정책들의 목록을 대신하여 채택될 것은 정책 생성의 수단이다.

이 모든 것들은 이론적인 수준에 있다. 공공선택이론학파의 연구로부터 우리는 전통적인 보수적 정책들에 대한 반응이 지금과 같은 방식으로 나오는 이유가 무엇 때문인지를 알게 되었다. 그것은 이 정책들이 정치 시장의 작동을 인식하지 못하고 있기 때문에 혹은 정치 시장의 작동에 적응하는 데에 실패하기 때문이라고 우리는 평가한다. 이런 분석을 기조로 해서 그것이 정치 시장을 고려하고 그 틀 내에서 작동하기 때문에 반대의견에도 굴하지 않는 정책 생성의 시스템이 있을 수 있다는 생각이 출현하였다. 이런 시스템은 각각의 다른 상황에 대응하여 부분적인 정책들이 생성되도록 할 수 있을 것으로 보인다. 이런 시스템의 일관성은 내용이 아닌 방법의 일관성일 것이다.

그런데 여기서 이 이론이 그와 같은 시스템을 만드는 실천으로 변환될 수 있는지 여부에 대한 의문이 생긴다. 정말로 이론이 가능하다고 주장하는 바를 달성할 능력을 주는 미시정치학적 접근이 존재하는가? 이에 대한 짧은 대답은 '그렇다'이다. 이미 현실에서 작동하고 있는 그런 접근방법이 있다. 이는 공공선택이론학파의 전통적인 정책에 대한 비판으로부터 나타나고, 그 분석이 지적하는 결함을 보충하려고 한다. 미시정치학의 등장은 이전의 시도들이 해내지 못했던 것을 성공적으로 달성하기 위한 정책의 고안으로 이어졌다. 미시정치학은 보수적인 정부들로 하여금 적어도 그들이 선언한 프로그램들의 부분적인 성공은 달성할 수 있는 능력을 가져왔다. 이런 정책들의 결과가 명백해지면서 미시정치학은 전 세계적으로 일련의 사건들을 촉발하기 시작했다.

1970년대 닉슨과 히스정부와 1980년대 레이건과 대처정부의 차이점을 이제는 설명할 수 있다. 지금까지 나타난 바와 같이 그 사이에 사상전에서의 어떠한 승리도 개재되지 않았고, 또한 주역들 간에 커다란 특징적 차이도 없었다. 한때는 비현실적이었던 정책들을 현실적인 정책으로 만든 세상의 변화가 있었던 것도 아니다. 변화는 정책에 있었다. 1980년대의 정부들은 미시정치학적 접근으로부터 생성된 일정 범위의 정책 제안들을 갖추고 있었다. 그들은 그들이 원하는 것이 무엇인가를 알고 있었다는 점에서는 이전 정부와 같았으나 그들이 원하는 것을 현실화시킬 수 있는 일부 정책들을 갖추고 있었다는 점에서 이전 정부와는 달랐다. 1970년대에 근본적이고 새로운 정책 수립 방법의 등장은 이후 정부들로 하여금 일정범위의 세세한 응용을 할 수 있게 해주었다. 위협하고 있는 이익집단의 반대에 무모하게 부딪치는 대신에 그들은 이 이익집단들에게 더 큰 이익과 거래할 수 있는 기회를 제공해주는 정책들을 도입할 수 있었다.

1970년대 초반의 보수적인 프로그램들은 실패를 맛보았다. 반면 1980년대의 보수적인 프로그램들은 어느 정도 성공적이었다. 양자의 차이점은 정책 기법에 있었다. 그 기법은 정책 수립의 실행 시에 정치 시장을 고려하는 사상의 등장이었다.

9
문제들, 해법이 아닌 것들, 그리고 해법들

전통적인 정책 제안들 그리고 정치적 과정을 하나의 시장으로 간주함으로써 나타나는 정책 제안들, 이 둘 간의 차이를 비교하면 도움이 된다. 접근방법의 차이는 두 정치적 스타일 모두가 오래된 문제를 다루기 위해 제시하는 방안들을 살펴봄으로써 쉽게 설명된다.

보수적 해법들 혹은 자유시장적인 해법들을 주장하는 사람들이 현실 문제의 영역으로 간주하는, 사회와 경제의 많은 영역들이 존재한다. 지방정부의 서비스 제공도 그 가운데 하나이다. 기본적인 문제는 지방정부 서비스의 점진적 증가가 경제 과정 속으로의 국가의 확대와 공공부문 공급에 수반되는 모든 문제들로 이어졌다는 점이다.

지방정부의 서비스는 권한을 가진 선출된 정부에 의해 제공되고, 관료제에 의해 운영되며, 지방의회에 의해 직접적으로 고용된 노동력에 의해 이루어진다. 이러한 서비스는 지방정부의 수입에서 재정이 충당된다. 구체적으로는 사업소와 주민 공히 실질적으로는 재산세들이지만 사업소세와 주민들에게 부과되는 주민세로부터, 그리고 총액의 3분의 2를 차지하는 중앙정부의 교부금으로부터 충당된다. 따라서 지방정부의 서비스에 대한 자금의 조달과 서비스의 생산은 경제의 공공부문을 통해서 제공된다.

공공부문의 운영에 대한 분석이 보여준 바와 같이, 이러한 공공부문에 의한 서비스는 국민들이 서비스의 공급 수준 혹은 질에 대한 통제를 할 수 없는 상태에서 그들로 하여금 서비스의 비용만 지불하게 한다. 지방정부 서비스의 장기적인 경향은 서비스의 양적인 과다 공급, 비용 효과성의 감소, 과도한 인력, 자본의 고갈, 서비스에서의 생산자 득세, 그리고 소비자 선호 반영의 부재 등으로 기울어왔다. 높은 비용은 지방기업들에게 실질적인 장애물을 제공하였고, 높은 재산세는 많은 경우 매우 불공정하게도 선거구민 중에서 소수자일 뿐인 특정계층의 주택소유자들에게 낙착되었다.

정치 시장 안에서의 유형들은 추적해볼 수 있다. 지방세를 내는 사람들은 숫자 면에서 그들이 내는 비용에 의해 혜택을 받는 사람들보다 적었다. 지방기업들은 정치 시장에서 거래할 수 있는 표가 없었다. 그리고 지방 재정의 부족분은 중앙정부로부터 충당되었기 때문에 이런 시스템은 자신의 과세 대상을 축소시킨 지방권력에 벌칙을 가하는데 실패했다. 지방정부의 공직 후보자들은 소비의 시점에서 공짜로 인식되는 서비스를 가능한 한 많이 제공할수록 이득이었다.

전통적인 틀에서는 두 개의 해법이 제시되었다. 간단한 생각이 장점인 하나는 지방정부의 전체 시스템을 재정비하는 것이었다. 희망하던 것들을 더 큰 조직으로 통합함으로써 서비스 제공에서 규모의 경제와 사업 효율성의 새로운 장점을 가능하게 만들 수 있다는 것이었다. 이는 1970년대 초반에 실행되었으나 정확히 반대의 결과를 가져왔다. 새로운 영역들은 너무 크고 멀리 떨어져 있어서 유권자들의 영향력이 지속될 수 없었다. 반면에 그에 따른 이득은 점차 사라져갔다. 새로운 거대성은 유권자들에게 새로운 권력이 너무 크고, 강하고 멀어서 자신들이 영향을 미칠 수 없다는 느낌을 남겨주었다. 비효율과 낭비는 오히려 증가하였고 남용은 고질화되었다. 새로운 체제에서 일부 지방의 당국들은 그들의 지역 내에 있는 소수 그룹들의 표를 얻기 위해 공개적으로 그리고 현금을 가지고 접근하기 위해 남겨둘 수 있는 자금을 보유하고 있음을 알았다. 그 주된 연결의 실마리가 자신들을 위한 정책을 입안했던 정치인들에 대한 의존인 듯이 보이는 다양한 운동들에게 양여금과 보조금을 이용할 수 있게 만들기 시작했다.

또 다른 대안은 여러 차례 제시되었다. 그것은 지방자치서비스에 대한 수익자 부담(user charges)을 도입함으로써 소비자 압력을 못 느끼게 되는 것에 대응할 것을 제시하였다. 수익자 부담의 경우, 서비스가 지방정부 당국에 의해 계속 제공되지만 일반 세입처로부터 자금을 충당받는 대신에 소비의 시점에서 고객들에 의해 지불받을 것이다. 이는 소비자들로 하여금 각각의 서비스에 대한 비용 체감을 과세에 의해 자금 충당이 이루어질 때에는 느끼지 못했던 방식으로 하도록 만드는 것을 목표로 하였다. 시민들은 실제 현금을 부담해야 하므로 각각의 서비스가 얼마만큼 비용이 드는지 알게 될 것이고, 각각의 경우마다 당국이 돈을 받고 가치를 제공하는 영역에 압력을 가할 것이다.

수익자 부담이 제공하는 부가적인 장점은 소비자들이 자신들이 지불할 준비가 되어 있는 정도까지로 서비스의 양을 제한할 가능성이 있다는 것이다. 수익자 부담은 서비스 비용의 대부분을 충당하여야 한다. 또한 서비스의 제공은 사람들이 비용을 지불할 준비가 되어 있는 수준까지 점진적으로 조정되어야 함은 당연한 것으로 여겨졌다. 예를 들면, 쓰레기 집하 비용이 수익자 부담이라면, 사람들이 이 서비스에 대해 직접적으로 비용을 지불해야 할 때 그들은 일주일에 두 번 대신에 한 번 혹은 2주일에 한 번의 쓰레기 집하에만 비용 지불을 선택해야 함을 당연히 알게 될 것이다. 그때에는 공급도 그에 맞게 조정될 것이다.

이러한 상황에 맞닥뜨리자 수익자 부담은 이전에는 존재하지 않았던 상당한 정도의 소비자의 개입을 제공했다. 소비자들로 하여금 직접 지불하게 함으로써 중앙에서의 자금 조달의 경우에는 결코 달성할 수 없는 방식으로 소비자들은 개별 서비스의 비용을 알아차리게 되었고 그들 자신의 소비를 조절할 수 있게 되었다. 경제적인 수준에서 이는 유익하다. 사람들은 시스템에 지갑의 압력을 가할 것이다. 그들은 공급자들을 고르는 것이 아니라 할지라도 적어도 얼마만큼 많이 공급될 것인가를 결정할 수 있게 될 것이다.

정치 시장의 측면에서 수익자 부담은 확실히 덜 매력적이다. 처음에는 사람들이 서비스의 생산을 완전히 국가부문에 맡기고 이를 위한 자금 조달만을 민간의 손에 맡긴다. 이것이 의미하는 바는 공공 공급의 모든 결과가 지속적으로 감소하지는 않는다는 점이다. 상대적 비효율성, 필요 이상의 인력, 자본 고갈, 선택의 부재와 생산자의 득세는 모두 국가부문에서의 생산의 특징들이다. 자금의 충당을 민간부문에 떠넘긴다고 해서 정부부문 생산에서 나타나는 그런 효과들이 반드시 완화되는 것도 아니다.

그에 못지않게 중요한 것은 대부분의 사람들이 서비스를 위해 부담하는 비용보다 서비스로부터 받는 혜택을 더 많이 인지한다는 반론이다. 공공의 서비스 공급이라는 고상한 목적이 사람들로 하여금 비용 부담을 느끼게 하지만 그렇다고 사람들이 그것을 원해야만 할 이유는 없다. 많은 사람들은 그들이 받는 서비스의 대부분을 다른 사람들이 지불한다고 생각하고 자신들 스스로가 직·간접세를 통해 지불하고 있다는 사실을 인식하지 못한다. 비용을 다 내야 하는 서비스 총비용의 추정치는 이런 서비스 공급 방식 어느 것에도 분노에 찬 반대를 불러일으킬 만하다.

물론, 수익자 부담의 당연한 결론은 지방 그리고 전국적인 세원들로부터 서비스 공급을 위해 지불되고 있는 과세가 면제되어야 한다는 것이다. 그러면 사람들은 그것이 적절하다고 생각되는 경우 면제된 세금을 서비스 이용에 지불하는 데에 쓰거나, 아니면 쓰지 않거나 할 것이다. 사람들에게 무료 서비스를 제공하는 대신 돈을 환급해주는 것은 공공선택이론의 결과에 정면으로 배치된다. 즉, 각각의 집단은 자신들을 위해 돈을 낸다는 것에 다른 사람들이 분개하는 것보다 훨씬 더 높게 그 서비스를 가치 있게 여긴다는 공공선택이론 분석의 결과에 정면으로 배치된다. 다른 말로 하면 수익자 부담은 정치 시장의 기질과 함께 가는 것이 아니라 이에 역행한다.

수익자 부담의 정치적 파급효과와 관련하여 더 지적할 점이 있다. 수익자 부담의 경우 지방정부 당국은 서비스의 가격을 설정해야 할 필요가 있다. 가격은 처음에는 총비용 기준으로 책정되겠지만 이 가격은 적어도 비용 증가에 뒤지지 않도록 지방의회에 의해 매년 재검토되어야 한다. 이는 입법을 하는 의원들이 서비스 가격 인상을 고려해야 하고 이에 대해 결정해야 함을 의미한다. 이 시점에서 이들은 모든 소수 집단, 즉 보상받을만한 케이스가 있다고 생각하거나 그들의 로비스트나 대변인이 그렇게 생각하는 소수 집단들로부터의 엄청난 압력하에 놓인다. 의원들은 서비스 가격 인상 대상층 중 실업자들, 노인들 혹은 사회보장 혜택을 받는 사람들로부터 면제해달라는 부탁을 받게 된다. 만약 그 부탁을 들어주지 못하면 몰인정한 것으로 여겨진다.

이때 정치 시장에서는 소수 집단들에게 특별히 낮은 가격으로 서비스를 제공하겠다는 후보들이 그들에게 접근할 수 있고, 비용 증대의 충격을 감소시키라는 압력이 느껴질 수도 있다. 한동안 수익자 총비용 부담으로 시작한 서비스는 특정 집단 지원을 위한 보조금으로 균형을 맞춤으로써 훨씬 더 명목적일 뿐인 부담으로 끝나고 말 수 있다. 이런 식으로 정치적 압력은, 서비스 실질 비용을 부과하는 입법자들을 유권자들에게 인기 없는 상황으로 몰아넣음으로써, 수익자 부담이 스스로 역전되도록 만들 수 있다.

이를 방지하기 위해서는 수익자 부담에 대한 재량적 권한을 제거하는 입법이 필요할지 모른다. 이와 같은 입법은 자신들의 권한이 없어진다는 것을 파악한 지방의회와 자신들에 대한 혜택이 위협받는다는 것을 인지한 소수 집단으로부터 한바탕 폭풍 같은 정치적 반대를 이끌어낼 수 있다. 정치 시장의 강력함을 인식하는 데 실패했다는 점에서 수익자 부담은 애초에 개시될 수 없는 것이었고, 사실상 시작조차 되지 않았다.

이용료 부과의 도입에 대한 대안으로 미시정치학의 주창자들은 공공서비스의 공급 시 민간기업들이 입찰에 참여하도록 하는 아이디어를 개발하였다. 이는 서비스의 민간 위탁으로 알려져 있다. 그 과정은 지방정부가 서비스 공급 책임을 유지하고 지방과 전국 차원의 조세 수입으로 조성된 공공자금으로부터 서비스 비용을 지불하는 것을 포함한다. 이 정책이 기존 정책과 다른 점은 지방정부 자체의 간부진과 노동력을 제공하는 대신에 지방정부 당국이 서비스를 공급하는 민간기업에 비용을 지불한다는 점이다. 이를 통해 민간기업들로 하여금 지방정부와의 계약을 따내기 위해 서로 경쟁하도록 한다는 점이다.

수익자 부담은 비용 조달을 민간부문이 담당하도록 하면서 생산을 공공부문에 맡기는 것이다. 반면 민간 위탁의 사용(use of contractors)은 생산을 민간부문으로 이전하면서 자금 조달을 공공부문이 담당하도록 한다. 이 방안은, 이용료 부과가 소비에 대한 개인적 관리를 허용하도록 설계된 것이다. 민간 위탁은 공공부문의 멤버들에게 이를 허용하지도 않고, 공급자들에게 이용료 부과 혹은 지방자치단체의 공급시스템 중 하나를 고르는 선택을 더 이상 허용하지 않는다. 이 방안이 꾀하는 것은 공급자가 되려고 하는 사람들 간의 경쟁을 생성시키는 것이다.

외부 위탁하에서 기업들은 지방정부와의 서비스 계약을 위해 상호간에 경쟁적으로 입찰해야 한다. 따라서 경쟁이 도입되고, 공급자들은 서비스 비용을 내리고 서비스의 질을 높여야만 한다. 비용 감축과 품질 향상에 실패한다면 계약이 다른 기업들에게 돌아가는 결과를 초래할 것이다. 일반적으로 계약은 서비스의 형태에 달려 있지만 햇수로 따지면 짧은 기간, 예를 들면 3년의 기간으로 체결된다. 입찰 신청을 한 기업들은 효율적이어야 하고 최신의 기술과 서비스 테크닉을 보유하고 있어야 한다. 그렇지 않은 기업은 경쟁력을 보유한 다른 기업에게 계약이 돌아가는 것을 보게 될 것이다.

그 결과는 공공부문 공급의 대부분의 특징들이 제거된다는 것이다. 비효율성, 과도한 인력, 그리고 자본 부족은 민간부문에서는 거의 찾아보기 힘들다. 공공부문의 특징들을 용인하는 기업은 그렇지 않은 기업들에게 사업 기회를 빼앗긴다는 단순한 이유 때문이다. 생산자 득세는 민간부문에서 훨씬 더 어렵다. 왜냐하면 자신들을 대신하여 소비자를 만족시키는 기업들이 사업에서 이길 가능성이 있기 때문이며, 또한 그에 따른 부도 위험이 있기 때문이다.

그 결과는 더 낮은 비용으로 공동체에 서비스가 제공된다는 것이다. 지방정부가 제공할 서비스를 외주함으로써 절약되는 부분은 서비스와 지역에 따라 다르지만 보통 20~40% 사이의 범위에 있다. 영국의 경우 재정연구소(Institute for Fiscal Studies)의 계산에 따르면 초기(첫해) 비용 절약분은 평균적으로 22%였다. 외주 첫해에 비용 절약분은 일반적으로 높지 않기 때문에 아마도 이 수치는 과소추정치일 것이다. 비용 절약분은 지방정부에 의한 공급 비용과 민간기업이 대신했을 경우 이 기업의 이윤과 이 기업이 납부해야 할 세금을 포함한 가격의 차이이다.

따라서 그들이 하고자 하는 모든 것들을 하기 위한 자금의 부족을 겪는 의원들이 이득을 얻게 되고 필요 이상의 부분에 대해 지불하고 싶어 하지 않는 일반대중도 이득을 얻게 된다. 외부 위탁은 그것이 정치 시장의 필요조건에 부합하는 방식으로 실행된다면 혜택을 제공할 잠재성을 가지고 있다. 이는 쉬운 작업이 아니고, 그것을 달성하기 위해서는 정책들이 공공선택이론의 분석에 근거해서 수립되어야 한다. 각각의 다른 이익집단들이 모두 고려되어야 한다.

대중들은 그들이 받게 되는 서비스의 질에 관심이 있다. 그에 따라 민간 위탁을 향한 어떤 시도도 적어도 높은 서비스의 질을 달성하는 것을 목표로 해야 한다. 이는 벌칙 조항이 특정되고 이행보증서가 첨부된 엄격하게 작성된 계약이라는 수단에 의해서만 달성될 수 있다. 또한 자신들의 요구가 고려되어야 한다는 대중들의 관심도 있고, 많은 기업들의 경우도 자신들이 지방정부의 계약을 획득할 때 대중적 수요를 파악하기 위해 시장조사를 추진하는 데 관심을 가진다.

지방 관료제는 그 책임들을 민간부문으로 이양하게 된다. 그 지위와 그에 따른 보상을 상실할 위험에 놓인다. 이는 특히 관리직원들이 외주업체가 하는 일의 계약 이행을 감시하고 집행하도록 하는 업무로 이동시켜야 하는 지방의회에게 중요한 일이 된다. 이는 사라지는 여러 가지 책임들을 대체할 보다 높은 수준의 업무 기회를 창출한다.

지방의회에 고용된 노동력은 가장 큰 위기를 맞게 되고 따라서 지방서비스 외부 위탁의 도입에 대해서 격렬한 반대를 할 수 있다. 이것이 지방의회로 하여금 자신들이 해고한 노동자들이 민간부문에서 창출된 새로운 일자리의 지원에 최우선 순위를 가져야 한다고 고용승계조항을 특정하는 이유이다. 많은 지방의회들은 강제해고를 할 수 없도록 하는 정책을 통하여 자신들의 피고용인들의 잠재적 반대를 중화시키기도 한다.

그들은 지방의회에서 해고된 근로자들을 그렇지 않았으면 외부로부터 인력이 충원될 부분의 결원을 메우게 함으로써 자신들의 권한 내에서 이들을 재(再)흡수케 하는 정책을 만든다. 또 다른 정책은 자발적 해고(실업)를 근로자들이 자발적으로 수용할 수 있을 만큼 충분히 후한 조건을 근로자들에게 제안하는 것이다.

생산자 우위의 서비스에서 노조지도자들이 누리는 권력과 비교하여 지방의회가 그들에게 제공할 수 있는 것은 거의 없기 때문에 노조지도자들이야말로 가장 다루기 힘들다. 일반적으로 피고용인들에게 제공하는 제안들과 조건들은 노조 지도부의 수장들을 넘어 노조원들로부터 직접적으로 지지를 받을 수 있을 만큼 충분히 매력적이어야 한다.

영국에서 지방서비스 민간 위탁의 실질적 경험은 민간 위탁자들이 약 10~15% 적은 인력으로 서비스를 공급해야 함을 알려준다. 해고된 사람들은 다시 채용될 수 있고 때로는 재훈련된다. 새로운 기업에서 일자리를 얻게 된 근로자들은 기술적으로 업그레이드된 일자리를 찾게 되고 승진의 기회도 더 많아질 것이다. 민간부문에서 직업 안정성은 더 낮고, 민간기업은 공공부문에서 제공되는 물가지수-연동 연금을 제공할 수 없기 때문에 연금 혜택은 그리 높지 않다. 반면 세금 등을 공제한 실(實)수령액과 부가적 급여는 그만큼 좋다. 노동 인력들은 노동 강도가 더 세지는 않으나 더 생산적으로 활용되며, 많은 사람들이 이와 같은 이행에 대하여 긍정적으로 이야기한다.

비용 절감이 재정에 쪼들리는 입법자들에게는 매우 중요한 부분인지 몰라도 대중에게 너무 많이 호소해서는 안 된다. 다른 조건이 일정하다면, 그들은 외부 위탁을 할 경우 발생하는 더 낮은 비용과 세금을 선호한다. 그러나 그들은 서비스 자체를 서비스가 부과하는 비용보다 더 직접적으로 인식한다. 이것이 왜 품질관리가 성공적인 외부 위탁에 핵심적인 요소인지를 잘 보여준다. 만약 새롭고 세심한 서비스가 도입될 수 있다면, 소비자들은 이를 공공부문에서의 생산자 득세로 야기되는 조악하고 오만한 서비스에 비해 선호할 것이다.

그 다음으로 외부 위탁에는 몇 개의 세부적인 기술의 응용을 필요로 한다. 많은 지방의회들은 요구하는 기준에 도달할 능력이 없는 자들을 골라내기 위해 입찰자의 명단을 검토하는 입찰자 사전 자격 심사를 이용한다. 최종적인 선택은 자격과 경험이 충분하다고 생각되는 입찰자들의 명단에서 만들어진다. 많은 경우 계약서를 작성할 때 전문적인 도움을 구하고, 거의 모든 경우 기업이 부도가 나거나 파산될 경우 서비스 공급의 지속을 보장받기 위해 이행보증서를 붙일 것을 요구한다. 그 이상의 장치로는 요구되는 기준에 미달할 경우 벌금을 부과하는 것이 있는데, 이는 지방의회가 자체 내부의 서비스로 달성할 수 없는 경우에 사용할 수 있다. 물론 계약 심사에서 부패의 가능성은 상존한다. 하지만 공적 감시로부터 상당 부분 은폐되었던 지자체 서비스에서 이전에 나타났던 것보다는 공개적으로 입찰 과정을 거치는 경우는 그 가능성이 훨씬 낮다.

미시정치학의 방법들은 그 과정을 통해서 명백히 드러난다. 분석은 문제가 되는 정치 시장에 있는 모든 집단들을 확인하고, 그들이 받는 것으로 인지된 혜택을 추적한다. 이에 따라 가능한 많은 사람들에게 이전에 향유했던 것보다 새로운 방법으로 더 많은 혜택을 제공하도록 정책이 고안된다. 모든 가능한 반대를 예상하고 정책을 만들어냄으로써 이런 반대들을 미리 처리할 수 있다. 그 결과는 성공하는 정책이고 그 정책의 성공은 이를 다른 분야에도 적용시킬 수 있다는 외부 위탁에 대한 신뢰도를 높인다.

지방정부의 서비스를 외부 위탁하는 것은 자유시장 해법은 아니다. 그러나 이는 더 나은 서비스를 더 적은 비용으로 제공한다는 점에서 성공적이다. 이 방안은 공공부문에서의 생산을 제거하고 이를 민간부문의 활동과 기업이 대신한다는 점에서 자유시장의 일부 목적을 달성하는 것이다. 또한 이 방안은 서비스의 질과 가격 모두에 경쟁을 도입하고 혁신과 효율을 촉진시킨다. 거시정치적 접근법의 주창자들은 위와 같은 방안은 광범위하게 도입될 수 없다는 점을 근거로 비판할 것이고 또한 실제로 비판하고 있다. 그들은 진정한 자유시장 상황은 지방정부가 관할하는 지역 내의 개인들이 그들에 대한 서비스 공급을 맡을 기업에 대한 결정, 그들이 원하는 서비스의 수준에 대한 결정까지 내리게 하는 것이라고 지적한다. 이는 민간 위탁자들을 이용하는 것이 전적으로 자유시장이 아니라는 점에서는 정당한 비판이다. 또한 자금의 충당도 개인적 선택의 가능성 없이 여전히 집단적으로 이루어진다. 문제는 공공선택이론의 분석이 보여주듯이 총체적으로 자유시장을 달성하려는 시도는 관련된 이익집단들의 압력 때문에 실패한다는 것이다. 반면 민간 위탁을 도입하려는 시도는 성공할 수 있다는 것이다. 총체적 해법을 주장하는 사람들이 여전히 사상전에서 승리하려고 시도하는 동안 미시정치인들은 민간 위탁자들을 성공 단계로 이끌고 감으로써 영국 정부도 지방정부들에게 외부 입찰 추진의 위임을 충분히 지지할 만큼 확신을 가지게 되었다.

미시정치학에 의해 개발된 해법과 수익자 부담의 도입으로 대표되는 전통적인 패러다임으로부터 도출된 대안들을 비교하면 전자가 얼마나 현실 세계와 유관한지를 보여준다. 정치 시장을 통해 사상을 현실화하려는 미시정치학의 관심은 미시정치학이 가능한 장애물을 우회할 수 있는 기법의 개발에 헌신하고 있음을 자세히 보여주고 있다. 이는 총체적 해법을 적용하려고 노력하지 않는 반면 그것이 부딪치는 각각의 상황에 정책을 맞추려고 노력한다. 정책들은 그것이 안성맞춤일 때 더 잘 맞아떨어지기 때문에 이런 노력은 성공 가능성이 높다.

영국의 공공교육분야는 공적부문의 공급이 심각한 문제를 야기한 또 다른 분야라고 할 만하다. 대략 93%의 영국 청소년들이 초·중등교육을 국가부문에 의존한다. 수업료를 지불하는 학교를 만들자는 점에서는 이론적인 대안이 존재한다. 하지만 실제로는 모든 사람들이 세금을 통하여 국가 교육시스템에 비용을 지불해야 하기 때문에 두 배가 넘는 비용을 지불할 능력이 있는 극히 일부만이 실제로 자녀들을 사립학교에 보낼 수 있다. 수업료를 받는 학교들은 그들이 부과하는 수업료가 전국적 그리고 지역적 수준에서의 관리 등 제 경비를 포함할 때의 국가 교육의 비용과 대략적으로 일치함에도 불구하고 사람들은 이를 비싸다고 간주한다.

대부분의 학부모들은 국가부문의 교육 제도에서 효과적인 선택을 했던 적이 없었다. 그들의 자녀는 가장 가까운 국영 보편 학교로 배치되고, 학교 선택의 가능한 대안이 추가되는 경우에도 이는 지방당국에 의해

'교육의 이해관계'를 이유로 들어 방해받을 수 있다. 공공 공급의 많은 문제점들은 그 자체로 명백해졌다. 학부모들은 교육의 질에 불만족스러워 했고, 교육의 질을 개선하려는 결심이 아닌 이에 대한 측정을 방해하려는 시도에 부응하여 기준이 하향되는 것을 보았다.

생산자 득세의 많은 특징들이 명백해졌다. 서비스의 질은 결과물이 아닌 투입물에 의해 평가되었다. 따라서 학생들의 학업 성취도는 고려되지 않았던 반면 학급 사이즈와 표면적인 수준의 교사 자격만 평가에 포함되었다. 기존 행정조직의 비용과 규모는 총공급의 비중만큼이나 막대한 증가세를 보였다. 비용 절약 시도가 낭비를 없애지 못했고 대신에 자본과 장비, 그리고 필수적인 서비스에 흡수돼버렸다.

학부모들은 그들이 선택권도 없고 그들의 선호도를 행사할 기회도 없었던 교육을 위해 그들이 조절할 수 없는 액수를 세금을 통해 지불하도록 강제되었다. 그들은 높은 비용을 지불하면서 형편없는 서비스를 받았다. 다양성과 선택 대신에 획일성이 지배하였고, 교육의 우선순위는 소비자가 아니라 생산자에 의해 결정되었다. 이 우선순위들은 많은 학부모들이 보기에 교육이라기보다는 정치적 세뇌로 보이는 것들을 포함하고 있었다.

교육에 대한 시장의 압력을 회복하고 소비자의 영향력 행사를 위한 공간을 주기 위해 정책 결정자들에게 과제가 주어졌다. 사람들은 소비의 시점에서 무료인 교육시스템에 익숙해 있었다. 그러나 그 교육시스템의 결과물에는 불만족스러워 하였다. 하나의 해법은 사립학교로 눈을 돌려 평범한 학부모들이 사립학교에의 접근을 용이하게 만들고 사립학교에서 가르치는 학생 수를 늘리도록 하는 방법을 찾는 것이었다.

제안된 정책들 중 하나는 학교 수업료를 조세에서 감면해주는 아이디어로 이는 실질 가격을 낮추고, 더 많은 사람들이 수업료를 지불하는 학교에 갈 수 있도록 해준다. 비슷한 정책으로 제시된 것은 사립학교를 선택함으로써 국가의 학교 배치에서 벗어난 사람들에게 조세 환급을 해주는 것이다. 이런 정책의 배경이 되는 이론은 그런 생각을 가진 학부모들이 자신의 자녀들을 교육시키는 국가의 비용을 절약시키고, 그래서 작은 인센티브로도 그들이 사립학교에 가게 더 많은 격려를 해줄 거라는 것이다. 리베이트가 정교하게 판정된다면, 국가가 학생들을 교육할 필요가 없어지기 때문에 조세 리베이트 비용보다 더 많이 절약할 수 있다.

민간부문의 교육에 중점을 둔 모든 제안들은 민간부문의 확대에 따른 이득을 나타내는 숫자들이 너무 작다는 근본적인 약점으로 인해 어려움을 겪었다. 몇 가지 증거는 민간부문의 교육에 금전적으로 좀 더 용이하게 접근하기를 원하는 중산층으로부터의 로비가 있음을 보여준다. 여론조사도 다수의 학부모로부터 강한 불만이 제기되지 않고 있음을 보여주고 있다. 또한 민간교육을 감당할 수 있을 경우 학부모들은 학교를 선택할 수 있게 하는 것을 선호한다. 따라서 사립학교에 대한 접근을 증대시키는 것은 정치적으로 가능하다. 문제는 사립학교의 숫자가 두 배로 늘어나는, 있을 것 같지 않은 경우를 가정하더라도 여전히 86%의 학부모들은 국가부문에 남겨져 있다는 점이다. 대부분의 학부모들에게, 개혁은 국가부문의 개선을 의미하는 것일 수밖에 없다.

자유시장 해법을 주장하는 사람들은 오랫동안 교육 바우처제도를 지지해왔다. 학부모들에게 국립학교에서 자유로운 지위를 주는 대신에 바우처시스템 하에서 학부모들은 그 국립학교의 학비 가치와 동등한 바우처를 받고 그들이 선택한 학교에서 그 바우처를 자유롭게 쓸 수 있다. 바우처는 현금을 대신한다. 국가로부터 현금을 환급받는 대신에 자녀를 학교에 보내는 데 바우처를 사용하면서, 학부모들은 다른 용도로의 전용 금지라는 중요한 전제조건과 더불어 현금과 같은 효력을 발휘하는 한 장의 문서를 받는 것이다. 바우처 계획은 따라서 만일 부모들이 현금 그 자체를 지불해야 할 경우 그들이 그것을 도박이나 음주에 사용할 수 있다는 있을 수 있는 반대에도 대처하고 있다.

바우처 계획은 결코 완전한 자유시장 상황을 가져오도록 설계된 것은 아니다. 학부모가 아닌 납세자들은 여전히 세금을 계속 납부하면서도 바우처를 받지 못하는 상황, 즉, 학부모가 아닌 사람들로부터 학부모들에게 보조금이 지원되고 소득이 이전되는 상태가 여전히 존속한다. 더 나아가 바우처의 양은 교육에 지출된 최소 금액을 특정하고, 학부모들이 그 금액 이하를 선택하지 못하게 한다. 현금의 불법적 거래가 일어나는 바우처 암시장이 발달할 수도 있으며, 학부모들은 실제로 그런 선택을 할 수 있다. 그러나 이는 바우처법을 무시하는 것이지 그것의 결과물은 아니다.

바우처 계획의 목적은 시장의 압력을 도입하는 것이다. 자신들의 바우처를 쓸 곳을 선택함으로써 학부모들은 그들이 늘어나기를 원하는 학교의 유형을 선택한다. 인기 없는 학교들은 그들의 방식에 필요한 바우처 수입을 충분히 획득하지 못하고, 그에 따라 학교가 축소되거나 문을 닫는 상황에 직면할 수 있다. 인기 있는 학교들은 추가 수요를 끌어들여 학교를 확장할 수 있게 하는 추가적인 바우처 수입을 얻을 수 있다. 더 나아가 이 학교들은 다른 학교들의 모델이 될 것이다. 점진적으로 교육은 학부모들이 자신들의 자녀들을 위해 원하는 형태를 띠게 될 것이고 자신들의 선택으로 표현되는 소비자들의 통제하에 놓이게 된다.

바우처시스템의 여러 가지 변형이 있으나 대부분은 학부모들이 좀 더 비싼 학교에서의 자리를 구매하기 위해 바우처의 가치에 추가적인 지불을 하는 것을 허용한다. 이는 학부모들이 원하면 그들이 지불해야 할 학비와 바우처의 가치 간의 차이를 보전하여 사립학교를 선택할 수 있음을 의미한다. 이는 또한 일부 국립학교들도 다른 학교들이 제공하는 것보다 더 비싼 교육의 제공을 선택할 것임을 의미한다. 순(純)효과는 더 많은 돈을 교육부문으로 가져오며 학부모들이 원하고 바우처와 현금을 쓸 준비가 되어 있는 그런 교육과 더더욱 일치하는 결과물을 가져온다는 것이다.

바우처 계획은 많은 매력적인 특징을 가지고 있고, 만약 그것이 달성될 수 있다면, 교육의 국가 독점에 엄청난 개선을 효과적으로 가져올 것이다. 불행히도, 증거가 보여주는 내용은 바우처시스템은 도입될 수 없다는 것이다. 그것의 부인할 수 없는 경제적 강점에도 불구하고 바우처시스템은 그것에 강한 반대의사를 표시하는 정치적 약점을 지니고 있다. 현대적 형태의 바우처시스템은 지난 60년 넘게 여러 차례 논의되었다. 영국의 보수당 정부는 이를 진지하게 검토하였으나 끝내 도입하지 못했다. 심지어 국무부장관과 교육부장관과 같은 강력한 지원자들의 결합도 바우처시스템을 현실화하는 데에는 충분치 않았다.

우선 교육의 생산자로 종사하는 사람들로부터 매우 강한 반대가 있다. 교원노조가 이에 저항한다. 노조원들은 시장의 힘에 노출되기를 원하지 않는다. 교육부 관료들도 바우처시스템이 교육의 권력을 학부모에게 이전할 것이라는 점을 정확히 인식하여 광적으로 반대한다. 학부모들은 지역 공립학교에서의 무료 교육 지위를 잃게 된다는 전망에 쉽게 불안해한다. 그들은 훌륭한 교육을 확보하기 위해서는 상당한 규모의 추가적인 금액을 지불해야 할지 모른다는 두려움을 갖게 된다.

바우처시스템은 실제로 점진적으로 도입될 수 없다. 실험적 체계에 대한 논의에도 불구하고, 바우처시스템은 효과적이기 위해서 또한 진정한 다양성과 선택의 자유를 허용하기 위해 아주 넓은 지역에 있는 모든 학교들을 커버해야 한다. 이는 교육에 대한 통제권을 잃지 않으려는 사람들의 방해에 직면하기 쉽다. 또한 바우처시스템은 변화를 한 번에 이뤄야 하는 전체론적인 계획이다. 학부모들은 자신들의 무료 학교의 자리를 대신해서 메일을 통해서 도착한 몇 장의 문서를 발견할 것이다. 학교들도 학부모들과 마찬가지로 갑자기 불확실성에 직면할 것이다. 이 제도를, 한 번도 검증된 적은 없지만, 아이들의 교육을 위험으로 내모는 어떤 이론적 계획으로 규정하기는 쉽다. 정부는 바우처 계획을 밀어붙이려고 노력하였으나 이익집단들의 정치적 압력에 직면하여 항상 철회할 수밖에 없었다.

상당 정도를 미시정치학 덕으로 돌릴 수 있고 그 방식의 정책 입안으로 돌릴 수 있는 세 가지 분리된 개혁안이 제시되고 있다. 각각의 개혁안은 독립적으로 정당화할 수도 있으나 합쳐서 하나의 시스템을 이루는 개혁안으로 제시되고 있다.

첫 번째, 이것은 학부모들이 유효하게 선택을 할 수 있어야 한다고 제안한다. 이 제안은 국립학교시스템 내에서는 문호가 완전히 개방된 입학을 제시한다. 이 제안은 학생의 입학을 허가하는 어떤 학교로도 학생이 갈 수 있게 한다.

이 정책은 학부모들의 인기를 얻기 위해 설계된 것이다. 많은 학부모들은 주거 위치 때문에 통학 가능거리에 있는 나쁜 학교로 가게 되는 함정에 빠져 있다. 학교의 선택은 그들로 하여금 이런 함정에서 탈출할 수 있게 할 것이다. 입학 문호가 개방되지 않은 상태에서의 학교 선택은, 좋은 학교로 통학할 수 있는 거리 내의 주택으로 이사할 수 있는 사람들에게 한정된다. 사실, 좋은 학교가 있는 거리의 주택에는 다른 지역에 있는 동일한 주택보다 수천 파운드의 프리미엄이 붙는다는 것은 알게 모르게 잘 알려져 있다. 개방 입학 정책도 여전히 학부모들에게 통학문제와 맞닥뜨리게 한다. 좋은 학교에는 심하게 지원자가 몰리고 이들 중 많은 지원자를 받아들이는 것은 불가능하다는 문제를 남긴다. 그렇지만 이 정책은 개선을 나타내며 인기 있는 정책이다.

개혁의 두 번째 다리는 학교를 좀 더 독립적으로 운영하도록 만드는 정책이다. 투표를 통해 학부모들을 강하게 대표하는 각 학교의 이사회가 학교 정책에 대한 권한을 획득하는 것이다. 그리고는 이 이사회가 교장을 채용할 권한을 갖게 되고, 이사회의 승인을 얻어 교직원의 채용과 해고의 권한을 교장에게 부여한다. 학교는 핵심 커리큘럼에서 학생들의 성취도 검사를 받으면서 과목과 학술적 강조점에 대한 학교 고유의 정책을 결정한다.

이런 개혁을 하면 학교들은 교육에 대한 대안적 접근들을 실행에 옮김으로써 더 많은 다양성을 보여줄 것이다. 이 개혁의 또하나의 장점은 학교 간의 선택에 대해 현실성을 부여해준다는 것이다. 이런 정책은 학교의 방향에 영향을 줄 수 있다는 아이디어를 좋아하는 학부모들에게 인기가 있다. 이런 정책은 교사들로부터는 엇갈린 반응을 받는다. 교장들은 이런 정책이 그들에게 부여하는 보다 많은 지위와 책임 때문에 전반적으로 더 선호하는 데 비해, 다른 교사들 간에는 의견이 더 갈린다. 어떤 교사들은 승진과 증대된 소득의 기회를 인식하는 반면 다른 교사들은 직업 안정성이 위협받는 것을 알게 된다. 고용 조건 및 해고의 근거에 대한 보장은 이런 불확실성들을 누그러뜨리는 데 많은 역할을 할 수 있다.

변화의 세 번째 부분은 등록된 학생 수에 근거해서 학교의 직접적인 자금 조달을 요구하는 것이다. 기존 시스템은 학교에 대한 자금을 과세를 통해서 지방자치의 교육위원회를 경유하여 조달했다. 하지만 개혁안은 학교들로 하여금 지방권력의 통제로부터 벗어나도록 허락하며, 등록자 수에 따라 중앙으로부터 직접 자금 조달을 받을 수 있도록 함으로써 지방 관료들을 그림에서 배제한다. 물론 이런 정책은 지방 교육위원회의 적대감을 불러일으키지만 이는 매우 경미하고 정치 시장에서 거래할 것도 별로 없다. 중앙 관료들의 경우 그런 계획들을 관리하느라 자신들에게 더 많은 자리가 생겨나고 잠재적인 실직이나 지위 하락의 위험도 없다고 보는 이 정책에 더 많은 지지를 보낸다.

숫자에 따라 자금을 조달하는 정책은 각 연령별 교육 비용에 근거해야 한다. 이 정책에는 다문화 언어 문제가 있는 도심(inner city) 학교와 규모의 경제를 기대하기 어려운 외딴 마을의 학교들에게는 조금 더 높은 수준의 교육자금 조달을 허용하는 예외를 적용할 수 있다는 안이 제시되었다. 직접적 자금 조달로의 전환에 의해 위협을 느낄 수 있는 이 두 그룹에는 주의를 기울여야 한다. 전체로서의 학부모들은 학교에 대한 직접적 자금 조달로 잃을 것은 없고, 관리기구의 전체 계층을 없앤 결과로 자금을 절약하게 되어 이용 가능한 더 많은 돈을 실제 교육에 쓰게 남겨놓을 수 있게 되었다.

제시된 세 가지 다리를 가진 개혁이 모두 준비가 되면, 이 세 가지가 결합된 효과는 교육 시장의 수립임이 명백할 것이다. 학교들은 그때는 이사회에 의해 통제되기 때문에 다양한 다른 교육 우선순위를 추구하고 교육의 질과 유형도 다양하게 고려할 수 있다. 학부모들은 개방 입학제 혜택을 받고 있기 때문에 그들의 자녀를 위해 그들이 선호하는 유형의 교육을 선택한다. 학교들은 등록한 학생 수에 따라 직접적인 자금 조달을 받기 때문에 별도의 수요를 끌어들이는 학교들은 별도의 자금을 얻는다. 학부모들에게 인기가 없는 학교들은 변화를 꾀하거나 아니면 폐교에 직면하게 된다.

미시적인 정치 개혁의 가장 큰 장점 가운데 하나는 각각의 단계마다 다른 집단으로부터 독립적인 지지를 받을 수 있고, 각각의 개혁의 결합된 효과는 변화를 가져온다는 점이다. 학부모들의 뜻에 반한 갑작스런 변화는 학부모들에게 강요되지 않으며, 지역의 국립학교에서 학비 없이 다니는 것 이상을 원하지 않는 사람에게는 그것도 가능하다. 선택은 그것을 원하는 사람에게 주어지고 어느 누구도 그 선택을 강요받지 않는다. 물론, 시스템이 발전하면서, 더 많은 수의 학부모들이 제공된 바를 활용하게 될 것이다. 수요가 존재하는 새로운 국립학교의 설립을 허가하기 위해서, 그리고 민간부문으로부터 더 많은 자금의 원천을 확보하기 위해서는 별도의 기법들이 새로운 시스템에 포함되어야 한다.

이런 정책은 총체적으로 시장 상황을 만들어내지는 않는다. 사실, 이 정책은 국립학교만을 염두에 둔다는 점에서 바우처시스템보다 덜 시장적이다. 이 정책은 수업료를 받는 학교들은 새로운 변화 없이 이 시스템에 참여시키지 않고 그대로 둔다. 이 정책은 93%가 의존하는 공교육시스템을 직접 겨냥한 것이고, 생산자로부터 소비자에게로 교육에 대한 권한을 이양함으로써 시스템을 개선하고자 하는 것이다. 학교들은 대부분의 자금을 조세 수입으로 충당하는 국립학교들이다. 학부모와 교사들에 의해 세워지는 새로운 학교들도 중앙으로부터 직접적으로 자금들을 끌어들이지만 여전히 국립학교이다.

이런 단점들에도 불구하고, 새로운 시스템은 주요한 변화들을 가져온다. 국립학교들은 여전히 공공부문에 있음에도 불구하고 독립적으로 운영하게 된다. 학부모들은 자녀들의 교육에 대해 지불할 자금이 어디로 가야 하는가를 결정할 선택권을 갖는다. 학교들은 자신들의 예산을 결정할 학생들의 등록을 끌어들이기 위해 수요에 반응해야 한다. 기존의 시스템에서 국가부문과 민간부문 사이에 존재하는 확실한 경계는 새로운 시스템하에서 조금 희미해진다. 그 효과가 국가부문 내에서 달성될 교육의 기준에 점진적 개선을 가져오는 것인 강압과 압력이 작동하게 된다. 공교육에 직접적 이해를 갖고 있는 일부 집단의 지지를 요구하기 위해 계산된 개혁의 수단으로 강압과 압력이 나타난다.

바우처 계획과 새로운 접근방법 사이에는 주요한 차이점들이 있다. 그 중에 하나는 새로운 정책이 바우처의 이용을 포함하지 않고 있다는 것이다. 학부모들이 다양한 학교 가운데서 선택을 함에 따라 돈은 등록된 학생을 따라 학교에 온다. 또 다른 차이점은 대안적 제안이 정치 시장의 기질과 함께하는 실제 정치를 표현한다는 것이다. 이런 제안은 단계별로 도입될 수 있고, 보다 유연하고 보다 다양하며 학부모들의 희망과 필요에 대해 보다 더 민감함을 보여주는 교육시스템으로 점진적으로 발전해 갈 수 있다. 그것은 완벽하지 않을 수는 있으나 문제에 맞게 실행 가능한 해법이다. 그리고 의미심장한 것은 바우처시스템은 여러 해 동안 거부되어 온 데 반해 새로운 시스템은 1987년 보수당 선거 선언문에 포함되었고 그 내용이 보수당 승리에 뒤이은 여왕의 연설에서 소개되었다는 점이다. 몇 달 후에 유사한 제안이 스코틀랜드에서도 그 윤곽을 보였다.

10
실질적인 세부 항목들

1970년과 1979년 영국의 보수당 정부 프로그램들이 매우 유사했음에도 불구하고, 그들 정책들의 실질적인 세부 항목들은 매우 달랐다. 나중 정부는 이전 정부의 실패에 대한 지식을 가지고 있었다고 주장할 수 있다. 그러나 이는 무엇을 하지 못했는지를 말하기만 했을 것이다. 실패의 원인은 쉽사리 의지의 부재, 부적절한 타이밍(실기), 그리고 현대 세계에 대한 적절성의 부재 탓으로 돌려졌을 수 있다.

두 정부 사이에 주요한 차이를 보이는 특징은 1979년 정부에서는 공공선택이론학파의 명성이 올라갔다는 점과 정치 시장이 어떻게 작동하는가에 대한 이 학파의 설명이 있었다는 것이다. 그 분석은 여러 기관들이 혁신적인 정책 연구에 전념하게 되는 출발점을 형성하였다. 그들은 첫 번째 정부에서 존재하지 않았으나 두 번째 정부가 취임했을 때에는 유통되기 시작했던 새로운 사상들을 발전시켰다.

생각의 변화는 1960년대 후반에서 1970년대 후반에 생각들이 얼마나 급격하게 변하는지 보여주는 몇 가지 주요 이슈에 대한 접근방법의 비교에 의해 두드러지게 나타난다. 초기의 태도는 보수주의적 대안을 도입했다. 비록 이러한 태도가 손해를 볼 집단들로부터 막대한 반감을 불러일으킴에도 불구하고, 경제가 사회주의로 기울어가는 것을 반전시키려는 하나의 결단이었다. 이 기간의 후반에는 그 기법으로부터 사람들에게 이전에 향유했던 것보다 더 많은 이득을 줌으로써 실제로 적용될 수 있는 새로운 기법에 대한 추구로 변화되었다.

국가 주택에 대한 태도는 그 특징을 잘 보여준다. 약 35%의 주민은 임대료 보조를 많이 받으며, 수익보다 유지 비용이 높은 지역에서 공공부문이 소유한 주택에 거주했다. 공공부문 세입자의 평균소득은, 그들 대부분의 경우가 그랬는데, 민간부문 세입자들의 평균소득보다 높았다. 자신의 주택을 구매하고 있는 사람들에게 더 높은 가격과 세금을 지불하도록 요구함으로써 다른 사람들이 싼 임대료의 집을 받을 수 있도록 하는 것은 보수주의자들에게는 명백히 불공평한 것으로 보였다.

지방 선거와 전국 선거 모두에서 보수 후보자들은 집세가 시장의 수준까지 올라가야 한다고 주장했다. 하지만 평균적인 공공부분 세입자들은 대체적으로 시장에서의 집세보다는 보조금을 받는 낮은 집세를 선호하고 있음이 발견되었다. 결과는 공공부문 부동산이 주택시스템 개혁에 대한 거대한 반대세력을 형성했다. 그것이 주택 공급에 위축 효과와 유동성에 역효과를 미침에도 불구하고 그러했다. 사람들은 보조금을 받는 공공임대주택의 대기자 명단에 올라 있는 자신들의 탐나는 자리를 잃을까 두려워 움직이기를 꺼려했다.

많은 다른 소수자 혜택의 경우들과 마찬가지로, 그 혜택을 받는 사람들은 그 혜택의 비용을 부담하는 사람들의 분노보다 가치를 더 크게 부여하였다. 지방정부의 관료제는 지방의회 주택관리청 위에 제국을 건설하였다. 지방의회 의원들은 여러 해에 걸쳐 지방의회 주택관리에 주의 깊게 다수파를 구축해냈다. 기득권의 이해는 기존의 시스템에 단단히 묶여 있었기에, 제안된 개혁안은 항상 그들의 적대감을 불러일으켰을 것이다.

새로운 정책은 경제적 임대료라는 아이디어를 버리지 않았으나 지방의회 세입자들(council tenants)에게 주택을 살 권리를 주는 데에 강조점을 두었다. 지방의회 세입자들이 보조금을 좋아하기는 했지만, 그들 중 대부분은 주택 소유자가 되는 것을 훨씬 더 좋아하였다. 그들의 지지를 강화하기 위하여 시장 가격 이하로 판매하는 정책이 제시되었다. 만약 그들이 그 집에 2년 동안 살았다면, 시장가격에서 20% 할인이 주어졌다. 이러한 주택 가격 할인은 그 주택에 20년 동안 살았던 사람들에게는 최대 50%까지 주어졌다. 임대료 보조가 매력적이긴 했지만 그들만의 주택을 소유하고 수천 파운드의 자본 이득을 취할 수 있다는 전망은 많은 지방의회 세입자들에게 더 매력적이었다.

정치 시장에서 새로운 제안이 나타났고, 그에 따라 몇몇 그룹의 지지가 바뀌었다. 새로운 제안은 일부에게 보조금이 가치 있었던 것보다 더 가치가 있었다. 이제 지방의회는 세입자들로부터 그들에게 집을 팔라는 압력을 느끼게 되었다. 일부는 저항하였고 고의로 정책을 저지하려고 하였다. 하지만 세입자가 요구하면 지방정부가 팔도록 하는 '구매권'을 정부가 도입한 것에 대한 지지는 충분히 높았다. 할인율은 처음에 시장

가격의 60%를 감액하는 수준에서 그 다음에는 최대 70% 감액까지 높아졌다.

1986년 9월, 5백만 명의 세입자 가운데 백만 명이 넘은 세입자들이 그들의 집을 이미 구입하였고, 또 지방의회 아파트들을 임차했던 사람들도 그렇게 하도록 고무시키는 방향으로 입법이 진행되었다. 주택 소유자들의 새로운 그룹은 정치 시장에서 강력한 새로운 세력을 형성하였다. 언제나 판매에 반대하는 노동당도 태도를 180도 바꿈으로써 이 사실을 확인했다. 주택을 국가 소유로 되돌린다는 사상을 버렸을 뿐만 아니라 할인판매 정책을 지속할 것임을 약속하였다.

지방의회의 공무원들은 자신들의 제국이 무너지는 것을 보았던 반면 선출된 지방의원들은 그들의 포로들이 사라지는 것을 보았다. 이익집단의 압력은 매우 컸다. 정부는 이번에 그들에게 더 많은 것을 제시하면서 정치 시장과 함께 발을 맞췄다. 이것을 달성하는 데에 들어간 권력과 재산의 양도는 엄청났다. 팔린 주택들의 가치는 할인을 감안하면 100억 파운드가 넘었다. 1979년과 1986년 사이 공공부문 세입자의 5분의 1이 그들의 주택을 구입하기로 결정했다. 동시에, 정책연구는 향후에 주택구입이 설득될 수 있는 사람의 숫자를 늘리는 새로운 방안들을 찾는 쪽으로 전환되었다.

두 개의 접근방법 간의 차이점은 의지력으로 경제적 시장을 강요하려고 시도하는 것과 정치 시장을 인지하고 그 안에서 작동하는 정책 수단에 의해 보다 시장친화적인 특성들을 도입하려고 시도하는 것 사이의 차별점을 뚜렷하게 설명해준다. 구식 접근방법은 지방의회 세입자들이 오랫동안 누려왔던 보조금 혜택을 제거함으로써 이들의 이해관계를 무시하려고 했다. 새로운 방법은 더 큰 가치를 지닌 무언가를 대가로 제공하려고 하였다. 결과는 첫 번째 방안에 대한 반대가 새로운 방안에 대한 열정적 지지로 바뀌었다. 많은 수의 주택들이 민간부문으로 들어왔고 거기서 실질 가격과 유지 비용의 제약을 받게 되었을 뿐만 아니라 그에 더해 막대한 정치적 지지를 얻게 되었다.

영국의 민간임대부문은 전체 주택 수의 몇 퍼센트에 불과할 정도로 줄어들었다. 그 이유는, 보조금을 받는 지방의회 주택과의 경쟁과는 전혀 별개로, 임대료 통제와 임대차 기간 보장이라는 쌍둥이 정책에 있었다. 높은 가격의 상업용 임대에는 활기찬 시장이 있었지만, 그곳에서 쌍둥이 정책들 중 어느 것도 작용하지 않은 것은 임차인이 개인이 아니고 법인이기 때문이다. 민간임대부동산에 살던 개인과 가족들도 소유주보다 수적으로 더 많으며, 자선단체와 로비스트들의 활동에 더 적합한 대상인 유력한 이익집단임이 증명되어왔던 것이다.

그 결과로 진행되어온 것이 소유주뿐만 아니라 미래 세입자들도 마찬가지로 희생하여 세입자들에게 혜택을 부여하여 온 것이었다. 쌍둥이 정책의 효과는 새로운 임대주택의 공급을 거의 완전히 고갈시켰다. 미래 세입자들도 주택 소유주들 못지않게 더 유력한 이익집단을 구성하지 못한다. 주택 소유주들의 숫자가 많지 않은 것과 마찬가지로 미래 세입자들도 자신들의 손실을 지각하지 못한다.

임대료는 법에 의해 시장가격 아래에서 고정되었고 주택 소유주들은 심지어 자신들이 거기에 살기를 원했던 경우에도 자격을 거부당했다. 또한 심각한 임대료 체납이 발생한 경우에도 그들의 재산을 다시 찾을 수 있는 자격을 거부당했다. 세입자들은 다른 사람의 주택을 점유하고 경제적 가치보다 낮은 임대료, 때로는 유지 비용보다도 낮은 임대료를 내고 사는 것을 허락받았기 때문에, 이와 같은 일이 불법이 아니라는 점을 제외하고 절도와 어떻게 다른지 구별하기는 어렵다. 여분의 주택을 부모로부터 물려받은 사람들은 그 집을 '세입자들'에게 빼앗길지도 모른다는 두려움 때문에 세를 놓을 수가 없다.

건강한 민간임대부문의 필요성을 전제로, 보수적인 정부들은 임대료 규제 및 임대차 보호의 폐지와 더불어 전진하려고 했다. 이런 생각의 단순한 언급만으로도 세입자뿐만 아니라 이런 사람들을 대변하는 일을 생업으로 하거나 혹은 이념적으로 사유재산에 반대하는 사람들로부터 격분된 반응을 불러일으켰다. 이런 정책은 항상 시위의 실마리와 이 정책이 세입자들에게 야기하는 어려움에 대한 언론 스토리에 계기를 제공하였다. 주택 소유주들의 어려움은 그들이 가난한 사람들의 집 없는 절망을 이용해 먹는 부자의 역할로 배역을 맡기 때문에 크게 다루어지지 않는다는 점이다. 주택 소유주의 수호성인이 있다면 미디어의 눈에는 에벤저 스크루지(Ebenezer Scrooge)야말로 좋은 후보감일 것이다. 그 제안들은 더 이상 진행되지 못했다.

민간임대에서의 자유시장은 더 많은 자산을 시장에 나오게 하고, 이에 따라 가격의 안정과 자산 공급의 엄청난 증가로 이어질 것이다. 불행히도 다른 많은 경우와 마찬가지로 이상적이고 공정한 해법은 정치적 장애물 때문에 전통적인 방법으로는 획득하기 어렵다. 이득을 보고 있는 집단들은 이를 지키기 위해 다른 집단들이 이를 없애기 위해 행하는 것보다 더 열심히 싸울 것이다.

미시정치학이 제시하는 해법들은 분명히 공정하지 않다. 이 해법들은 현 세대 세입자의 이익을 보호하는 데에 중점을 두고 있다. 뿐만 아니라 임대료 통제 및 임대차 기간 보장의 영역 바깥에서는 새로운 임대차 계약이 제시되는 것도 허용한다. 미시정치학적 해석으로는 현 세입자들이 자신들의 이익이 위협을 받는 것이 아니기 때문에 이런 움직임에 반대할 이유가 없을 거라는 것이다. 다른 한편으로 모든 새로운 임차는 여러 제한으로부터 자유로운 상황이 창출될 것이다. 현 세입자가 이사를 가거나 사망함에 따라 그들이 점유했던 주택들은 시장에서 결정되는 임대차 계약으로 다시 임대될 것이다. 일부는 현금을 받고 팔릴 수도 있을 것이다. 보호받는 임대차의 숫자는 시간이 가면서 모든 임대가 자유시장에서 이루어질 때까지 줄어들어 사라질 것이다.

결과는 현재 주택 소유주들에게 현 시스템이 공정한 것 못지않게 공정하지 않은 것들도 있을 것이지만, 그것은 적어도 시간이 흐르면서 불공정성을 감소시킬 것이다. 이 정책은 이 정책의 실행을 막을 수 있는 집단의 반대를 중화하도록 맞춤형으로 만들어지기 때문에 실질 정치의 현저한 특징을 가지고 있다. 로비스트들은 여전히 이에 반대할 것이다. 그러나 그들은 주택 소유주들과 마찬가지로 소수이다. 플래카드를 들고 행진하는 세입자들의 부대와 텔레비전 공포물의 주인공이 부재한 상황에서, 로비스트들은 무력하다.

이런 종류의 접근방법으로부터 생성되는 추가적 제안은 상이한 수준의 통제를 받는 여러 집합들의 주택 소유주들이 있어야 한다는 것이다. 예를 들면 하나 혹은 두 채의 주택을 임대하는 소(小)소유주들은 많은 주택을 소유하면서 그로부터 소득을 얻는 전문적인 소유주들과는 매우 다른 계층이다. 마찬가지로, 영국 교회나 대형 부동산업자와 같은 기관 소유주들(institutional landlord)은 소수의 주택을 임대해주는 개인과 같은 리그에 속해 있지는 않다. 이와 같은 소유주 세분화의 목적은 전체 민간 임대차에 적용시킬 수 없음에도 불구하고 임대차 시장에 자유시장적 요소를 일부나마 도입하기 위한 것이다.

이 분석이 말하는 것은 일부 집단들이 다른 집단들보다 더 많은 영향력을 행사한다는 것이다. 이는 반드시 숫자와만 연관된 것은 아니다; 문제를 일으켜 그들을 영향력 있게 만드는 가시성(可視性) 혹은 능력과 관련이 있을 것이다. 이런 맥락에서 퇴거는 대처하기 어려운 정서적 견인력을 가지고 있다. 임대료를 감당할 수 없어 집에서 쫓겨난 사람들을 목격하는 것은 괴로운 일이다. 이런 현상에 대해 쫓겨난 사람들을 비난하려고 하는 사람은 정치권에서 거의 찾아볼 수 없을 것이다. 또한 이처럼 불행한 사태 때문에 개인들에게 부동산 임대를 할 수 있는 사업자들도 세입자 퇴거가 그들의 명성과 평판에 입힐 수 있는 상처를 우려해 부동산 임대 시장에 들어가려고 하지 않는다.

한 가지 해답은 단기 임대차 계약에서 찾을 수 있는데, 여기서는 계약이 종료되면 소유주가 공실(空室) 상태로 되돌려받는 것을 보장받는다. 새로운 임대차 계약은 그 다음에 협상이 가능하다. 단기 임대차 계약은 비난받을 탐욕스런 집주인의 강탈로 가족들이 평생 동안 살았던 집에서 쫓겨나는 것과 같은 이미지로 귀착되지는 않는다. 이런 아이디어들 일부의 변형들이 시도되었고, 더 많은 부분이 평가되고 있는 중이다. 그것들의 근저에 있는 사상은 완전한 자유시장을 도입하려 하고, 그 사상을 밀어붙이기 위해 어려운 상황에 용감히 맞서며, 입법자들에게 소란은 결국 가라앉을 것이라는 점을 확신시키는 것과는 사뭇 다르다. 대신에 이 아이디어는 그 정책들이 그들을 위협에 처하게 하지 않을 방법임을 확신시켜서, 관련 그룹들의 적대감을 우회할 것을 추구한다.

미시정치적 접근이 가져온 정책 스타일의 변화는 손실을 보고 있는 일부 국영기업에서 사용된 방법으로 되어갈 때 명백하다. 쌓여가는 손실로 인해 정부가 적자의 상당 부분을 차지하는 개별 공장이나 사업장에 주목할 때, 공장 폐쇄의 위협은 예상 가능한 반응을 촉발시킨다. 노동자들은 시끌벅적 시위를 하며, 아마도 파업할 수 있음을 위협할 것이다. 극단적인 경우에는 이들이 폐쇄 위협을 받는 사업장을 점거·농성할 수 있다. 그 지역에서 선출된 대표자들은 정부에 압력을 넣는데, 정부는 이 경우 많은 반대와 소수의 지지세를 느끼게 된다. 항상 그렇듯이 혜택을 받고 있는 사람들이 가장 열심히 싸운다.

과거 정부는 흔히 공장 폐쇄 위협을 철회하면서 보조금 철폐 정책을 밀고나가기보다는 이를 지속시킴으로써 정치적 손해를 덜 입으면서, 포화 속에 퇴각하곤 했다. 최근에는 접근방법의 변화가 있었다. 이제 노력은 노동자들의 암묵적 동의를 확보하는 데에 기울여진다. 노조지도자들과 공장 간부들은 여전히 저항한다, 그러나 매우 후한 과잉 제안을 함으로써, 혹은 재배치 양여금을 부여함으로써, 정부는 노동자들에게 그들이 더 받아들이기 쉬운 제안을 한다.

보조금이 지급된 일자리 대신에 일부에게는 창업을 하기에 충분한 현금이 제공된다. 또한 노령층에게는 국가의 혜택과 자본을 결합시켜 이를 사용하며 살아나가도록 하면서 조기 명예퇴직의 근거를 제공할 수 있다. 한 지역에서의 일자리 혜택에 대한 위협은 때로 다른 지역에서의 대체 일자리 제공으로 균형이 맞춰진다. 이 부분이 맞바꿈이 이루어져야 하는 정치 시장에서 가장 민감한 영역이라는 계산을 하면서, 모든 노력이 실제 일자리 감소를 최소화하는 데에 맞춰진다.

후한 과잉 조건들의 결합, 때때로 재교육과 결합된 재배치의 제안들, 그리고 회사의 다른 부문으로의 대체 일자리 제안 등은 모두 마주치게 되는 저항을 완화시킨다. 그 결과, 일부 적자를 누적시키는 활동들을 폐쇄하는 것이 가능해진다. 이런 일의 실행은 단기적으로는 단순하게 폐쇄를 강제하는 것보다 비용이 많이 들 수 있다. 그러나 이런 시도가 성공적으로 달성되었을 때 폐쇄 자체가 잠재적 패자에 의해 저지되는 경우 가능하지 않을 장기적 이득이 나타난다.

노조의 운동과 그 활동을 관장하는 노동법의 개혁은 두 스타일을 가르는 접근방법의 차이점을 보여주는 고전적인 사례를 제공한다. 연약한 노조를 보호하려는 의도를 가지고 만들었을 법률들이 노동조합에 너무 많은 권력을 주고 책임도 면제해주었다는 것은 노동당과 보수당에 관계없이 이전 정부들이 모두 인식하고 있었다. 만약 견제되지 않은 채로 놓아둔다면 이런 권력이 경제와 사회를 파괴하고 말 것이라는 두려움이 과거 영국정부에 있었다. 이러한 두려움은 노동당 정부의 해롤드 윌슨(Harold Wilson) 수상 시절과 보수당 정부의 에드워드 히스(Edward Heath) 수상 시절에 그들로 하여금 노동조합을 법의 테두리 내에 있게 하려는 법률 개혁을 시도하도록 이끌었다. 유감스럽게도 이 시도는 두 번 모두 실패하였다. 노동당의 제안은 굴욕적으로 철회되었고 보수당의 법률은 대중적 저항에 의해 무력화되었으며 다음 정부에 의해 바로 철폐되었다.

대처정부는 영국의 노사관계와 노조활동의 풍토를 전환시키는 일련의 노동개혁을 단행하였다. 이 개혁은 전임자들이 실현하는 데에 실패했던 것을 달성하는 데에 명백히 성공했다. 사실 개혁으로 했던 것은 어떤 다른 것을 달성한 것이었다.

실패했던 두 차례의 시도는 대부분 노동조합과 그 조합원들이 향유했던 권한을 제거하려고 하였다. 두 시도의 특징은 법적 제재의 뒷받침에 근거한 노조활동에 대한 새로운 구속과 새로운 제약들이었다. 이전에 허용되었던 특정한 부류의 노조활동들이 이제는 불법이 된 것이었다. 새로운 법률을 거역했던 노조지도자들과 노조원들은 무거운 벌금의 부과와, 벌금을 지불하지 못하는 경우 투옥으로 이어질 수 있는 상황에 직면하였다. 각각의 경우 개혁은 주요한 의회 제정 법령에 의해 야기되었다.

윌슨 제안은 이에 대한 노조, 내각 각료의 지지자들 그리고 노조의 지원을 받는 의원들의 적대감이 너무 크다는 것이 명백해진 후에 내각에서 공포가 철회되었다. 히스 제안은 법제화되었으나 정부가 주요한 대결에서 그것을 실행해보지도 못하고 뒤로 물러섬으로써 성공적으로 막아졌다. 두 개혁안 모두 반정부적 노조운동을 단결시켰다. 노조지도자들은 저항을 촉구했고, 노조원들은 자신들의 권리로 인식하고 있는 것을 지키기 위해 노조지도자들의 지도 아래 궐기했다. 영국의 노조들은 노동법 특유의 법적 보호와 면책의 이득을 점점 더 많이 향유하게 되었다. 외부에서는 불법 혹은 범죄로 간주될만한 것이 노사 분규의 과정에서 이루어질 수 있다. 자연스러운 일이지만, 위협을 받는 집단은 그들의 이익을 방어했고, 그 일에 성공하였다.

대처의 개혁은 아주 달랐다. 먼저 대처 개혁안들은 하나가 아닌 일련의 의회 제정 법안으로 나왔다. 많은 사람들은 고용부장관인 제임스 프라이어(James Prior)가 제안했던 첫 번째 법안이 있을 수 있는 모든 것을 담고 있다고 믿었었다. 정말이지, 심지어 프라이어 자신조차도 보수당 평의원들 의견이 그 이상의 법안을 강요할 때까지 아마도 그렇게 믿었을 것이다. 각각의 조치는 매우 제한적인 느낌을 주고, 강력한 저항을 불러올 수 있는 수준에는 조금 못 미치도록 계산된 듯했다. 각각의 정책은 상대적으로 온건했다. 실제 개혁으로까지 이어진 건 각각의 정책이 더해져서 나타난 축적된 효과였다. 따라서 어떤 개별 법안도 모든 저항에 초점을 맞추지는 않았지만, 그것이 충분히 달성될 때까지 계속되는 일련의 개혁으로 될 거라는 관념이 받아들여졌다.

두 번째 주요한 차이점은 대처 개혁의 대부분은 노조의 권력을 빼앗지 않았다는 점이다. 정부에게 노조를 통제할 권력을 주는 대신에, 개혁의 대부분은 노조원들에게 그들의 지도자를 통제할 권력을 부여하였다. 권력을 빼앗는 대신에, 대부분의 정책들은 권력들을 분산함으로써 노조 지도부가 노조원들과 상의할 수밖에 없도록 했다. 오랫동안 전투적인 지도부가 행동에 나서고 나중에서야 겁나는 거수표결로 근로자 회합의 뒷받침을 받으려는 것을 보아온 평범한 노조원들은 이제 새로운 법률들이 비밀투표에 의해 그들의 의견을 우선적으로 세우도록 했음을 발견했다. 그들은 유사한 방법으로 그들의 지도자를 선출할 권리를 획득하였다. 다시 말해서 이전에 전투적인 사람들을 위해 작용했던 바로 그 힘들이 이제는 평범한 노조원들에게 권력을 주기 위해 쓰였다.

또 다른 주요한 차이점은 대처의 개혁이 형법의 모습이 아닌 민법의 모습들이었다는 점이다. 즉, 만약 특정 조항들이 준수되지 않으면, 그 행동에 가담한 이들은 형사적으로 기소되지 않고 민사소송의 대상이 된다. 만약 분규회사가 아닌 다른 회사의 부지에서 시위가 있다면, 그렇게 남용당하는 회사들은 접점을 찾거나 피해를 찾으면서 민사법원에 소송을 제기할 수 있다. 만약 파업이 노조원들의 투표 없이 행해졌다면, 이런 행동은 노사 분규에 적용되는 법적 면책으로부터 제외된다.

다음 세 가지가 결정적인 차이점이었다. 첫째, 개혁은 조금씩 차근차근 진행되었고, 둘째, 개혁은 권한을 노조지도자들로부터 노조원들에게로 이양하였으며, 셋째, 주요한 개혁들 어떤 것도 노조지도자들 혹은 노조원들을 형사소추에 노출시키지 않았다. 대처의 개혁이 이전 정부들의 실패와 달리 성공할 수 있었던 이유는 이 세 가지 중요한 차이점에 있다.

대처의 개혁이 성공했던 것은 실업에 의해 약화된 노조운동과 직면했기 때문이라는 항간의 주장은 사실이 아니다. 이른바 이러한 효과가 작동되었을 수 있는 어떤 길도 제시된 적이 없다. 혹시 만약 노동쟁의 행위가 근로자들의 해고로 이어졌고, 실업 상태에 있는 사람들로 대체되었다면 그런 생각은 사실일 수도 있을 것이다. 그러나 어떤 기업이 그런 전술을 구사하도록 허락받았으리라는 것은 당시로서는 너무 이른 나머지 생각할 수도 없었다.

대처의 개혁은 그것들이 영향을 미치는 이익집단들을 고려했고, 이전의 시도를 무산시켰던 직접적 대립 방식을 피하려고 고심했기 때문에 성공했다. 전투적인 노조지도자들도 각각의 정책들이 상대적으로 온건했기 때문에 노조원들을 반대 시위에 동원하기는 어려웠다. 각각의 정책은 이전 정책에 비해 약간 진전된 것이었고 분노에 찬 적개심을 불러 일으키기에는 충분하지 못했다. 더 나아가, 노조원들은 자신들에게 더 많은 권력을 부여한 정책들에 반대하는 시위를 할 가능성은 거의 없었다. 노조지도자들은 아마 노조원들의 무기명 투표에 의무적으로 따라야 하는 것에 반대할 것이지만 노조원들이 그에 대해 같은 태도를 취할 가능성은 거의 없었다. 정부가 권력을 전반적으로 빼앗아가지 않았고, 노조지도자에게서 노조원들에게 아래로 위임되었다. 결국, 형법과의 대결은 없었고 노조지도자 혹은 전투원들이 순교자가 되어 투옥되는 공포는 없었다. 노조지도자들이 새로운 법률에 대한 대중적 저항에서 노조원들의 익숙한 충성심을 촉발시킬 기회가 전혀 없었다.

개혁은 새로운 스타일의 정치가 가져온 결과물이자, 새로운 접근방법의 정책 수립이 가져온 결과물이었기 때문에 다른 시도들이 실패했던 곳에서 성공했다. 개혁은 정치적 활동을 그 위에 무엇인가 새겨지기를 기다리는 빈 석판으로 취급하는 대신에 정치적 활동에 작동하는 세력의 실체들을 고려하였다. 이전의 시도들은 다음과 같은 거시정치의 근본적인 실수를 범했다. 그 시도들은 현재 지배적인 상황을 보았고, 아울러 희망했던 상황도 보았으나 그 사이에 있는 토양을 고려하지 않았다. 새로운 방법은 그 토양을 가로지르는 조심스러운 경로를 선택했다. 그렇게 한 것이 새로운 방법의 주요 특징 중 하나이다.

국가부문에서 손실을 발생시키는 부문의 폐쇄를 다루는 방법들, 그리고 노동관계 분야에 개혁을 도입하는 방법들은 탄광업에서 1984년에서 1985년에 있었던 파업에 일정 정도 영향을 주었다. 온 나라에 전력 공급을 중단시키고 주3일 노동제를 획득한 광산노조의 파업은 히스정부를 굴복시켰다. 하지만 대처정부하에서 일어났던 파업은 실패였다. 차별성은 분명히 드러난다.

두 번째 파업은 비록 전국광산노조 위원장의 주도로 이루어졌지만 그 산별 노조 일부만의 파업에 불과했다. 이 파업이 실제보다 몇 달 더 늦게 일어났다면, 새로운 법률은 투표를 요구했을 것이다. 노조는 광산 입구 투표에서 파업 돌입을 두 번이나 부결시켰다. 파업은 투표 없이 소집되었기 때문에 노조의 지부들, 특히 노팅엄셔 광부들은 파업에 동참하지 않았어도 정당하다고 느꼈다. 2차 기업들의 피켓 시위도 망라한 새로운 법률은 다른 광산노조들이 어쩔 수 없이 돕는 것을 더욱 어렵게 만들었다. 기업들은 금지명령을 받기 위해 법원에 제소할 수 있었고, 광산노조들은 이를 거부함으로써 재판부 모독으로 유죄를 선고받았다. 노조의 자금은 벌금을 지불하지 않음으로써 동결되었고, 노조지도자들이 명령에 따르겠다고 약속할 때까지 노조 자금의 동결은 풀리지 않았다.

개혁이 가져온 노사관계의 새로운 풍토는 가장 강력하고 가장 전투적이라는 평판을 지닌 노조들조차도 아무 때나 파업하기 어렵게 만들었다. 심지어 분규 그 자체도 중심 이슈에서 희미해졌다. 노조지도자들은 파업을 일자리를 지키기 위한 전투, 그리고 석탄청(Coal Board)에 의한 갱 폐쇄를 막기 위한 전투라고 주장하였다. 그러나 개혁 제안이 보장하였던 것은 단 한 사람의 광부도 실직을 강요당하지 않을 것이라는 점이었다. 폐쇄되는 갱에서 퇴출되는 모든 사람들은 넉넉한 재배치 보조금과 함께 다른 갱에서의 일자리가 약속되었다. 영국 역사상 가장 관대한 명예퇴직 수당이 퇴직을 선택한 광부들에게 주어졌다. 강요된 실직이 없었고, 다른 갱의 일자리를 갖는 대신 퇴직을 선택한 광부들에게 막대한 현금이 주어졌기에, 당면 현안을 둘러싸고 약간의 혼란이 있었다. 노조에 대한 이해관계의 요인인 산업의 미래 규모를 둘러싼 투쟁으로 열기가 식어버렸고, 현재 노동자들에 대한 것은 거의 핵심 현안이 되지 못했다.

파업은 그 전과 달리 실패했고, 광산노조의 해체라는 결과를 가져왔다. 파업을 패퇴시킬 수 있었던 주요 요인은 실직에 대한 새로운 접근방법과 노동 개혁을 해냈던 새로운 방법이었다. 에드워드 히스정부는 실직과 노동 개혁에 대해 정면 대결식 접근방법을 사용하다 패배했다. 반면, 10년 후의 대처정부는 이익집단들을 달래는 정책, 변화에 의해 위협받았던 기존의 혜택에 대해 보상하기 위해 그에 상응하는 대가를 부여하는 정책을 사용하였다.

대처정부하에서 노동조합들의 경험은 미시정치에 대해 매우 중요한 점을 보여주었다. 이익집단의 지도자들과 소수자들은 반드시 그 구성원들의 의견을 대변하는 것은 아니라는 점이다. 이는 그들이 공정한 투표에 의해 민주적으로 선출된 경우에조차도 사실일 수 있다. 자신들의 이득을 지키기 위해 투쟁하는 집단들과의 정치적 행동이 대결적일 때, 이런 행동에 능숙한 지도자들을 선택하는 것은 자신들의 이해관계와 부합한다. 그들은 종종 전체적으로 구성원들에 비해 보다 전투적이고 보다 공격적인 지도자들을 선택하는 경향이 있을 것이다. 그것이 그들이 훌륭한 지도자들인 이유이다. 사회는 이런 집단들이 공격적이고 쉽게 만족하지 않으며 분쟁의 시작점에서부터 힘을 사용할 준비가 되어 있다는 것을 발견할 것이다. 이는 이러한 풍토에서 선택되는 지도자 유형에 반영된다. 노조 리더십은 이런 효과를 잘 보여주고 있다.

정책이 정치 시장을 고려하여 수립되는 경우 이 정책은 덜 대결적으로 된다. 혜택은 그 대가로 어떤 것을 제시하지 않고서는 회수되지 않는다. 대신에 혜택과 대가는 거래된다. 공격적 리더십의 필요성은 감소한다. 정말이지, 이익집단의 구성원들은 그들 자신의 혜택과 지도자들의 혜택 간의 명백한 상충을 종종 인식할 수 있다. 지도자들은 그들의 투쟁 능력에 의해 명성을 얻게 되었고 투쟁에 의해 그들의 위치를 정당화하려고 한다. 그러나 그 구성원들은 전투적 행동에 의해서보다는 혜택을 거래함으로써 더 많은 이득을 얻을 수 있다.

대처정부하에서 반복되는 유형을 보면, 경영진은 노조지도자들이 감당할 수 없어 거부하는 제안을 하는 유형이다. 노동쟁의 행위를 결정하기 위해서는 필수적인 투표가 행해졌을 때, 노조원들은 파업에 반대하는 투표를 함으로써 그들의 지도자들에게 퇴짜를 놓았다. 노동조합과의 경험은 소수자들과 이익집단의 지도자들이 반드시 그 집단을 대표하는 것은 아니라는 일반적인 의견을 확인해준다는 점이다. 이것이 의미하는 바는 정책들이 그 지도자들보다는 구성원들에게 맞추어져야 한다는 점이다. 전투적 지도자들은 항상 더 많은 혜택을 위해 울부짖고 어떤 제안도 아주 적은 금액보다 많다는 것을 인정하지 않는다. 그렇게 하는 것이 그들의 직업이다. 반면에 그들의 구성원들은 제안된 것과 거래하는 것에 아주 행복해할 것이다. 실제로 소수 집단의 구성원들 자체는 새로운 정치 시장의 상황을 조용히 받아들이는 반면 소수 집단의 지도자들은 분노에 찬 수사와 욕설을 날리고 있는 상황이 이로 인해 만들어질 수 있다. 사건들은 그것에 수반되는 말들보다 더 중요하다.

11

민영화

민영화라는 단어와 아이디어는 대처정부에서는 상대적으로 뒤에 나온 것이었다. 선거에서 승리하기 위해 표명했던 1979년 성명서에서는 항공우주사업과 조선사업의 매각과 전국화물운송공사(National Freight Corporation)의 매각을 언급하였다. 이런 언급이 보수당 정책의 목표로 오랫동안 행해져 왔지만 달성되지 못했던 비국유화 이상의 것이라고 볼 수 있는 조짐은 없었다. 보수당의 1976년 출판물, 《올바른 접근(The Right Approach)》을 보면 어떤 경우에는 자산 혹은 구매 의지가 있는 구매자를 발견할 수 있는 활동을 민간기업에게 다시 매각하는 것이 적절할 수 있음을 언급하고 있다. 핵심적인 의미는 책 내용에서 미미한 부분에 불과하지만 결국 이 책의 골자는 수년에 걸친 국유화사업의 일부를 원상태로 돌린다는 것을 보여주는 '원상 회복(back)'이다.

실제로 이루어진 민영화는 1970-1974년 정부에서 있었던 소규모 맥주공장과 여행사의 명목적 판매 혹은 1951-1955년 정부에서 철강사업의 일부를 민간부문으로 다시 되돌렸던 것과는 아주 달랐다. 두 정부에서 있었던 것은 모두 탈국유화의 케이스로, 이는 이전에 행해진 어떤 것을 무효로 만들었음을 의미하는 말이다. 민영화라는 용어는, 이 말이 새로운 것이라는 일반적 인식 때문에, 1979년 정부가 출범한 이래 통용되기 시작했다. 그것은 이전의 상황으로 되돌아가지 않고 새로운 상황에 도달한다.

1979년 이래 어떤 경우도 공공부문의 일부가 이전 주인에게로 되돌려진 경우는 없었다. 민영화의 모든 경우에서 민간부문의 새로운 사람들, 많은 경우 이전 주인들의 경우와는 많이 다른 새로운 사람들에게로 매각되는 방법을 발견하였다. 민영화 정책은 보수당이 실각하였던 기간에 행해졌던 정책 분석 유형 덕분에 나타난 새로운 정책이다.

이는 정부 보유 자산의 판매에 다름 아닌 것으로 보통 인식된다. 이 사업은 사실 그렇지 않았다면 공공부문에서 행해졌을 경제활동들을 민간부문에서 행해지도록 설계된 보다 복잡한 일련의 정책들이다. 이를 행하기 위한 단순한 공식이나 처방은 없다. 반면에 다양하고 차별적인 기술들이 개발되었고, 각각의 기술들은 특정한 공공 기능이나 활동을 처리하기 위해 설계되었다.

현재 보유되고 있는, 민영화의 방법들에 대한 상당한 수준의 전문성은 민영화를 실행하면서 습득되었다. 정부는 어떤 방법이 작동하고 어떤 방법이 그렇지 않은지를 사무실에서 습득하였다. 정부는 관련된 다양한 이익집단들을 어떻게 다뤄야 하는지를 강구했다. 그리고 민영화 시도를 저지할 수도 있는 강력한 집단들로부터 지지를 확보하거나, 적어도 암묵적 동의를 얻을 수 있는 방법이 무엇인지를 습득하였다. 이런 방법의 일반적인 윤곽이 전통적 정치에 대한 공공선택이론의 비판으로부터 시작된 정책연구기관에 의해 이론적으로 이해되었던 반면, 세부적인 내용은 경험에 의해 점진적으로 채워졌다.

이런 학습 과정은 1981-1982년에 시도된 가스 전시판매장 판매의 실패와 1986년 영국가스의 민영화의 큰 성공의 대비를 통해 명백하게 설명된다. 기술적인 차이점들은 5년 후에 이용된 접근방법이 훨씬 더 정교함을 보여준다. 첫 번째 사업은 수익성 있는 가스 전시판매장을 그 산업의 여타 부문으로부터 분리하여 민간 구매자에게 판매하려는 시도였다. 이와 같은 시도는 겉보기에는 합리적인 것으로 보였다. 왜냐하면 전시판매장들은 가스 생산과 판매의 필수적인 부분이 아니었고 단지 가스기기들이 팔리고 유지·보수되는 중심가 상점에 불과했기 때문이다.

이런 시도는 관련 산업 공기업 경영진의 분노를 불러일으켰다. 공기업 회장인 데니스 루키스 경은 그의 제국이 하나로 유지되도록 하기 위해 전체 경영팀의 지지와 더불어 강력한 로비를 이끌어나갔다. 근로자들은 가스 전시판매장이 산업에서 분리되어 민간기업에 팔리는 것을 보는 대신에 파업 행동에 들어가겠다고 위협했다. 안전에 대해서는 충분히 고려하지 않으면서 단기 이윤을 얻기 위해 시장에 오는 카우보이들에 관한 무서운 괴담들이 퍼졌다. 일반대중들은 가스 전시판매장이 없어지고 위험한 기기들을 설치하게 될 것이라는 비관적인 전망에 우려를 보였다. 의원들은 반대 압력이 증가하는 것을 느꼈고 정부는 평의원들의 지지가 캠페인 하에서 시들어가는 것을 감지했다. 관료와 경영진, 근로자, 공공가스 사용자들과 의원들을 떼어 놓자 제안은 철회되었다.

이런 대실패와 영국가스의 1986년 공개상장은 서로 뚜렷한 대비를 보인다. 1986년의 민영화는 관련된 모든 주요 집단들의 지지를 받았고, 정부에게도 주요한 성공이었다. 차이는 정책의 범위에서 발견되었다. 두 가지 시도를 분리시켰던 5년 동안 많은 것이 학습되었다.

경영진은 최초의 제안에 포함되었던 해체에 대해 강하게 반대했다. 두 번째 제안은 산업을 하나로 유지하면서 경영진의 지지를 획득했다. 심지어 무뚝뚝한 데니스 경마저 실제로 웃지는 않았지만 민영화를 촉진하기 위한 홍보 광고에 출연하였다. 산업의 민영화에 대한 경영 이사회의 지지는 성공에 있어서 중요한 요소이다. 이사회는 큰 피해를 줄 수 있는 능력도, 미래 성과에 대한 기대를 낮추어 판매가격을 낮출 수 있는 능력도 있다. 이사회는 또한 대중적 논쟁, 특히 민간부문에 반대하는 사람들 가운데에서의 논쟁에서 효과적인 로비 능력도 가지고 있다. 가스 전시판매장을 분리해서 판매하려던 이전의 시도는 의회에서 이에 반대하여 행해진 요란하고 효과적인 로비와 마주쳤다. 산업을 그대로 두는 것은 대가를 제공하는 것이었다. 이사회는 주요 공기업의 대표로서의 권한과 권위를 좋아했으나 강력하고 많은 이익을 내는 민간기업의 이사진이 된다는 전망을 더욱 좋아하였다.

최초의 제안이 제시되었을 때 파업할 것이라고 위협하고 명목상의 조업 중단을 했던 근로자들은 두 번째 제안은 지지하였다. 주식 발행분 중 상당 부분은 가스 노동자들을 위해 남겨졌다. 모든 근로자들이 소량의 무상 주식을 받았고 의결권 없는 더 많은 수의 주식에 대한 권한을 갖게 되었다. 주식 매매와 그에 따른 가치 상승에 대한 기대로 90%가 넘는 근로자들이 새로운 회사의 주식을 구매했다. 이런 식으로 근로자들은 두 가지 중요한 목적을 달성하였다. 그들은 회사의 미래 성과에 개인적 이해관계를 가지는 부분적인 소유주가 되었고, 여기에 더해 주식 매각을 통해 어떤 경우는 수천 파운드에 달하는 막대한 자본 이득을 얻었다. 잠재적 구매자들은 그 회사의 근로자들이 주식을 사들이는 그런 회사에 마음이 끌린다. 이는 근로자들이 회사와 적대적 관계를 유지하는 대신 회사의 미래와 함께할 것임을 보여주는 신호이다.

일반 가스 사용자들은 처음에는 민간부문으로 넘어가면 자질이 떨어지는 종업원들과 부실 위험이 있다는 (왜곡된) 사고방식들에 의해 만들어진 두려움으로 인해 영국가스 주식의 대대적인 매각에 나섰다. 가스 이용자들은 그들이 신청하는 경우 어떤 의결에서도 특별대우를 받는 모집금액을 초과한 주식이 필요하게 되는 우선주 배분을 받았다. 그들은 또한 지분을 고수하는 경우 가스요금에 대한 대안으로서의 바우처 혹은 보너스 주식을 제공받았다.

일반대중을 최대한 참여시키는 방법을 촉진하기 위한 방안으로 개인이 주식을 보유하려면 단 50펜스만 있어도 주식 보유가 가능했고 그 이상의 금액에 대한 지불은 향후에 이루어지도록 하는 등의 쉬운 조건으로 주식이 제공되었다. 마침내 회사의 주식 상장을 위한 완벽한 언론 광고 공세가 있었다. 수십 억 파운드의 금액이 주식 매각의 촉진을 위해 지불되었다. 상장의 성공은 30%가 넘는 프리미엄에도 불구하고 대부분이 지분을 고수한 첫 주식 구매자들의 참여율이 매우 높은 것으로 알 수 있었다.

정부와 그 지지자들도 다른 그룹들과 마찬가지로 이득을 얻었다. 정책의 성공은 이들을 통해 나타났다. 좀 더 자세히 말하면, 그들은 이제 이전 어느 때보다도 더 많은 주주들, 즉 적대적인 정부에 의한 연이은 국유화에 반대할 5백만이 넘는 영국가스의 주식 소유자들을 갖게 되었다. 또한 민영화와 자본주의를 선전했던 광고 캠페인의 과실들을 갖게 되었다. 어떤 관찰자가 언급했듯이 이는 '역사상 가장 값비싼 정당의 정치적 방송'이었다.

정부에게는 또 다른 보너스가 있었는데, 주식 매각으로 받은 50억파운드의 수입이 현재 예산으로 사용할 수 있게 되어 정부 지출에 대한 압력을 완화하고 과세를 줄일 수 있게 되었다. 이런 관행은 비판받았었고, 비판받고 있음에도 불구하고 이를 지지하는 논의들도 있다. 영국은 자본계정이 없고, 따라서 자본계정의 적절한 가치 하락(감가상각)도 존재하지 않는다. 민간부문으로부터 구매하는 데 사용되는 자금은 현행 예산으로부터 나와야 한다. 마찬가지로 매각으로부터 얻은 자금도 같은 용도로 사용될 수 있다. 민영화를 '소중한 국가적 자산'의 낭비로 보는 시각은 잘못된 것이다. 그것은 민간부문에 있어도 국가적 자산에 다름 아니다. 사실 민영화가 이런 국가적 자산들을 개선시킨다.

두 번의 민영화 시도 간의 차이점은 이제 다음과 같이 요약될 수 있다. 첫 번째 시도는 이익집단을 소외시켜 실패했던 반면 두 번째 시도는 그들에게 대가를 지불하여 성공하였다. 두 시도를 분리시켰던 기간의 교훈들은 경험에 의해 습득된 것이다. 정책은 이를 성공시키기 위해서는 좋은 의도 이상의 것을 필요로 하였다. 즉, 정책은 공기업과 연관된 다양한 이익집단들을 만족시킬 수 있고 그들이 기꺼이 받아들일 수 있는 기존 혜택에 대한 대안을 제시하는 기술적 능력을 필요로 하였다.

영국가스의 공개 상장에 적용된 많은 교훈들은 2년 전인 1984년엔 공공부문 전화 및 통신 기업이었던 영국통신(British Telecom)의 매각에서 시도되었다. 이 회사는 시초부터 사실상 공기업이었고 대부분의 기간 동안 우체국의 일부였기 때문에 영국통신의 매각이 결코 탈국유화는 아니었다. 영국통신은 국유기업에서 탈피하여 민영화된 최초의 주요 시설이었고 그 대가로 신기원을 열었다.

영국통신은, 2년 후 영국가스가 그랬던 것처럼, 민영화되었을 때 주식시장에 상장된 역사상 가장 큰 회사였다. 평가액이 30억파운드가 넘었고 이는 영국 국영부문 기업들이 민간에 매각된 액수의 두 배였다. 영국가스의 매각 이래 이제는 친숙해진 이익집단에 대한 대가 지불의 패턴은 영국통신의 경우 무자비하도록 정확하게 진행되었다.

경영진은 민간부문에서도 온전하게 이어받도록 허락받았다. 순수 자유시장 정책을 주장하는 사람들은 영국통신을 경쟁력 있는 기업들로 분리하기 위해, 혹은 적어도 기업의 성과가 비교될 수 있도록 지역별 회사들로 분할하기 위해 승산 없는 싸움을 지속했다. 이 주장이 아마도 이상적인 해결책일 수 있으나 실현가능한 해결책은 아니라는 생각이 이들에게 떠오르지 않았던 것 같다. 영국통신을 분할해서 민영화하려는 싸움은 실패하고 말 정책을 위한 싸움이었다. 영국통신의 경영진은 제안된 방안대로 기업을 민영화하는 것을 지지하였다.

근로자들은 노조 지도부로부터 이런 움직임에 반대하도록 지시받았고 그런 캠페인이 시작되었다. 캠페인의 로고는 가위에 잘린 전화코드를 보여주었는데, 아마도 자본주의하에서 서비스를 기다리는 운명을 의미하는 것으로 보였다. 이에 대항해 경영진은 영국통신 근로자들을 위해 확보해 놓은 주식을 제공하여 근로자들을 새로운 회사의 소유주의 일부분으로 만들었으며 주식 가치가 오를 경우 자본 이득을 얻을 수 있는 가능성을 제공했다. 결국 96%의 근로자들이 그들에게 주어진 지분을 획득하였다. 따라서 민영화에 반대했을 수도 있는 근로자들이 민영화를 지원하는 팀의 일부분이 되었다.

일반대중들도 처음에 지불해야 되는 50펜스만 내면 주식을 할부로 구입할 수 있었다. 주주가 된 사람들은 보너스 주식 지분 혹은 전화요금의 인하 가운데 하나를 선택할 수 있었다. 상장 기간에 많은 초과신청 후에 약 2백만 명이 주식을 구매했고, 거의 100%에 달하는 프리미엄이 즉각적으로 나타났음에도 불구하고 구매자의 3분의 2가 주식을 보유하기로 결정했다. 영국통신 매각을 위해 매우 큰 규모의 광고가 진행되었고 대중들로부터 필요했던 반응을 얻었다.

영국통신은 따라서 대규모 공익 시설의 민영화 기법을 위한 시험대였다. 모든 집단의 모든 가능한 반대가 예측되었고 적절한 모든 곳에서 대응하였다. 이와 같이 강력한 전략적 공익산업이 외국인의 손에 넘어갈 수 있다는 우려가 제기되었다. 따라서 영국 정부에 의해 보유되고, 외국인에 의해 의도된 인수가 시도되는 경우 영국 정부에 의결권을 부여하는 황금주가 만들어져 영국 정부에 판매되었다. 민영화된 영국통신은 농촌 지역의 공중전화 작동 및 유지가 수익성이 없다고 볼 것이기에 민영화 법에 영국통신이 일정 공중전화 숫자를 유지한다는 요구가 부가되어야 했다. 이는 새로이 설립되는 회사에 부여된 법적 의무가 되었고 잠재적 구매자들에게는 작은 부분임에도 불구하고 알려진 법적 책임이었다.

영국통신이 누려왔던 효과적 독점에 대해 상당한 의문이 제기되었고 그런 독점적 지위를 남용할 수 있다는 우려가 제기되었다. 비교를 위해서 공공부문에서 누려왔던 독점과 그 지위의 남용이 제기된 것이 아니었다. 의회법령에 전제조건을 만들어 넣는 것 외에도 두 가지 방법이 이용되었다. 하나는 영국통신이 규모나 힘에 있어서 비슷한 경쟁자와 마주치는 것은 아니지만 개별 시장에서 영국통신보다 규모가 작은 경쟁자들과 만나야 했던 '주변부 경쟁'이 사용되었다. 따라서 영국통신은 상업통신분야에서는 머큐리 링크와 부딪쳤고 무선전화분야에서는 라칼/보다폰과 부딪쳤다. 장비 공급, 전자데이터 전송, 그리고 대부분의 기업활동에 있어서도 경쟁자들과 맞닥뜨렸다. 개별 경쟁자들은 소규모였지만 전체적으로 그들의 존재는 영국통신이 자신의 시장의 많은 부분에서 고객들을 잃을 위험에 처했음을 의미하고 있었다.

또한 산업을 감독하고 경쟁을 촉진하기 위한 정부기관의 기구도 이용되었다. 통신국(OFTEL, Office of Telecommunications)은 진입을 제한하는 미국의 규제기구 수립 규칙의 예를 따르기보다는 특별히 경쟁 촉진의 사명을 부여받았다. 머큐리가 자신의 서비스를 개인 고객들에게까지 넓히겠다고 신청했을 때, 통신국은 이것이 자신의 업무범위에 포함된다는 것에 동의했다.

독점력의 남용을 제한하기 위해 이용된 조합은 입법 시의 전제조건들의 설정, 주변부 경쟁과 경쟁 촉진 기구를 혼합하였다. 그것은 영국통신에 맞춘 것이기에 다른 산업에도 같은 방식으로 적용될 필요는 없을 것이다. 여기에는 강력한 실증적 근거가 있고 경험을 학습 과정으로 이용할 의지가 있다. 다행히도, 첫 시도에서 제대로 하지 않으면 의회는 언제나 미래에 다시 원점으로 돌아올 수 있다. 1987년 민영화가 천명된 후에 영국통신에 의해 달성된 서비스 기준에 만족하지 못하였고, 통신국(OFTEL)이 변화를 위한 제안들을 하는 것으로 이어졌다. 주주들과 고객들로부터의 비판도 이어져 1987년 9월 회장이 사임하였다. 만약 영국통신이 앞으로도 더 좋은 성과를 보여주지 못하면 새로운 통제가 필요하리라는 말이 있었다. 이 사건들은 처음에 제대로 하지 못하면 의회가 언제나 다시 원점으로 되돌아갈 수 있다는 점을 보여주었다. 만약 영국통신의 매각을 완벽한 시스템이 고안될 때까지 기다려야 했다면, 매각은 아직도 대기상태였을 것이다.

영국통신의 매각에 대해서는 정부가 너무 헐값에 팔았다는 비난이 있다. 결국, 100%의 프리미엄이 마치 매각도 두 배의 금액을 가져올 수 있을 것처럼 보이게 만들었다. 이것은 틀린 게 거의 확실하다. 첫 번째 공익기업 상장을 성공하도록 만들고 주식 가치를 올리는 것은 중요했다. 또한 일반대중들을 포함시키고 그들 중 가능한 많은 사람들을 주식 구매자로 끌어들이는 것도 역시 중요했다. 이는 소유권의 기반을 확대, 분산시킬 것이고, 다음 정부가 국유화하는 것을 더 힘들게 만들 것이다. 이 모든 것들이 의미하는 것은 주식 판매가격에 프리미엄이 요구된다는 것이다. 주식이 얼마나 가치있는지 아무도 몰랐기 때문에 판매가격을 제시하는 것은 어려웠다. 영국통신을 포함해 국영화된 많은 산업들이, 민간부문에서는 형사소추의 대상은 아니었다 하더라도, 웃음거리가 되었을 계정들을 수년 간 사용하였다.

정부가 그 자체의 정확한 가격을 확인하려고 시도하지 않았다는 것은 주목받아야 한다. 정부는 가격 확인을 위해 런던시티의 금융 전문가들을 이용하였고, 만약에 이것이 틀리면, 비난의 일부는 그들에게 돌아갔을 것이었다. 그러나 이는 처음부터 맞을 필요는 없었다. 회사의 50% 이상만 판매함으로써 정부는 나중에 나머지 지분을 더 높은 가격에 처분할 수 있는 옵션을 유지했다. 기업들은 민간부문에서 보다 수익성 있고 보다 효율적이 되는 것이 일반적이었다. 따라서 50% 이상으로 시작해서 나중에 나머지 지분을 처분하는 전략은 정부에게 후일의 판매에서 더 많은 금액을 받게 해준다. 이는 영국통신의 경우에 해당하는데 다른 매각에서도 마찬가지였다.

영국통신 매각의 눈에 띄는 특징은 민간전문가의 깊숙한 관여였다. 민영화 프로그램에서 초기부터 나타난 사실은 과정 자체가 민영화될 수 있다는 점이다. 일이 진행되면 될수록 도시의 기업들의 활용이 더 많이 이루어졌다. 그들은 애널리스트, 상업은행, 그리고 필요한 홍보 기술을 제공했다. 정부도 기업을 매각하는 법을 배우는데 어려움이 없었고, 이에 대해 이미 알고 있는 사람들의 서비스를 구입했다. 이 기업들은 자체적으로 민영화로부터 이득을 얻는 이익집단으로 발전했고, 영국과 해외 모두에서 민영화를 위한 새로운 제안들을 촉발시켰다.

작지만 중요한 이득은 민영화 패키지를 진행해 나가는 데에 있어서 민간기업들을 이용하는 것으로부터 나온다. 그것은 민간기업들을 이용함으로써 정부와 의회가 민영화 과정으로부터 어느 정도 거리를 유지할 수 있다는 점 때문이다. 그것이 한번 전문가의 손에 들어가면, 그것은 그들의 책임이 된다. 이는 뭔가 잘못되면 단순히 정부가 비난을 다른 곳으로 돌리는 구실이 된다는 것이 아니다. 관련된 기업들을 지정함으로써 정부가 모든 책임을 지는 것이다. 민간전문가들을 이용하는 것은 입법자(의원)들을 미세한 상세 내용으로부터 멀어지게 하는 것이다. 의회가 상장 일자, 발행 가격, 그리고 주식 숫자를 정하는 것은 바람직하지 않다. 민영화와 관련한 자세한 사항들이 결정될 때 자신들에게 특별한 이익이 돌아오길 바라는 지역주민들로부터 개별 의원들이 압력을 느낀다면 이는 유익하지 않을 것이다.

공개 상장 가격의 기록을 보면 그 분야 전체가 얼마나 어려움으로 가득찬 곳인지를 알 수 있다. 조기 상장된 것 중의 하나인 작은 전자공학 회사 아머샴 인터내셔널(Amersham International)의 매각에 있어서 발행 가격에 높은 프리미엄이 붙었다. 정부가 런던시티의 부유한 지지자들의 이득을 위해 국가 자산을 너무 헐값에 매각했다는 민영화 반대론자들로부터의 지루한 비난이 이어졌다. 이런 비난은 프리미엄이 붙을 때마다 제기되었다.

매각 과정에서 평범한 대중들의 광범위한 참여를 담보하는 전략은 비난을 무디게 하지만 제거하지는 못한다. 평범한 대중들의 이득을 위한다는 명목으로 국가 자산을 헐값에 매각한다는 비난을 받는 것은 도시 부유층과 관련된 비난보다는 받아들이기가 더 쉽다. 그러나 여전히 여기에는 잘못된 암시가 있다. 주식 가격이 너무 높게 책정되어 충분한 신청이 들어오지 않으면, 주식들은 할인된 가격으로 시작한다. 이것도 반대자들에 의해 실패로 불릴 것이다. 너무 많은 수요도 실패이고 너무 적은 수요도 실패다. 아주 얇은 범위의 가격대만이 명백하게 성공으로 간주된다. 수요가 적고 주식이 할인된 가격으로 시작할 때, 정부와 대중들이 여전히 그들의 수입을 얻게 된다는 점에 주목해야 한다. 상업은행 및 금융기관들과 주식 인수업무를 한다는 것은 주식이 팔릴 것이라는 점을 미리 보장한다는 의미가 있다. 매각은 그것이 투자자들로부터 광범위한 관심을 이끌어내는 데에 실패하는 경우에만 실패라고 불릴 수 있다.

여전히 정부 수중에 있는 영국석유공사(British Petroleum) 주식의 매각도 1987년 10월 19일 주식 가치 급락에 의해 중단되었지만 수입을 가져다주었다. 수년 간 '손쉬운 주식 고르기'로 비난받아온 증권인수사(보험사)들은 팔리지 않은 부분 지불 주식, 시장에서는 70-80파운드에 거래되는 주식을 120파운드에 인수하기로 한 약속에 묶여 있음을 발견하였다. 그 결과는 그들이 지불했다는 것이다. 이에 따른 공황상태는 주당 70파운드의 기준 가격인 로슨 재무장관의 환매 제의에 의해 진정되었지만, 발행주식의 2%만이 반환되었다. 정부는 이와 같은 위험이 증권 인수사들이 돈을 버는 이유라고 정확하게 논증하였다. 가끔 가격은 틀릴 수 있다.

사실, 가격 책정의 이력은 특히 활동의 참신함을 감안하면 매우 좋았다. 적절한 계정의 부재와 공공부문 부분 매각 경험의 부재는 가격의 선택을 어렵게 만들었다. 이런 점에도 불구하고, 실질적인 잘못은 거의 없었다. 정책이 계속되어 온 것은 미래 투자를 촉진하고 이로부터 이득을 보는 사람들의 정치적 지지를 얻기 위해서는 주식이 프리미엄을 갖고 상장되는 것이 좋은 것임을 말해준다. 공개 주식 발행에 의한 모든 민영화 가운데 오직 석유와 관련된 민영화만이 주식이 할인되어 상장되었다. 산업의 미래에 대한 국제적 우려, 대외적 여건에 대한 취약성과 원유 가격의 극심한 변동을 고려하면 이런 현상은 이해할만하다.

다른 경우들은 거래 첫날에 프리미엄이 붙었을 뿐만 아니라 민영화된 기업들의 주식이 주식 시장 평균보다 더 나은 결과를 보이는 일관된 패턴이 있었다. 이 두 가지는 민영화 추진의 초기 단계에서 바람직한 목표들이다. 또한 관련된 새로운 이익집단들을 포함한 여러 이익집단들에게 충분한 만족을 준다. 경영진과 근로자들도 그들이 보유하고 있는 주식 가치의 상승과 그들의 회사의 수익성 상승에 따른 명백한 수혜자들이다. 그들이 이전 시스템에서 누렸던 것보다 새로운 질서에서 더 많은 혜택을 받는다는 점이 중요하다. 이는 다른 공기업의 종사자들이 민영화가 제안될 때 이를 받아들이려는 유인을 제공할 것이다.

많은 경우 처음 주식을 보유하거나 소액주주인 새로운 유형의 주주들은 가시적인 자본 이득을 보아야 한다. 국가적인 사업의 소유주의 일부가 됨으로써 그들은 경제성 있는 기업에 대한 우호적인 환경 조성에 이해관계를 갖게 된다. 만약 그들이 자유기업에 우호적인 정책의 결과로 개인적으로 더 부유해지는 자신을 보게 된다면, 그들은 더욱더 이를 지지하는 경향이 강해질 것이다. 이뿐만 아니라, 왕년에 공기업이었던 기업의 지분 소유에 따른 부가 증대될수록, 이를 몰수할 계획을 가진 미래의 정부에 찬성하기는 더욱 어려워질 것이다. 민영화에 반대하고 이를 되돌리려는 사람들도 소액 투자자들의 지분을 몰수한다는 논의를 이미 중단했다. 그들은 이제 지분은 민간의 몫으로 남겨두지만 기업은 다시 공공부문으로 가져오는 방안을 이야기한다. 그것은 민간 경영진들이 하는 만큼 정부 경영진 하에서 기업들이 성과를 내느냐, 그리고 더 중요한 것은 지분을 가진 유권자들이 선거 때 그 성과를 어떻게 평가하는가에 달려 있다. 1987년의 선거의 결과, 유권자들은 민영화 반대자들의 선택지를 거부했다.

완전한 자유시장 해법을 주장하는 사람들과 공공선택이론의 분석으로부터 시작하여 정치 시장 내에서 작동할 정책들을 고안하는 사람들 간에 민영화에 대한 태도는 명백한 차이가 있다. 전자는 끊임없이 순수한 자유시장 조건을 창출하는 데에 실패한 정부를 비판하고, 이익집단들과 이득을 거래하는 정책들을 취약함과 헌신성의 부족으로 간주한다. 그들은 처음에 일을 가능하게 하는 것이 이런 거래임을 이해하고 있다는 신호를 보여주지 않는다. 그들은 또한 이런 조치들 없이는 정치적 과정 속에서 개혁이 성공적으로 출현할 수 없다는 점도 보지 않는다.

일부 시장경제 지지자들은 민영화의 유일한 목적은 공기업들을 시장에서의 모든 종류의 경쟁 압력에 노출시키는 것이라고 가정하는 것 같다. 궁극적으로 완전하게 자유로운 경쟁 상황이 아니면, 그들은 이것을 실패라고 부른다. 이는 오해다. 민영화의 중요한 목적은 공익산업을 경쟁적으로 만드는 것이 아니라 그 산업을 민영으로 만드는 것이다. 경쟁은 분명 바람직하고 가능한 한 어디서든 추구되어야 하지만, 경쟁의 보장이 불완전할 때에도 얻을 수 있는 이점들이 여전히 있다.

공공선택이론의 분석은 공공부문의 활동들이 정치적 영역 내에 놓여 있다는 결론으로 이끌어준다. 공공부문은 상업적이고 경쟁적 압력 대신에 정치적 압력에 직면한다. 공공부문의 작동은 직접적으로 입법부의 영향 아래에 있기 때문에, 공공부문은 입법자들에게 영향을 주는 압력들에 시달리게 된다. 공공부문의 활동들은 경제 시장이 아닌 정치 시장의 영역 안에 있다.

몇 개의 일상적인 예들이 이런 효과들을 설명해준다. 자본 확충 혹은 자본 투자를 위해서 공기업이 자금을 물색하면, 이는 정부 대출로 간주되고 공공부문 필요 차입액의 일부가 된다. 공기업 투자는 공공부문 필요차입액(PSBR, public sector borrowing requirement)과 관련해서 설정된 목표에 부합해야 한다. 따라서 자기 멋대로 할 수 있는 것이 아니라 정부의 다른 우선순위들과 경쟁해야 한다. 만약 정부가 대출 총액을 축소한다면, 그 필요성이 아무리 높아도 자금이 거기에 배정되진 않는다. 반면에, 민간부문의 기업은 자금을 잘 사용하여 그것을 제공한 이들에게 높은 수익을 만들 수 있는 능력에 기초하여 투자를 끌어들인다. 공공부문은 상업적 기조 위에서 자금을 충당할 수 없다.

공공부문 기업들에서 이루어지는 의사결정들은 아주 세밀한 부분에 이르기까지 정치적 관련성에 좌우된다. 민간부문에서 새로운 공장을 짓는 결정은 비용과 시장 접근성과 같은 요소들에 달려있는 상업적 기조 위에서 이루어진다. 공공부문 기업은 정치적 압력에 의해 자신의 지역구에 공장을 유치하려고 시도하는 선출된 의원들이 유사한 결정에 대해 가하는 정치적 압력에 직면하게 된다. 공공부문에서 작동하는 공장의 폐쇄라는 사건에 소요되는 복잡성은 이미 언급된 바 있다. 요컨대 공기업이라는 것은 이익집단들과 자신들을 위해 정치적 압력을 행사하는 사람들에 의해 이리저리 차이는 정치적 축구공이다. 공기업은 자금 조달에 있어서 상업적 근거에 의하지 않는 것과 마찬가지로 상업적인 의사결정도 내리지 않는다.

이러한 요인들에 추가될 수 있는 사실은 공공부문 작동들은 생산자 포획, 과잉 인력, 그리고 소비자 수요에 대한 무반응과 관련하여 나타나는 모든 것들과 국가의 독점으로 특징지어진다는 점이다. 만약 민영화가 이런 모든 상황을 민간부문에서의 새로운 출발을 위해 깨끗하게 정리할 수 있다면, 민영화는 명백한 이득을 가져온다. 만약 민영화가 문제점의 일부분만 깨끗하게 정리할 수 있다면, 그래도 여전히 민영화는 할 가치가 있다. 문제점의 일부분을 정리하여 궁극적으로 나머지 부분도 정리해야 한다는 압력을 작동시킨다면, 민영화는 더더욱 할 가치가 있다.

몇몇 관찰자들은 공공부문의 독점이 그것이 독점이기 때문에 해롭다고 본다. 문제는 공공부문의 독점이 공공부문이고 독점이라는 쌍둥이 해악에 의해 규정된다는 점이다. 둘 중에서, 그것이 공공부문이라는 사실은 더 큰 해악이다. 이것은 왜곡과 잘못된 배분의 더 큰 원천이다. 독점이 독점으로 민영화되는 경우들이 있다면, 적어도 민간 독점이 공공부문의 독점보다는 좋다고 말할 수 있다. 민간 독점은 기술적 혁신에 대해 보다 더 많은 영향을 받는다. 민간 독점은 국가 독점에 비해 정치적 영역으로부터 훨씬 멀리 떨어져 있고, 그들이 행사하는 정치적 영향력이 없다. 민간 독점은 시간이 가면서 약화되는 반면, 공공부문의 독점은 새로운 위협으로부터 보호하기 위해 도입된 새로운 법률에 의해 지속된다.

민간부문에서 영국통신을 제대로 경쟁적으로 만드는 것은 가능하지 않다. 미시정치 분석이 시사하는 것은 제대로 경쟁적으로 만드는 것이 시도되었다면, 민영화 자체가 진행되지 못했을지도 모른다는 지적이다. 그러나 영국통신은 이전보다 더 상업적인 압력에 영향을 받게 되고, 국가부문에 있었을 때보다 더 강한 경쟁에 직면한다. 이 점들은 둘 다 실행 가능한 해법에 의해 성취된 중요한 이득이고, 그래서 작동되지도 않을 완전경쟁 해법을 선호하느라 내팽개칠 것들이 아니다.

여기서 시간이 하나의 요소이다. 새로운 기술들이 발전할수록, 영국통신은 이전에 그랬듯이 그 기술들을 배제할 법률의 힘을 갖고 있지 못할 것이다. 심지어 좀 더 경쟁적인 환경이 조성되도록 하는 입법활동이 궁극적으로 고려될 수 있다는 점을 상상할 수 있다. 그런 상황에서 민영화된 기업들은 그들이 공공부문에서 그들에게 현재의 지위를 부여했던 높은 자리의 친구들이 없이 살아가야 함을 발견할 것이다. 민간기업들처럼, 그들도 입법적 도움 없이 경쟁 압력을 이겨낼 것으로 기대된다.

최소한, 민영화는 국가기업들을 상업적 압력에 노출시킨다. 최상의 경우 민영화는 국가기업들을 생존 가능하고 경쟁력 있는 독립기업들로 변모시키고, 개방된 시장에서 자신의 길을 성공적으로 추구하며 자신을 유지할 수 있게 만든다. 많은 민영화 케이스들은 이 두 가지 사이에 있다. 중요한 것은 민영화 관련 일들이 계속적으로 두 번째 시나리오로 향해 가도록 준비되어야 한다는 것이다. 처음부터 환경이 완전히 경쟁적으로 만들어질 수 없다고 해도, 후속 정책들은 민영화를 되돌릴 수 있도록 하는 방향이 아니라 미래에 좀 더 경쟁적인 환경이 조성되게 하는 방향으로 설계되어야 한다.

민영화 준비 자체가 실질적인 민영화 작업에 들어가기에 앞서 주요한 개혁을 가져왔던 여러 산업들의 예가 있었다. 공기업이 매각된다는 사실의 인지는 한 사람이 2주 안에 교수형을 당한다는 사실의 인지와 마찬가지로 사람들의 마음을 아주 잘 집중시킨다. 효율성은 개선되고 절약이 이루어진다. 그 기업은 매각 목표일에 도달하면 그 과정이 시작되기 이전에 비해 훨씬 더 시장성이 있는 상품이 된다. 이런 준비 정책은 공공부문에서 지독한 과잉 인력에 생산자 위주였던(producer-oriented) 기업들이 시장에 도달했을 때 군살이 빠지고, 효율적이며, 수익성 있는 기업들이 된 것을 보여준다.

영국항공은 고전적인 예를 보여준다. 1983년에 민영화에 대한 의사결정이 처음 이루어졌을 때, 영국항공은 큰 적자를 보고 있었고, 정부의 보조금에 의해 유지되고 있었다. 기업 인력은 과잉이었고, 기업의 운영도 매우 방만하였다. 그러나 1987년 2월 매각 시점에 이르렀을 때 영국항공은 대중적으로 인기가 높았고 수익성도 있었다. 전체 근로자는 59,000명에서 39,000명으로 감소했다. 또한 눈에 띄게 고객의 반응에 신경을 쓰고 있었고, 고객들의 요구에 대한 확인과 대응에도 마음을 쓰고 있었다. 영국항공은 중요한 항공기 승객 그룹들에 의해 최고의 국제항공으로 정기적으로 선정되었다. 완전히 새로운 모습이 새로운 접근방법과 함께 나타났다. 그 기업은 병들고 무기력한 거인에서 건강하고 매우 경쟁력 있는 청년으로 변신했다. 마침내 공개 상장이 되었을 때, 영국항공은 훌륭한 상업적 투자처가 되어 있었다. 그것은 이런 변신이 일어난 민간부문에서의 생명(민영화) 때문이 아니라 이런 민영화를 위한 준비로 인해 나타난 것이었다.

국가부문의 일부로서의 지위를 가지고 있고 그곳에서의 모든 압력에 영향을 받으면서, 어떻게 이런 일이 가능했을까? 대답은 이용된 기법과 마지막에 주어지는 보상 때문에 그것이 가능했다는 것이다. 종업원들은 해고되지 않았다. 그들은 명예퇴직의 후한 조건을 제시받았다. 물가지수에 연동된 연금은 취소되지 않았다. 이 연금들은 현금 총액으로 매수되었다. 전체 처리 과정에서 영국항공의 방향을 바꾸는 데는 비용이 들었지만, 이 금액은 새로운 수익성과 매각으로 얻는 가치에 의해 훨씬 더 많이 보상받았다. 기업 내의 사기는 충분히 높아서 임박한 소송들이 반복적으로 매각일자를 늦추었을 때, 종업원들은 소송이 서둘러 진행되어 완료되지 않으면 파업을 하겠다고 위협을 했다.

근로자들은, 다른 기업들에서 종종 나타나는 바와 같이, 민영화에서도 동반자로서 함께했다. 이 개혁들 중 어느 것이 최종적으로 민영화될 것이라는 전망 없이도 공공부문에서 성공할 수 있었을 거라고 얘기될 수 있을지는 의심스럽다. 민간부문에서 경쟁적이고 수익성이 있어야 한다는 필요성이 없었다면, 관련된 집단들의 이해관계는 어딘가 다른 곳에 놓여 있을 수 있고, 경영진도 효율성을 향한 돌진을 성공시킬 수 없었을 것이다.

영국항공의 경험으로부터 끌어낼 교훈은 손실을 유발하는 운영은 여전히 매각될 수 있다는 점이다. 그것은 손실을 일으키는 기업들이 주식시장에서 매일 매매되는 한에서는 어떤 식으로든 팔릴 수 있다. 영국항공의 경험이 증명한 것은 적자 유발의 우려가 반전되어 성장 가능성 있는 기업으로 팔릴 수 있다는 점이다. 민영화의 준비는 그 자체로도 적자기업을 수익성 있고 경쟁력 있는 기업으로 전환할 수 있는 충분한 유인이 될 수 있다.

시장에서의 일반적 진실은 한번 품질에 대한 평판이 나빠지면 이는 쉽게 회복될 수 없다는 것이다. 그것이 쉽든 그렇지 않든, 영국항공은 서비스 품질에 대한 매우 낮은 평판으로부터 아주 빨리 회복되었다. 짧은 기간 동안 영국항공은 품질에서 가장 낮은 순위의 수준으로부터 1위를 다투는 수준으로 올라갔다. 이것은 예외적인 경우가 아니다. 재규어자동차는 국가부문에 머문 이후 이전의 품질에 대한 명성을 잃어버렸다. 재규어자동차는 미국에서 믿을 수 없는 자동차로 확실하게 간주되었기 때문에 실패하였다. 품질관리는 정치적인 목적들이 어떤 시장적 고려보다도 우선되었던 공공부문의 관행에 항복하고 말았다. 민영화 이후, 재규어는 높은 품질과 신뢰도에 관한 그들의 이전 명성을 믿기지 않는 속도로 되찾았다. 재규어의 근로자들이 그때에 받아간 주식들은 결과적으로 2천 퍼센트가 올랐는데 환경 탓으로 돌릴만한 이야기는 전혀 없다.

12
노동자들에 대한 정책

민영화의 성공에 중요한 요소의 하나는 노동자세력의 지지였다. 그들에게 제시된 제안은 최소한 그들이 이미 받고 있다고 생각하는 혜택과 동일하여야 한다. 물론 그들의 현재 받고 있는 수혜는 일부 할인되어 계산될 수도 있을 것이다. 국가부문으로 계속 지속될지 그 미래가 의심스럽다면, 노동자들은 국가부문의 고용에 일반적으로 부여되는 직업의 안정성에 별로 큰 가치를 두지 않을지 모르기 때문이다. 이와 같은 상황이라면, 그들은 자신들의 혜택의 외형적 감축이 포함된 민영화 방안을 수용할지도 모른다. 민간부문에서의 괜찮은 일자리는 국가부문에서 단순히 고용을 지속할 가능성보다 더 가치가 있다.

이와 같은 상황 아래에서, 비록 인력의 감축이 포함되어 있더라도, 노동자들은 국가 소유 기업의 판매를 수용하였다. 그들에게 인지된 민영화의 대안은 기존 국영기업의 전면적 폐쇄였다. 이와 같은 움직임의 성공에서 주요한 요소의 하나는 직장을 상실한 노동자들에게 제안된 대우였다. 만약 억지로 과잉 인력이 고용되어 있는 상태가 아니라면, 비자발적으로 퇴직을 강요당할 사람은 없을 것이다. 이런 비자발적 퇴직의 부재가 노조원의 숫자에 이해관계를 가진 노조활동가 같은 이들의 민영화 반대를 효과적으로 제한한다.

자신이 근무하던 탄광이 폐쇄될 예정인 광부에게 제시된 제안은 각종 혜택이 어떻게 거래되는지를 보여주는 좋은 지표이다. 그에게 완전한 이주비 지원과 함께 다른 탄광으로의 재배치가 제안되었다. 재훈련의 기회도 제공되었다. 자발적 과잉 인력에게 제시된 조건은 그 액수 면에서 완전히 전무후무한 것이었다. 만약 폐쇄 계획이 진행되었다면 그 광부는 그가 살던 곳에서 직업을 잃을 수밖에 없었다. 그러나 모든 탄광을 유지하는 것이 가능하지 않은 상황에서는 다른 탄광에서 직업을 확실히 얻을 수 있고 이주를 지원받는다면 이는 그에게 직업 상실보다 더 합리적인 대안으로 보였다.

민간부문으로의 이전, 즉 민영화에 대한 노동자들의 지지를 확보하는 통상적인 방법은 주식 할당이었다. 일정 부분의 주식이 그 산업에서의 노동자들이 원한다면 취득할 수 있게끔 이들을 위해 따로 분할되었다. 때로는 영국가스(British Gas)의 경우처럼, 일정 수의 주식이 무료로 제공되었다. 때로는 일반대중에게 제공된 것보다 더 많은 수의 주식을 구매할 기회가 근로자들에게 제공되었다. 이것은 영국가스와 영국통신(British Telecom)의 경우 모두 적용되었다. 때로는 그 회사에 근무하는 사람들이 보통 임금 담보 무이자 장기 신용으로 주식을 구매할 수 있게 허용되었다. 이것은 재규어자동차의 경우에 있었던 일이며 일부 조선소의 매각에서도 활용되었다.

경영진의 목표는 그 회사의 매각에 근로자들의 참여를 극대화하는 것이다. 이것은 공기업의 매각에 대한 그들의 지지를 확보하며 매각에 대해 보일 수 있는 심각한 반대를 중화시킨다. 회사 매각에 근로자들이 적극 참여하는 것은 그 이상을 하기도 한다. 종업원들이 그 회사의 이익에 직접적인 이해관계를 가지게 되면, 회사의 미래를 그들의 미래와 동일시한다. 그렇게 되어 '우리와 그들'이라는 과거의 태도를 떨쳐버리게 되면 그들은 회사를 그들의 적이 아니라 그들 자신으로 간주하게 된다. 이런 변화는 더 나은 노사관계를 가져오고 노사분규를 줄인다. 그것은 또한 다른 조건이 같다면, 잠재적인 주식의 구매자들이 그 회사의 미래성과를 긍정적으로 평가하게 만들기 때문에 그 회사 주식의 가치를 높인다. 일반적으로 보통의 근로자들이 자기 회사의 주식을 소유하고 있는 사회에서는, 그 회사의 국가 인수 그리고 여타 정당들이 제안할지 모를 중앙집권주의적인 모든 조치들이 반대에 직면할 가능성이 높다 이 점은 (민영화를 추진하는) 정부에게 또 하나의 추가적 보너스로 작용한다. 그 혜택이 가시적이고 널리 퍼져 있다면, 그리고 보통 근로자들이 스스로를 그 시스템의 일부로 생각하고 이로부터 도출하는 이득을 알고 있다면, 사적 재산권과 자본주의로 향한 내재적 편향이 만들어지는 셈이다.

그러나 모든 민영화가 공개상장을 통해 이루어지는 것은 아니다. 작은 규모였지만 상당 부분은 민간 판매에 의해서도 이루어졌다. 여기서도, 민간 위탁자들(private contractors)이 불러들여질 때처럼, 매각 시 노동자들이 고려되었다는 점을 확인하는 것이 매우 중요하다. 국가부문 피고용자로서 그들이 가지고 있던 혜택들은 이에 비해 결코 덜 매력적이라고 볼 수 없는 대안적 혜택들과 거래되는 방식으로 이루어져야 한다. 때로는 국영 체제의 폐쇄가 먼저 발표되고 나서, 국영 체제에서 이루어지던 활동들을 지속시킬 수 있게 만들 구제정책의 묶음(rescue package)이라는 형태로 민간 매각이 등장한다. 때로는 민간 구매자가 더 넓은 기반에 그 공기업의 운영을 통합시킴으로써 이전보다 더 나은 기반을 만들기도 한다. 또한 그 기업을 지속시키기 위해 필요한 경영과 마케팅에 민간전문가들을 투입함으로써 보다 나은 미래를 제시하기도 한다. 혹은 시설의 현대화와 장비 현대화에 필요한 투자를 공급함으로써 종전보다 더 나은 미래를 제시하기도 한다. 일부 군함조선소와 운하 운송서비스(Channel ferries service)가 이 기법의 사례들이다.

저울의 다른 끝에는 외부 구매자가 전혀 없는 사례들이 있다. 그곳에서는 대신 민영화가 경영진 혹은 노동력 혹은 양자 모두를 포함한 기업인수(buyout)에 의해서 일어난다. 이런 사례들은 조심스럽게 구축된 정책들이 어떻게 산업 환경과 국가기업의 상업적 생존 가능성을 변화시키게끔 사용될 수 있는지를 보여준다. 그런 조치는 혜택의 원천을 경영진과 노동자, 두 집단에게로 방향 전환하고 그렇게 함으로써 정치 시장에서 그들이 행하는 거래들의 방향을 변경시킨다. 국가 피고용자로서의 이해관계가 무엇이었든, 그들의 이해관계는 그들 자신이 소유한 기업의 소유자, 근로자, 혹은 경영진이 됨으로써 크게 달라진다. 그들의 전체적인 우선순위가 변화하며, 그들은 정치 과정으로부터 종전과는 완전히 다른 유형의 결과물들이 도출되기를 요구한다. 이런 기업인수의 일부는 민영화의 가장 큰 성공 가운데 하나의 특징이 되었다.

첫 번째 경영-노동 기업인수의 사례 가운데 하나는 전국화물운송공사

(National Freight Corporation)의 기업인수였다. 그 기업은 영국의 도로 운송을 담당하고 있었다. 그 기업인수는 경영진의 부추김으로 시작되었는데, 이는 그 후 여타 산업들에서도 여러 번 반복해서 시도되었다. 그것은 빈번한 경영진의 아이디어였으며 경영진이 제안을 하였다. 전국화물운송공사의 경우에는, 비록 대부분의 주식들이 은행의 뒷받침으로 경영진에 의해 취득되었지만, 근로자들을 포함시키고자 많은 노력이 경주되었다. 그들은 고전적인 전례를 남기는 데 성공하였다.

운전수들과 하역자들, 그리고 분류자들을 포함한 전국화물운송공사의 근로자들은 새로운 회사의 주식을 취득하였다. 일부는 주식의 취득을 위해 자신들의 집을 담보로 내놓았다. 다른 일부는 그들의 생애 저축을 모았다. 그들은 새로운 회사가 수익을 낼 것으로 추정하였으며 그렇게 뒷받침할 태세가 되어 있었다. 일부 사람들은 인터뷰에 초청되기도 하였고 텔레비전에 등장하여 그들의 회사를 소유한다는 게 어떤 기분이 들게 하는지 말하기도 하였다. 그 주식들은 최소 2년이 지날 때까지는 재판매될 수 없다는 것이 기업인수의 조건으로 붙어 있었다.

그 회사는 즉각적인 성공을 거두었다. 그 회사는 민간부문이 되어서도 커다란 수익을 낼 수 있음을 증명하였다. 마치 소비자들이 원하는 것을 알고 그것에 대해 관심을 쏟았음을 보여주는 방식으로 그 서비스들을 홍보하였다. 주식을 소유한 노동자들은 그들의 주식의 가치가 처음에는 네 배, 다음에는 여덟 배, 그리고 열 배, 최종적으로는 54배 증대하는 것을 목격하였다. 모든 노동자-소유자, 그리고 경영자-소유자들은 처음 투자에 대해 수천 퍼센트 자본이득을 올렸다.

전국화물운송공사는 한때 그 노동력의 일부를 내보내야 했다. 그 회사는, 슬픈 일이었지만, 이 일을 상업적 기조에서 조용히 처리하였다. 공공 분야의 기업으로 머물고 있었더라면, 아마 파업과 공장 점거와 같은 폭풍을 몰고 올 일이었지만 그렇게 조용히 처리하였다. 그 회사는 지금도 수익을 내고 있다. 그 회사는, 그 회사에서 일하고 그 회사의 주식을 가지고 있는 몇 천 명 중의 얼마나 많은 사람이 참석할지 알지 못하는 가운데 첫 번째 연례 주주총회를 위해 콘서트홀을 임대하였다. 그 해 연례 주주총회는 수천 명이 참석하였다. 그들이 그 회사를 위해 일을 하고 있었기 때문에, 영국에서 가장 회사에 대해 소상히 알고 있는 청중들이 참석한 집회로 기억되고 있다.

만약 전국화물운송공사가 하나의 모델이었다면, 이 모델은 수차례 복사되었다. 경영진 기업인수는 더 많았지만, 상당수의 노동자들의 주식 매수가 더 많은 뉴스거리였다. 이 두 유형의 기업인수는 어느 것도 공개상장에 비견될 수 있는 평판을 획득하지는 못했다. 공개상장은 민영화의 덜 알려진 일부 성공들을 대변한다.

레이란드 버스(Leyland Bus), 레이란드(Leyland)의 자회사 유니파트(Unipart)에 대한 직접적인 경영진 기업인수들도 있었다. 과거 전국버스회사(National Bus Company)의 여러 부문들은 경영진 기업인수로 갈 예정이었다. 경영진이 홀로 민영화에 나선 사례들에서조차 노동자들을 어떤 방식으로든 주식 보유에 참여하게 하려는 노력들이 이루어졌다. 많은 경우 매입자금이 노조들을 대신하여 투자를 하는 유니티 트러스트은행(Unity Trust)에 의해 제공되었다. 개별 피고용자들에 의한 주식 소유와 완전히 동일한 것은 아니었지만, 그것은 집합적으로 그 회사에 주식을 보유하게 해주었으며, 그래서 민영화가 불러올 수 있었을 정치적 저항을 중화시켰다.

노동자들이 컨소시엄(consortium)의 중요한 부분인 경우에는, 그들의 잠재적인 주식 보유를 극대화하기 위한 참신한 방법들이 사용되었다. 민영화를 단지 국가자산을 민간에 팔아넘기는 것에 불과하다고 생각하는 사람들은 이 거래들에 노동자들을 완전하게 참여시키기 위해 동원되는 비상하고도 창조적인 기법들을 잘 살펴보아야 할 것이다. 노동자들은 그들의 임금을 담보로 월 할부로 주식대금을 지불하는 식으로 신용으로 주식을 구매할 수 있게 허용되었다. 때로는 노동자들을 위한 기금에 주식들이 고정되어 있다가 그 대금이 지불되면 일정 부분이 그 기금으로부터 풀려나 배정된다. 때로는 지역은행들이, 그들의 기여의 하나로서 근로자-구매자들에게 특별 대부조건을 제공하면서 그 거래에 동참한다. 많은 사례들에서, 근로계층의 대부분이 금융에 관해 별로 세련되어 있지 않다는 사실을 감안할 때, 주식 시장의 작동과 투자의 역할 그리고 이윤의 중요성에 대해 그들을 교육시키기 위한 프로그램들이 행해졌다. 일부 관찰자들은 이런 것이 그 자체로 사회적 재화이며 예전에는 존재하지 않던 것이라고 할지 모르겠다.

이 모든 것들은 민영화가 단순히 경제적인 활동이 아니라 매우 정치적인 활동임을 보여준다. 민영화는 경제 시장뿐만 아니라 정치 시장을 포함하는 수준에서 그 효과를 드러낸다. 노동자들의 주식 매입 참여는 정치적 거래의 유형을 변경시키는 하나의 방법이다. 국가기업의 판매가 피고용자들을 위한 특별한 할당을 포함할 때, 그 참여율이 피고용자들의 90퍼센트를 넘어섰다는 사실은 주목할 만하다.

1986년에 이루어진 비커조선소 엔지니어링 피용자 컨소시엄에 의한 비커조선소의 기업인수는 일부 새로운 기법들과 함께 종전에 시도되거나 검증된 다양한 기법들이 사용되었다. 그것은 다양한 정책들을 통해 바람직한 결과들을 촉진시키기 위해 어떠한 노력과 의미 있는 시간들이 적용되었는지를 잘 설명해준다. 이 경우 대부분의 조선소 노동자들이 참여할 수 있도록 집중적인 교육 프로그램들과 함께 참신한 신용조건들이 제시되었다. 이 집단은 상당한 저축액이 없거나 금융지식도 별로 없었기에 모든 교육이 참여가 쉽도록 하는 데 맞추어져야 했다. 노동자집단, 경영진, 은행들과 여타 투자자들과 함께 비커스 매각의 참신한 특징은 노동자들에게만 유리한 가격의 주식 제안이 있었을 뿐만 아니라 두 조선소가 위치해 있던 배로우(Barrow)와 버켄헤드(Birkenhead)의 지역주민들에게도 유리한 주식 매입의 기회가 제시되었다는 점이다.

비커스 민영화에서 가장 극적인 특징은 최고가 아닌 2번째 최고가격을 적어낸 입찰자에게 매각되었다는 점이었다. 최고 입찰은 거대 재벌인 트라팔가 가(Trafalgar House)가 제시한 것이었다. 비록 그 제시가격이 드라팔가 가보다 낮긴 했으나 경영진, 피고용자들과 지역주민 참여자들의 컨소시엄은 회사의 매입에 성공하였다. 그것이 순전히 경제적 결정이라기보다는 정치적이었음을 비판하는 논평가가 있는 것은 어쩌면 당연한 일이었다. 그러나 그것은 민영화가 원래 그런 것임을 보여주고 있다.

경영진-근로자 기업인수는 상당히 작은 회사들을 민영화시키는 방법으로 매우 성과가 좋았다. 여기에서 작다는 것은 영국통신, 영국가스와 같은 거대기업에 비해서 그렇다는 의미이다. 그 매입 대상의 외양이 진정한 의미에서 공동체라는 말이 가능할 정도로 작을 때, 기업인수에 대한 잠재적인 후보가 있다. 경영진은 그 회사의 잠재적 가능성과 문제들을 모두 잘 알고 있을 가능성이 높으며, 여러 해 동안 국가부문 안에서의 실적을 관찰해 왔을 가능성이 높다. 그들은 운영기법들의 변화로, 그리고 또 노동력의 태도 변화로 어떤 개선을 이룰 수 있는지 잘 알 수 있는 위치에 있다. 그런 개선을 이루기 위해 회계기법이 얼마나 창의적이어야 하는지와 상관없이 이것이 경영진을 기업인수에 포함시키는 것이 왜 결정적으로 중요한지 그 이유를 제시하고 있다.

많은 수의 기업인수들이 소규모였음은 중요하다. 첫 번째 집단은 영국철도 호텔들(British Rail hotels)의 일부를 포함하고 있었는데, 민영화 과정에서 일찍 매각되었다. 그리고 마지막 집단은 전국 버스네트워크를 구성하고 있던 다수의 버스 회사들을 포함하고 있다. 소규모 협동조합(co-operative)의 수립에 보수당 정부가 적극적으로 개입했을 때 정책의 바퀴들이 확실히 돌아갔다. 경영진-노동자 기업인수는 민영화 기법들 가운데 가장 성공적인 것 중 하나였다.

노동자세력의 표면상의 대표로서 노조의 역할과 지위에 대해서는 명백히 의문이 있다. 민영화 프로그램이 보여준 바는, 노조들이 기존의 구조 아래에서 임금과 근로조건과 같은 일들에 대한 노조원의 이해를 대변한다고 간주될 수 있었던 반면 그 구조 자체가 논의 중일 때에는 그런 원칙이 적용되지 않았다는 사실이다. 대부분은 아니었다고 하더라도, 일부 민영화의 사례들에서 노조지도자들의 이해관계와 노조원들의 이해관계는 상당히 명확하게 구별되었다.

노조지도자들은 공공부문 자체에 일종의 기득권을 가지고 있다. 국가부문의 노조 조직률은 블루칼라, 화이트칼라 직업들 양자에서 모두 가장 높았다. 민간산업들에서보다 화이트칼라의 조직률도 훨씬 더 높았다. 공공부문의 노조들은 일반적으로 그들과 마찬가지 처지에 있는 공공부문의 경영진과 행정직들과 밀월관계를 확립할 수 있었다. 각자는 소비자들 혹은 일반대중에 대해서보다 서로에 대해 더 많이 고려해야 했다. 연금 조건도 민간부문의 연금을 훨씬 상회했으며, 노조원이어야만 고용이 되는 클로즈드샵도 노조들이 쌓을 수 있던 공공부문 혜택 일부의 특징이었다.

노조들은 그들의 삶이 민간시장에서 더욱 어려워질 것임을 인식하고서 보통 민영화를 반대하였다. 여기에서 괄목할만하게 예외적인 경우는 정부 혹은 경영진이 공장이나 활동을 폐쇄할 의도를 절대적으로 확고하게 천명한 경우이거나 민영화가 하나의 구제의 수단으로 비쳤던 경우였다. 노조의 반응은, 유일한 대안이 즉각적인 폐쇄뿐일 경우를 제외하고는 민영화에 반대하는 것이었다. 일반인들이 1979년에는 노조가 막강한 권력을 가지고 있다고 인식함에도 불구하고 왜 노조의 그와 같은 반응이 별로 효과적이지 못했는지에 대해 의문이 있을 수 있다.

즉각적으로 가능한 대답은 그와 같은 막강한 권력들은 부분적으로는 그와 같은 권력들에 대한 인식으로부터 나온다는 것이다. 정부와 노조지도자들이 다우닝가에서 국가의 문제에 대해 논의하기 위해 일주일에 두 번 만났을 때, 노조의 권력은 제도화된 것처럼 비쳤다. 그러나 새로운 수상이 비(非)노동문제들에 대해 노조지도자들로부터 조언 듣기를 그만

두자, 그 파워는 수증기처럼 사라졌다. 왜냐하면 그것은 처음부터 실존하는 권력이 아니었기 때문이다. 두 번째 가능성은 노조지도자들의 권력이 신정부에 의한 입법조치들로 인해 너무나 쉽게 침식을 당해서 민영화에 대항할 힘으로서 사용되지 못했다는 것이다. 첫 번째 설명은 약간의 매력이 있긴 하다. 그렇지만, 두 번째 설명은 새로운 조치들이 그들의 지도자들의 권력을 약화시키기 훨씬 이전에 노조들이 민영화에 대해 저항했지만 별 소득이 없었다는 점에서 시간순서로 볼 때 맞지 않는다.

가장 그럴듯한 설명은, 노조의 반대를 우회하게끔 민영화 프로그램을 실행시킨 정책들이 노조의 반대를 우회하도록 세심하게 고안되었고 그런 우회에 성공했다는 것이다. 노조지도자들에 의해 사용된 전술들을 검토해보면, 노조지도자들이 들고 일어나 반대하는 데 애로점들이 있음을 알 수 있다.

노조지도자들 중 일부는 비용이 많이 드는 일반대중을 상대로 한 홍보 캠페인을 벌였다. 지방정부 서비스들을 위탁자들을 사용하여 제공하게 하는 데 반대하는 노조들이 그런 활동을 했다. 이 노조는 한 해에 1백만 파운드 이상을 홍보비에 썼다. 우체국 기사 노조 [후에 전국통신노조(National Telecommunications Union)로 불림]는 1년 반 동안의 캠페인에 150만 파운드를 사용하였다. 각 경우 이런 캠페인은 그들의 노조원들과 일반대중에게 정보지, 전단지, 스티커, 그리고 회합에 상영된 비디오테이프 등을 통해 메시지가 전달되게 하려는 것이었다. 요약 설명 훈련을 제공받은 노조활동가들에게 미디어 출연과 미디어 보도가 그들을 위해 마련되었다. 그들은 한계 선거구민들. 노인계층, 장애인, 그리고 소외계층과 같은 집단에 특별한 관심을 투입하였다. 이 계층들은 어쩌면 그들이 의존하고 있던 전화서비스에 대해 민영화 이후 계속 제공될지 걱정하고 있을 수도 있었기 때문이다.

그러나 이런 노력은 별 영향력을 행사하지 못했다. 왜냐하면 정부에 의해 사용된 전술들 중 하나가 상장을 촉진시키기 위한 막대한 광고 캠페인이었기 때문이다. 노조의 백만파운드 홍보 캠페인조차도 정부의 수억 파운드에 달하는 캠페인 속에서는 영향력을 행사하기에는 고래 앞의 새우 격이었다. 정부에 의한 매우 전문적이고 능란한 캠페인들은 주식들을 팔기 위해 고안되었지만, 그 캠페인은 또한 민영화도 팔았다. 그 메시지의 일부는 그 서비스가 미래에도 제공될 것임에 대한 재확인이었다.

실천적인 수준에서, 그 정책은 특별히 가능한 모든 반대의 원천들을 하나하나 잠식시켰다. 만약 시골 지역 주민의 전화서비스 지속이 이슈가 되면, 시골 지역에 공중전화를 유지하는 조건이 추가되었다. 만약 소비자들이 요금수준에 대해 걱정하면, 수년 동안 서비스 가격이 인플레이션율과 연계되는 방안이 나왔다. 만약 외국의 매입이 위협이 되면, 황금주(golden share)로 그것에 대처했다. 노조가 기반으로 삼을만한 반대의 근거는 1인치 1인치씩 찍혀나가 버렸다.

노조들의 더 그럴듯한 초기 전술은 경영진과 연합전선을 확보하는 것이었다. 만약 한 산업의 경영진과 노조가 민영화를 반대한다면, 민영화를 달성하기란 쉽지 않을 것이다. 노조들은 영국석유회사[BNOC(the British National Oil Corporation)]의 키어튼 경(Lord Kearton)과 함께 석유와 가스 지주회사의 매각에 반대하고, 영국조선소(British Shipbuilders)의 애트킨슨(Robert Atkinson)과 함께 군함조선소의 매각에 반대함으로써 약간의 성공을 거두었다. 국영기업 총재단(Nationalized Industries' Chairman's Group)으로부터의 다른 반대들이 있었지만 정부는 이런 움직임을 두 가지 방식으로 잠식시켰다. 첫째, 경영진에 공석이 발생하면 정부는 민영화 지지자들로 경영진을 채웠다. 둘째, 정부는 민영화에서의 파트너들로서 경영진들을 대우함으로써 경영진들과 자신들의 연합전선을 확보하였다.

노사분규(industrial action)는 별로 사용되지 않았다. 대표적인 스트라이크로 가스 산업에서의 판매장 매각의 반대, 운하 운송에서의 시링크(Sealink) 매각 반대, 그리고 왕립 오드넌스(Royal Ordnance) 공장들에서 이루어진 반대 등이 있었다. 영국통신이 상장되기 한 해 전에 매각 이후 면허를 받게 될 기업통신에서의 경쟁자인 머큐리(Mercury)에 반대하는 노조 행동이 있었다. 그 노조 행동은 민영화의 결정에 영향을 주는데 필요했던 충격을 내지 못한 후 법적 조치로 중단되었다.

이런 종류의 노사분규는 효과적이지 못했으며, 강경파들에 의한 소규모 행동에 그쳤다. 그 이유는 부분적으로 노조지도자들이 더 광범위하고 장기간의 행동에 대한 노조원들의 지지를 절대적으로 기대할 수가 없었기 때문이다. 가스 판매장의 매각을 중지시킨 것은 경영진의 반대였다. 바로 그 경영진이 1986년의 영국가스의 매각을 성사시켰다.

사건들에 영향을 주려는 노사분규의 실패는 어느 정도는 노조지도자들이 정부의 정책에 의해 그 위치가 정해지는 지위를 보여준다. 최종적으로 이루어진 민영화의 세부 제안들은 공공부문 노동자들이 과도하게 임금을 받고 있고 제멋대로이고 권력이 막강하다는 견해를 공론화하지 않았다. 그 대신 그 제안들은 새로운 환경에서 노동자들의 이익이 확보되게끔 노력하였다. 그 제안들은 노조원들의 이해관계를 노조지도자들의 이해관계로부터 분리시키는 효과를 지니고 있었다. 그래서 노조지도자들은 그들의 배후에 있는 노조원들에서 불확실성을 발견하였다. 그들은 정부와의 직접적인 대결이 노조원들의 자동적인 충성심을 만들어낼 것이라고 주장할 수 없었다. 전국화물운송공사의 경우, 민영화를 지지하고 거기에 참여하는 것이 분명 노조원들에게 이득이었다.

경영진과 정부의 정책은 가능한 한 많은 경우들에서 이런 효과를 달성하려는 것이었다. 노동자들을 포함시키기 위해서 매력적인 제안들이 제시되었을 뿐만 아니라, 교육 캠페인들과 흥행이 그들의 참여를 설득하기 위해 이루어졌다. 피고용자들은 한편으로는 제안된 혜택들, 그리고 다른 한편으로는 국가부분으로 남아 있을 때의 미래를 두고 경중을 저울질했다. 노조원들이 내린 대부분의 압도적 결정은 노조지도자들로부터 제기된 그 어떤 반대에 대해서도 이를 묵살하는 것이었으며, 변화의 과정에 동참하는 것이었다. 노동자들은 새로운 모험에 가시적인 자긍심과 흥분을 가지고 몇몇 경우들에서 민영화에 열광했다는 것은 국유화된 산업들에서의 상황에 대해 많은 것을 이야기해 주고 있다.

한편, 노조지도자들의 첫 번째 반응은 연례총회에서 보상 없는 국유화를 다시 요청하는 동의안을 통과시키는 것이었다. 또한 이미 행해진 모든 것들을 뒤집어엎는 것을 노동당 내부에서 탄원하는 캠페인을 벌이는 것이었다. 하지만 노조지도자들은 이제는 이미 벌어진 일을 되돌릴 수 없음을 수용하면서 타협을 시도하였다. 일반대중뿐만 아니라 피고용자들로부터 만들어진 새로운 이익집단들은, 이미 노조지도자들이 도전하기에는 너무 강력해졌다.

시대의 상징은 일부 노조들이, 여타 이슈들에 대해서 그들의 입장을 변화시키는 데 너무 느리다는 평판이었다. 역시 문제는 민영화에 대한 그들의 입장을 바꾸는 데 있어 그들이 보여준 속도였다. 전국화물운송공사에 관련된 4개의 노조 가운데 세 개의 노조가 결국 민간부분으로 운영을 끌고간 경영진-노동자 컨소시엄을 지지하였다. 전국 철도인 노조(National Union of Railwaymen)는 과거 영국철도를 통해서 국가가 소유했던 일부 호텔들을 경영하는 회사들 중 하나인 그레니글 호텔(Gleneagles Hotels)의 주주가 되었다. 다른 노조들은 영국항공우주(British Aerospace), 아머샴 인터내셔널(Amersham International) 그리고 유무선전신(Cable and Wireless)의 민영화에서 노동자 주주 몫의 배당에서 그들 자신들의 몫을 확보함에 있어 회원들 사이에서 명성을 떨칠 정도였다. 정부도 기록을 빠뜨릴 수 없다. 정부는 광범위한 피고용자들로 하여금 영국통신과 영국가스의 매각을 지지하게 만든 정책적 접근법의 선례를 확립하기 위하여 이들 초기 민영화 사례들에서 관찰된 노조원들의 지지를 활용하였다.

노동자들이 그들의 피고용자로서의 역할에서 민영화로 이득을 얻는지는 더 두고 봐야 한다. 그러나 그들이 주주로서 이득을 얻는다는 점은 일반적인 경우로서 의심의 여지가 없다. 미시정치 전략의 일부는, 노동자들이 그들의 민간부문 노동자로서의 역할에서 그들이 가지게 될지 모를 불안감을 해소할 수 있는 방안을 보여주는 것이다. 그 방법으로 노동자들에게 주주로서의 역할에서 가시적인 이득을 가시화시켜 주기 위해 그들에게 주주로서의 새로운 역할을 부여하는 것이었다.

초기의 결과들은, 비록 노조지도자들의 비관적인 예측에도 불구하고, 이 민간부문 노동자로서의 역할에 있어서도 긍정적이었다. 그러나 최종적인 평가가 이루어지기에는 민영화 이후 지나간 기간이 너무 짧다. 경쟁이 도입된 후에도 임금은 하락하지 않았다. 정말로, 회사들이 그들의 시장을 확대하고 이윤율을 높일 수 있는 민간부문에서의 자유를 이용함에 따라 노동자들은 주식의 자본 성장뿐만 아니라 임금 인상에서도 이득을 얻었다.

노사관계는 악화되지 않았다. 1979년 정부의 출범 이후 대규모 노사분규들이 공공부문에서 벌어졌다는 것이 놀라운 사실이다. 민영화된 기업들에서는 노사분규의 어떠한 대규모 증가도 없었다. 재규어와 영국통신을 포함하여 새로이 민영화된 회사들에서도 분규는 있었다. 그러나 그 분규는 단기간에 끝나거나 회사의 생존 가능성에 상처를 주지 않도록 계산된 것이었다. 일반적으로 민간부문에서는 더 적은 분규가 발생하는데, 새로이 민영화된 기업들은 바로 그런 유형을 보여주고 있다.

노조지도자들은 민간부문으로 옮겨간 후 일자리 상실에 대한 우려를 표명하였다. 예를 들어 영국항만연합(Associated British Ports)은 과거 직접 노동으로 해결하던 서비스들 가운데 일부를 이제는 위탁자들을 이용한다. 유무선전신은 일자리를 없앴다. 영국항공우주도 그렇게 했다. 다른 한편 아머샴 인터내셔널과 영국석유(Britoil)는 더 많은 근로자들을 고용하였다. 민영화가 고용 수준에 미친 효과는 민영화된 회사의 시장 지위가 가장 중요한 요소였지만, 이는 각 회사마다 다르게 나타났다. 영국항공우주, 유무선전신에서는 경쟁적 지위 탓으로 일자리가 줄어들었다.

이는 민영화된 산업들에서는 일자리 수준이 시장의 힘에 노출되어 있고 그 힘에 의해 결정된다는 것을 보여준다.

민영화가 미칠 수 있는 하나의 효과는 공공부문 현상 중 하나와 관련된 것이다. 공공부문에서는 노조의 힘으로 인해 민간 시장에 존재하고 있는 숙련 노동자와 비숙련 노동자들 간의 격차에 비해 공공부문에서의 격차가 더 낮다. 다른 말로 하자면, 국가 산업들에서의 노조는 전문적이거나 혹은 다른 자격들과 기술들을 가진 소수의 사람들의 희생 아래 다수의 비숙련 노동자들의 임금을 인상하자고 아우성친다. 사람들은 그 기업이 민간부문으로 이동하면, 이것이 교정될 것이라고 예상할 것이다. 기업들은 최고의 인재들과 숙련공들에 대한 보상의 폭을 인상해야 한다. 그렇지 않으면 그들은 그들보다 좋은 조건을 제시하는 경쟁기업에 이들을 빼앗길 위험을 감수해야 하기 때문이다. 그러므로 일단 그들이 민간부문에 존재하게 되면, 기업들은 먼저 더 높은 자격을 가진 사람들에게 더 많은 보상을 해주어야 한다. 이런 현상은 예상했던대로 실제로 나타났다. 그렇지만 민간부문을 특징짓는 분배들을 하고 나면, 임금교섭은 시장 상황에 반응하게 될 것이라고 예측할 수 있을 것이다.

노동자들에게 누적되는 혜택의 범위를 살펴볼 때, 결론적으로 말해, 노동자로서의 장기적 혜택을 상실하지 않은 채 그 회사의 주주로서의 혜택을 규모면에서 즉각적으로 인지할 수 있도록 민영화 정책들이 세심하게 구축될 수 있다. 발전의 기회라는 관점에서 볼 때, 노동자의 미래 전망은 실제적으로 개선될 수 있다. 이렇게 볼 때, 그리고 지금까지의 민영화의 무수한 사례들에서 풍성하게 이용 가능한 증거들이 있었기에,

국가기업의 노동자들은 민영화로부터 얻을 그들의 잠재적 이득을 감지해왔다. 여기에 더하여 더 자주 민영화에 협력해왔다는 사실은 전혀 놀라운 일이 아니다. 정책적 세심함이 그 정책들이 달성하려고 구상했던 바들을 보장해왔다.

Ⅳ부

특수 기법들

미시정치학의 핵심 임무 중 하나는 바로 국가서비스의 '개인화'(individuation)이다. 문제는 표준화되고 생산자 중심으로 되어 있는 공공부문에서의 생산물을 사람들이 자신들의 요구에 맞춰 선택할 개인적 대안의 영역으로 변환시키는 일이다. 서비스가 기본적으로 획일적인 산출물에서 탈피하여 개별 소비자들의 선호에 맞아떨어지는 다양성이 확대됨으로써 '개인화된다.' 이는 다양성과 선택이 도입된다는 것을 의미한다.

13
심화 과정

민영화는 정치 시장의 존재를 인정하고 정치 시장과 함께 작동되는 해법들을 찾는 유형의 분석으로부터 도출된 기법들 중 하나이다. 보다 정확히 표현하면, 이것은 일정 범위 안에 드는 여러 기법들을 의미한다. 아주 오래전부터 나타났던 하나의 사실은 그 어떤 것도 동일한 경우는 없다는 점이다. 공공부문에서의 개개의 활동은 모든 다른 활동들과 구분되는 독특한 특성을 지닌다. 이 말은 공공부문에서의 활동들 모두가 독특한 문제들을 안고 있다는 의미이다. 그렇기 때문에 특정한 영역에서 작동되는 기법이라고 해서 영역들 간의 차이점을 고려하지 않고 이를 단순하게 다른 영역에 적용해서는 안 된다.

널리 적용되는 원리들이 있으며, 이 원리들로부터 파생되는 다양한 방법들이 사용되어 왔다는 것은 사실이다. 하지만 관심을 기울여야 하는 개별 경우들이 여전히 남아 있다. 어느 누구도 어떤 방법이 적합한지 사전에 미리 알 수는 없다. 각각의 경우에, 잠재적 해법이 실제로 시도되기 이전에 연구·검토되어야 한다. 영국가스의 매각과 영국통신의 매각 사이에는 유사성이 분명히 존재한다. 그렇다고 하더라도 양자는 결코 동일하지 않다. 한 가지만 차이점을 들자면, (민영화할 때) 영국가스는 지분 100%를 매각했지만, 영국통신은 처음에 단지 51%만 매각했다.

미시정치학은 민영화에 내포되어 있는 이러한 것들까지 포함하여 각 개별 경우들에 관한 연구를 필요로 한다. 현 상황에서 공공부문 내에서 누가 이익을 얻고 누가 손해를 보는지 다양한 이익집단에 분석의 초점을 맞추어야 한다. 이러한 분석이 이루어지고 나면 정책형성(policy formulation)이 시작된다. 이 과정은 공공부문이 처한 상황에 따라 제기되는 문제들을 풀 수 있는 해법들이 제시될 것을 요구하며, 또한 그것들을 우회하는 정책이 구축되게 하는 창조적인 과정이다. 경우에 따라 한 집단의 혜택을 다루는 방법이 다른 집단에게는 문제를 안겨줄 수 있다. 따라서 제안된 정책이 내적 모순에 빠지지 않도록 세심한 주의가 필요하다. 이렇게 해서 완성된 최종적인 정책이 이데올로기를 분명하게 보여주는 경우는 거의 없다. 대부분 특수한 이해관계를 처리하기 위한 부가적인 특별 조항들이 죽 열거되어 있을 가능성이 크다.

공공부문을 분해하는 과정을 어떤 작업과 비교하라고 한다면, 불발탄을 해체하는 일과 같다고 하겠다. 첫 번째 임무는 커버를 벗겨내고 배선을 검사하는 일이다. 모든 연결 상태를 추적하여 각각의 기능에 대한 그림이 그려지면 이제 어떻게 연결을 끊을 것이며 어떤 순서로 해야 하는가 계산을 해야 한다. 이러한 유추는 그리 좋은 것은 아니다. 만일 일을 그르치면, 그 작업을 하는 사람의 면전에서 폭발할 수 있다는 것을 제외하면 말이다.

민영화에서 사용되었던 서로 다른 기법들을 한 번만 둘러보아도 미시정치학이 제시할 수 있는 정책 영역이 매우 넓다는 것을 알 수 있다. 비록 공기업을 매각하는 매우 제한된 범주 내에서조차 실질적으로 매우 다양한 매각 방법들이 사용되어 왔다. 어떤 경우에는 단 한 번에 매각을 했지만, 또 다른 경우에는 몇 조각으로 나눠 매각했다. 100% 매각일 수도 있고 51% 매각일 수도 있다. 매수자는 사기업일 수도 있고, 근로자와 경영자의 컨소시엄일 수도 있으며, 혹은 투자자 일반대중(investing public)일 수도 있다. 현찰로 매각할 수도 있고 할부로 매각할 수도 있다. 시영회사(City firms)들이 포함될 수도 있고, 그렇지 않을 수도 있다. 공공광고를 할 수도 있고 그렇지 않을 수도 있다. 주식 가격은 사전에 미리 정할 수도 있고, 입찰을 통해 결정되도록 할 수도 있다. 이러한 모든 방법들의 변형과 변종이 지금까지 사용되어 왔다. 그 범주는 민영화가 이루어진 숫자만큼이나 넓다. 왜냐하면 각각의 경우가 모두 다르고 각각의 경우가 모두 서로 다른 정책을 요하기 때문이다.

민간부문에 직접 매각하는 것은 미시정치학이 몇몇 공공부문 문제들에 대한 해법으로 제안했던 방안들 중 하나이다. 그것은 해당 특정 산업과 그것을 둘러싸고 있는 경제적 환경에 맞게 이루어져야만 된다. 아머샴 인터내셔널(Amersham international)은 주식상장(flotation)을 통해 직접 매각되었다. 대규모 광고는 없었지만, 통상적인 사적 발행에서처럼 시장에서의 매각을 주재하기 위해 런던시티의 전문가들을 활용했다. 단 한 번에 매각되었으며, 100% 매각되었다. 가격이 즉각 상승했으며, 곧 '헐값 매각'이라는 낯익은 부담이 뒤를 따랐다.

영국석유공사(British Petroleum)는 절제된 민영화였으며, 우연하게도 첫 번째 민영화였다. 1976년 경제 위기 당시 IMF가 노동당 정부로 하여금 자산을 매각하라고 요구한 이래, 정부 지분은 50%를 약간 상회했다. 시작은 1979년 매각이었는데, 이때 정부는 자신의 지분을 50% 이하로 할 수 있도록 만들었다. 재무부 규정은 이제 그 회사가 민영화되도록 했다. 회사의 이윤이 늘고 주식 가치가 높아지자 정부는 나중에 나머지 지분을 높은 가격에 매각할 수 있었다. 유무선전신(Cable and Wireless)의 경우에는 1981년 최초로 49.4%의 매각이 이루어진 이후 1983년 정부가 자신의 옵션을 사용하지 않고 신주 발행을 함으로써 자신의 지분을 45%까지 낮출 수 있었다. 그러나 우발적 또는 비밀스럽게 하는 민영화는 통상적인 선택지는 아니다. 항상 그렇듯이 특정 민영화의 환경은 개별적 특성을 가지고 있었다.

영국항공우주(British Aerospace)의 주식도 아머샴에서와 마찬가지로 우리사주제도 도입 및 전략산업을 외국인의 인수로부터 방어하기 위한 최초의 '황금주' 도입과 함께 절반이 약간 넘는 정도가 매각되었다. 나중에 정부는 이 황금주를 제외한 나머지 주식을 모두 매각했다.

전국화물운송공사(National Freight Corporation)는 은행의 도움으로 경영진과 근로자 컨소시엄에 100% 매각되었다. 주식 매수자에게는 5년간 주식을 되파는 것이 금지되었다. 레드헤드조선소(Redhead shipyard)는 폐쇄되었다가 근로자 컨소시엄에 매각되었으며, 이들이 공장을 다시 열었다. 영국철도(British Rail)의 호텔체인 그리고 운하여객선 및 공기부양선 서비스(Channel ferry and hovercraft services)는 분리시켜 독립적으로 처분되었다. 수많은 다른 국가산업 부속기관들도 그렇게 되었다.

1981년의 유무선전신 주식 매각 때에는 확정가격이었고, 1983년 잔여 지분 매각 때에는 입찰가격이었다. 반대로 영국석유가 1982년 최초 매각될 때에는 입찰가격이었고, 이후 1985년 잔여 지분 매각 때에는 확정가격이었다. 엔터프라이즈석유(Enterprise Oil)의 민영화는 유찰되었다. 재규어(Jaguar) 주식의 경우에 사람들은 할부를 관철시키기 위해 거리투쟁을 했다. 영국통신의 고객들에게는 만일 주식을 사게 되면 통신비 감액이나 보너스 둘 중 하나를 선택할 수 있는 선택권이 주어졌다. 영국가스 고객들에게는 보너스는 물론 주식 우선 배분권이라는 혜택이 주어졌다.

모든 매각은 제각각 다른데, 그것은 각각의 경우가 서로 다르기 때문만이 아니라 예기치 않았던 일들이 끊임없이 새롭게 나타나기도 하기 때문이다. 그것들을 성공적으로 해결할 수 있는 다양한 방법들이 존재할 수 있기에 '정도(正道)'란 존재하지 않는다. 민영화를 '정부자산을 팔아치우는 것'일 뿐이라고 단순하게 생각하는 사람들은 여기에 활용되는 수많은 다양한 기법들을 눈여겨 볼 필요가 있다. 그것은 (민영화의) 목적이 단순한 매각 이상의 것을 달성하는 것이라는 점을 시사한다. 어쩌면 민영화를 통해 손해를 볼 수도 있는 주요 집단들에게 정치적 맞바꿈(트레이드오프)로 많은 혜택이 맞춤형으로 제공된다. 많은 경우 민영화 과정은 나중에 민영화 이전으로 회귀하고 싶은 마음이 덜 하도록 몇몇 집단들에게 혜택을 제공하는 것이 목적이다.

이상과 같은 직접 매각은 광고 캠페인을 하고 또 인기 어린이 음악 프로그램인 라자마타즈(razzamatazz)를 통해 주의를 끌기도 하지만, 유일하게 고도로 가시적인 기법이다. 다른 기법들도 장관(壯觀)은 아닐지라도 대체로 성공적인 것들이었다.

다른 기법들 중 한 가지 방법은 공공 공급에는 전혀 손을 대지 않고, 민간부문에서의 공급 증대라는 대안을 찾는 것이다. 현재 존재하는 공급에는 직접 아무런 위협이 없으므로 사람들로 하여금 효과적으로 대안적 선택을 할 수 있는 환경이 조성된다. 대안 선택을 하는 그런 시도가 더 많아질수록 공공부문에서의 공급이 전체 공급에서 차지하는 비중은 감소한다.

만약 이 방법이 활용된다면, 민영화 비율을 결정하는 것은 바로 대중들이다. 보다 많은 대중들이 민간의 대안 서비스를 구매함으로써 그들 스스로 서비스 자체를 효과적으로 민영화시킨다. 1981년 영국에서 장거리 도시 간 버스 서비스가 민간 사업자들끼리 경쟁하도록 규제가 완화되었다. 민간의 진입이 이루어지자 요금은 어떤 경우에는 국가독점수준이었을 때의 3분의 1 수준까지 크게 낮아졌으며, 반면에 서비스와 안락함은 크게 증진되었다. 대중들은 민간서비스가 시작되는 첫날부터 민간서비스를 이용함으로써 공공부문에 의해 이루어지는 버스 운송 비중을 낮추기 시작했다.

이 기법은 대중들이 현존하는 서비스를 잃을지 모를 위험 없이도 보다 나은 서비스를 원하는 아주 민감한 영역에서 추천되어야 한다. 의료가 바로 그런 영역이다. 국립보건서비스(NHS)에 의해 제공되는 안전은 매우 큰 가치를 갖고 있다는 것은 분명하지만, 그럼에도 불구하고 서비스의 많은 부분이 개선될 수 있다. 국립보건서비스를 건드리지 않는 대신 민간의료가 확산될 수 있도록 고무함으로써 정부는 사람들의 자발적 선택을 통해 민간의료의 비중이 증가될 수 있는 환경을 만들 수 있다.

실제로 수상이 사용자가 제공하는 저임금 근로자들을 위한 직장의료보험에 대해 면세를 다시 도입하자 이러한 상황이 발생했다. 비록 해당 혜택을 받기 위해서는 임금 수준이 8500파운드 이하여야 하고, 또 사용자가 제공하는 건강보험으로만 한정되었지만, 이 제도는 민간의료 시장을 선택할 수 있도록 동기를 부여했다. 1979년 이후 영국에서 이 제도를 선택한 사람은 4배나 증가했고, 여기에는 수십만 명의 노조원들도 포함되었는데, 이들에게 이 제도는 협상을 통해 얻게 되는 혜택이었다.

이러한 접근법의 이점은 국립보건서비스가 그것을 필요로 하고 또 그것을 이용하고자 하는 사람들을 위해서는 여전히 존재한다는 것이다. 그런데 점점 더 많은 사람들이 민간의료기관으로 옮겨가게 되면 희소한 자원이 그것을 필요로 하는 사람들에게 보다 정확하게 사용될 수 있도록 함으로써 공공부문의 짐을 일부 덜어주게 된다. 미시정치학은 자신들을 확실한 중산층으로 여기면서 고도의 안목을 갖고 자신들의 목적을 위해 시스템에 효과적으로 압력을 가하는, 민간의료로 돌아선 그룹들에 주목한다. 일단 민간의료로 가게 되면, 그들은 그 민간의료의 혜택을 유지하길 갈망하는 주요 이익집단이 된다. 그런 선택을 하는 용기 있는 사람들이 점점 더 많아질수록 민간의료는 더 강해지고, 그것을 유지하기 위해 기꺼이 싸우는 집단은 더 강해진다. 이렇게 되면 이제 관심은 민간의료가 성장하도록 하는 다른 방법은 무엇이 있을까 하는 것으로 옮겨가게 된다. 세금 감면 확대, 혹은 자선기부금을 면세 기반으로 더 쉽게 하도록 하는 조치들을 포함한 다양한 조치들이 나타날 것이다.

이 기법은 국가에 의한 공급을 전혀 위협하지는 않지만 대중들에게 선택권을 주는 대안으로서 민간부문을 국가에 의한 공급과 병행하여 육성하는 것이다. 정부 정책과 전반적으로 상승하는 생활 수준으로 인해 그 민간서비스의 선택은 시장의 저소득 계층으로 계속 옮겨가서 마침내 대부분의 사람들로 하여금 시장에서의 선택으로 옮겨가도록 하는 것이 가능해질 수 있다. 점차적으로 그리고 각 개인들에 의해 이루어진 선택들의 결과로 국영 체제는 사람들이 생각하기에 국가가 관심을 기울여야만 한다고 생각했던 것을 제공하는 것으로 천천히 관심을 돌릴 것이다.

국가에 의한 공급을 건드리지 않은 채 대안 선택지로 민간에 의한 공급을 증대시키는 이 방법은 이른바 '미시-점증주의(micro-incrementalism)'라 불리는 미시정치 전략 범주 중의 하나다. 이것은 국민들 스스로가 자기 자신들의 결정으로 변화를 이끌어가는 매력적인 변형을 보여준다. 정책연구팀은 국민들이 선택을 잘했다고 여길 환경이 만들어질 수 있는 제안을 한다. 국민들은 국가 공급보다는 민간에 의해 제공되는 대안을 선택하는 것이 유리하다는 것을 발견한다. 그 선택은 각 개인에 의해 점차적으로 나타나고 그것이 몇 달 혹은 몇 년에 걸쳐 누적적으로 새로운 현실을 만들어낸다. 가장 안전한 혁명이란 장기간에 걸쳐 국민들 스스로가 만들어내는 혁명이다. 우리가 진화라고 부르는 것들이 바로 이런 것이다.

국가 공급으로부터의 탈출을 북돋는 이러한 정책들은 '미시-점증주의'라 부르는 범주에 들어간다. 선택권을 부여하는 이 전략의 핵심은 대안이 보다 매력적이 될 수 있도록 하는 정책에 있다. 가격을 싸게 할 수도 있고, 품질이 더 좋게 할 수도 있고, 이용을 더 편리하게 할 수도 있을 것이다. 이런 정책을 시행할 수 있는 배경은 국민들이 이미 국가 공급에 대해 일정한 대가를 지불하고 있다는 점이다. 다른 조건이 일정하다면 두 배 이상 지불할 능력이 있는 소수의 부자들만 선택권을 행사할 수 있을 것이다. 따라서 이 정책에서는 다른 조건이 일정하지 않다는 것을 분명하게 할 수 있어야 한다.

이 정책은 대안에 대한 접근이 용이하도록 하고, 국가로부터의 탈출을 북돋을 수 있도록 고안된 다양한 전략을 통해 저소득층 시장에서 선택이 이루어지도록 할 수 있다. 이에 대한 지출을 면세로 할 수도 있고, 기업의 정당한 지출(비용)로 처리하게 할 수도 있다. 독점을 무효화할 수도 있다. 민간에 의한 공급을 가로막는 장벽과 부담을 제거할 수도 있다. 이들 중 어느 것도 '깔끔한(clean)' 해법은 아니다. 전통적인 자유시장 정책은 공공 공급 자체를 신랄하게 비판하면서 국가서비스를 당장 중단해야 한다고 할지도 모른다. 하지만 이런 정책은 국가부문 집단이 제공하던 혜택을 누리던 소비자들이 느끼는 두려움과 걱정을 전혀 고려하지 않고 있기 때문에 실패할 것이다. 이 이슈가 정면으로 나서면 모든 반대자들이 등장하고 이들이 뭉치도록 만든다.

모든 반대자들이 서로 뭉치지 않도록 하는 것이 미시정치 전략의 기본이다. 그와 반대로, 반대자들의 일부를 우군으로 돌리고, 이들이 우군 진영의 그룹들과 연대하여 다른 반대자들을 제압하도록 상당한 재능과 노력을 기울여야 한다. 이를 위해 사용되는 보다 혁신적인 전술은 여러 계급들(classes)의 하부영역들을 감싸 안는 것이다. 폭넓은 계급들과 관련된 이들의 활동과 상태를 통해 문제를 바라볼 수 있다. 이에 따라 '지주', '차지인(소작인)', 혹은 '기업'이 직면하고 있는 어려움들에 대해 이야기하고, 계급 전체를 아우르는 해법을 찾을 수 있을 것이다.

이 접근법은 두 가지 약점을 갖고 있다. 우선 이 접근법은 계급을 전체로 취급하는 전체론적 접근법에 가깝게 간다. 둘째, 나타나는 어떤 제안도 광범위한 계급들 혹은 그들이 반대하는 이해관계를 가진 집단들에게 혜택이나 벌칙을 가함으로써 거대한 집단적 반발을 일으키기 쉽다. 즉, '지주들'에게 도움을 주거나 부담을 경감시켜주는 수단들은 '차지인들'에게 적대감을 일으킬 수가 있다. '기업'에 도움을 주는 수단들은 '피고용자' 혹은 아마 '소비자'에게도 분노를 야기할 수 있다.

미시정치학은 이들 계급들을 보다 분리해서 다루기 위해서 작게 쪼개는 세분화의 이점을 알고 있다. 이는 다루어야 할 그룹들의 규모를 줄임으로써 반대자들의 규모를 줄여버린다. 더 중요한 것은, 문제나 해법을 가진 계급들의 일부분을 선별해내고 이들만을 취급한다는 점이다. 거시분석은 거대그룹을 보고 그 차원에서 세세한 것을 적용해 보고자 한다. 반면 미시분석은 문제가 어디에 놓여 있는 것인지, 그리고 이것을 어떻게 풀 수 있는 것인지 알기 위해 이들 그룹들의 하부단위를 바라보고 좀 더 세밀하게 들어간다.

예를 들어 민간임대주택 부족 현상이 발생했는데, 그 원인이 임대료 통제와 임대기간 안정에 있다고 하자. 이론적으로는 민간 임대인들 계급 전체를 하나로 취급해서 해결하는 것이 가능하지만, 현실에서는 모든 임차인들이 반대하고 또 그들을 지지하는 집단들의 반대로 수포로 돌아갈 수 있다. 보다 작은 규모에서의 분석은 이 문제가 새로운 임대물의 부족 때문에 발생하는 것이고, 따라서 '새로운 임대인들'을 별도로 다루기 위해 그 계급의 하위그룹을 고려할 수 있어야 한다. 그 분석은 하나 혹은 두 개의 집을 추가로 소유하고 있는 사람들이 그것을 임대할 수 있다면 문제가 해결될 수 있음을 보여줄 수 있다. 또한 이들 '소임대업자'라고 하는 하위범주에만 해당되는 다른 규칙과 예외를 만들자고 세분화를 제안할 수도 있을 것이다.

이와 비슷한 것으로 기업이 부담해야 하는 세금과 부담들이 기업 확장과 일자리 창출을 어렵게 만든다는 문제가 있다. 기업으로 가야 할 많은 노력들이 기업 규제에 순응하느라 분산되어버리고, 그래서 일자리가 충분히 만들어지지 않는다. 거시 수준에서의 분석은 이를 알고 있기에, 그래서 조세 부담을 줄이고 규제를 완화해야 한다는 제안을 한다. 그것이 이루어질 수 있다면 이는 대단히 훌륭할 것이다. 그러나 이는 거대하고도 강력한 그룹들의 저항을 불러온다. 이런 정책은 현재의 주어진 정치 시장에서 성공할 것 같지가 않다. 미시분석은 그 부담이 대기업의 참모진도 갖고 있지 못하고 또 자원도 갖고 있지 못한 소기업에 더 심각하게 귀착되고 있음을 본다. 더구나 경제에서 새로운 일자리는 대부분 소기업에서 창출되고 있다. 미시분석 해법은 기업의 새로운 하부범주인 '소기업'을 고려하고 이들을 분리해서 별도로 다룰 것을 제안한다. 이들이 문제를 보다 더 심각하게 느끼는 범주들이며, 그 해법의 원천이다. 고용인 20인 이하의 소기업을 위한 특별환경의 제안도 가능할 것이다. 이렇게 함으로써 그것은 기업 전체를 다루는 법률 전체의 전면적 재편이 초래할 수 있는 전반적인 적대감을 유발하지 않고도 적절한 해결책을 제시할 수 있을 것이다.

계급들의 하부집단들을 취급한다는 것은 두 가지를 의미한다. 즉 반대편에 있는 집단들이 유사하게 하부그룹으로 나뉜다는 것이고, 문제의 원천과 그 해결수단에 보다 정확하게 초점을 맞출 수 있다는 것이다. 미시정치학은 따라서 보다 큰 집단을 하부그룹들로 분류하는 참신한 방식을 만들어내고 이를 인식할 태세가 되어 있다는 점, 그리고 그들에 대한 특별한 취급을 강구할 태세가 되어 있다는 점이 특징이다. 이것이 말처럼 그렇게 놀랄만한 것은 결코 아니다. 미시분석가들에게는 2만 명이 근무하는 백화점에 비해 2명이 근무하는 구멍가게가 전혀 다른 환경에 직면해있다고 분명하게 인식한다. 만일 큰 규모의 가게를 위해 디자인된 규칙을 작은 가게에 적용하는 것이 과도한 문제를 야기한다면 그 차이를 인정하고 이에 따라 다르게 취급하는 것이 더 합리적인 것으로 보인다. 만일 공장에서 근로자를 보호하기 위해 고안된 법률들이 보조점원 1명을 데리고 있는 소상인에게 적용된다면 이는 크게 잘못된 정책 시행이다. 즉, 보다 많은 판매와 보다 많은 일자리의 창출에 자기 시간을 사용하도록 시행되는 법률이 실내온도를 체크하고 화장실의 크기를 점검하도록 만든다면 이는 분명히 잘못된 일이다.

이러한 태도에 대해 두 가지의 의문이 생긴다. 첫 번째는 만들어지는 경계선들에 관한 것이다. 만일 하부그룹들이 특별취급을 받는다면 그 경계선에 있는 사람들에게는 다른 계급으로 이동하려는 동기가 감소된다. 만일 소임대인이 특별취급을 받게 되면 대임대인이 되려는 의욕을 감소시킨다. 20명 이하 근로자를 고용하고 있는 기업이 특별취급을 받게 되면 21번째 근로자의 고용을 꺼린다. 이 말은 옳지만 그리 심각한 문제는 아니다. 계급들을 하부그룹으로 나누는 것은 서로 경계가 있기는 하지만, 그 구분이 하는 역할은 커다란 장애물을 제거하여 보다 적은 범주로 들어가도록 움직이는 일이다. 첫 번째 근로자를 고용할 때 기업가가 뛰어넘어야 할 커다란 계곡이 존재한다. '소'기업을 구분하는 일은 그 계곡을 줄이지만, 나중에는 그 사이에 더 작은 계곡들이 만들어진다. 모든 부담과 위험을 한꺼번에 해결하는 대신 하부그룹을 분리하는 일은 기업들이 성장하는 것에 따라 단계적으로 실행된다.

다시 말하면 이러한 종류의 미시정치에서 나오는 정책은 '경계 효과'에 의해 야기될 수도 있는 영향을 줄이는 쪽으로 상당한 능력을 발휘한다. 그것은 구획들 사이에 가로놓여 있는 장애물들을 제거하는 혁신적인 제안들을 계속해서 찾는다. 당연히 규제 완화와 장애물 제거의 경험은 앞으로의 활동이 보다 쉽게 완수될 수 있도록 하는 혜택을 부여할 것이라는 기대를 갖게 만든다. 최초의 시도는 가장 긴급한 곳의 문제에만 집중함으로써 반대파들을 제한하기 위해 특수한 하부구역에 제한된다. 하지만 궁극적인 희망은 그것의 성공적인 결과가 여타 하부구역으로 하여금 유사한 대우를 요구하도록 만들고, 그래서 그 실제적 결과가 그것의 확대에 반대하는 반대파들을 줄이는 것이다.

또 다른 반대는 특별 구역만 골라 우대조치를 하는 것은 불공평하지 않다는 점이다. 만일 규제를 완화하고 장애물을 제거하는 것이 옳다면 모든 사람에 대해 해야 한다는 것이다. 이것은 맞는 말일 수 있다. 하지만 문제는 모든 사람에 대해 동등하게 하는 것이 가능한가 하는 점이다. 만일 그 대답이 '노'라면, 그리고 이해관계 집단들로부터의 반대가 그것을 가로막는다면 그때에는 아무 것도 못하는 것보다는 일부라도 하는 것이 더 나은지 혹은 아닌지의 문제로 내려온다. 미시분석가들은 만일 그렇게라도 해서 문제의 상당부분이 해소될 수 있다면 일부에게라도 실행하는 것이 더 낫다고 제안한다. 당장에는 어떤 일부에만 국한될지라도 지금 실행하는 것이 나중에 다른 것에도 실행하기 쉽게 만든다는 추가적인 보너스 가능성이 항상 존재한다.

공평성 차원에서, 거시 수준에서 분석하면서 하부영역에 대해 특별하게 취급하는 것은 어떤 정책이 전반적으로 적용될 수 있도록 하지는 못한다고 주장하는 학파가 있다. 이 주장에 따르면 선택적 타깃팅을 통해 문제를 대략 해결해버리면 근본적인 해결로 끌고 갈 수 있었을 압력이 약화된다는 것이다. 어떤 사안을 가능한 한 그냥 악화된 상태로 두게 되면 어느 날엔가 전체 계급의 활동을 위한 해법을 요구하게 될 압력이 남아 있게 된다는 것이다. 이 주장의 논리는 점진적 개선은 완벽의 추구를 방해하기 때문에 피해야 한다는 점이다. 이는 모든 것이 일시에 해결되는 '그날(great day)'이 동터올 때까지 아무 것도 하지 말아야 한다는 종말론적인 정치학(apocalyptic politics)이다. 이것은 정도는 다르지만 점진적으로 개선이 일어나고 또 해결되지 않은 채 남겨진 문제들은 계속해서 무한정 악화되는 현실세계와는 너무 동떨어진 이야기다. 애덤 스미스도 지적했듯이 "한 국가에는 너무나 많은 몰락이 존재한다."

계급을 하부집단으로 나누는 것과 유사한 전술이 있다. 직업 등 사회적 위치로 나누는 대신 지역별로 분리하는 것이 그것이다. 소규모 실험정책이 그렇다. 규제 완화 또는 통제 완화 및 장애물 제거 시 긴급한 경고가 나오고 강력한 반대가 일어난다면 제한된 지역에서 그 효과를 테스트하는 실험을 해보아야 한다는 제안이 나온다. 만약 예상된 재난과 재앙이 발생한다면 사회 전체에 실험해 볼 필요는 없다. 테스트지역에만 한정되어 실험은 끝난다. 마찬가지로 혜택이 반대효과보다 훨씬 많이 나타난다면 이 방법들을 더 큰 규모로 실천할 수 있다.

이러한 사고의 형태는 기업특구(산업단지)나 자유무역항 같은 혁신적인 제안을 하는 경우에 사용된다. 이 제안의 지지자들이 주장하듯이 규제가 완화된 환경은 기업활동을 활발하게 하고, 부와 일자리를 창출할 수 있을 것이다. 다른 한편, 규제라고 하는 보이는 손이 없다면 무슨 일이 발생할지 불확실하다. 특별구역(특구) 아이디어는 테스트를 가능하게 한다. 결과가 나오고 나면 그 결과에 대한 주장은 더 이상 이론적 차원에서 논의될 필요가 없다. 실제 실험이 그 주장의 진위 여부를 판단할 것이다.

나아가 이 실험들은 정치적 과정을 통해 이루어질 수 있다. 왜냐하면 그 실험들은 선발된 지역에 대해 특별한 이점을 제공하기 때문이다. 통상 그렇듯이 그런 혜택을 주는 사람들보다는 혜택을 받을 사람들이 더 강경하게 투쟁한다. 따라서 실험지역으로 지정될 지역은 정책을 지지하는 효과적인 로비를 구축한다. 영국에서의 자유무역항 선정에는 선정되고자 하는 46개 지역의 지원서가 잇따랐는데, 그들 모두는 특별한 혜택을 얻고자 하는 희망으로 자유무역항 제안을 지지했었다. 지역에서 선출된 모든 정당들의 의원들이 자신의 지역구의 지원서를 후원했다는 점은 이데올로기보다는 이해관계가 훨씬 더 강력하다는 점을 잘 보여준다.

나라 전체가 자유무역항이 되어야 한다거나 또는 기업특구가 되어야 한다는 주장은 적절한 주장이 아니다. 요점은 그렇게 될 수 없다는 것이다. 소규모 실험에 의해서는 기회가 생기지만, 한꺼번에 해결하고자 하는 거시규모의 제안은 그렇지 못하다. 만약 소규모 실험이 성공하게 되면 이 소규모 실험지역은 다른 지역들에게 규제 완화를 위한 로비를 하도록 추동함으로써 자신들도 동일하게 대우해달라는 아우성으로 발전하게 된다.

그러나 여기에는 아주 심각한 반대 목소리들이 있다. 첫째, 이 실험들을 소규모로 해서는 타당하지 않다는 주장이 있다. 왜냐하면 그것들이 서로 다른 효과를 내기 때문이다. 즉 한 지역이 제공하는 혜택으로 인해 기업들이 그 지역으로 가게 되면 다른 지역에서는 기업들이 빠져나오기 때문이다. 이는 어느 정도는 사실이며, 얼마나 많이 빠져나오는지 알아내는 것이 우리가 할 일이다. 기업특구가 다른 곳에서 일어날 수도 있었을 성장을 자신 쪽으로 끌어들이는 것은 분명하다. 다른 인센티브와 더불어 지방세 면제 그리고 사업 계획을 쉽게 하는 규제 완화가 제공됨으로써, 기업들에게는 현재 입지에서보다 그곳에서 사업을 확장하는 것이 유리해진다. 그런 두 가지 사례로는, 그런 기업특구에 입지하는 경향이 있는 대형 슈퍼마켓, 그리고 이미 다른 곳에 입지하려고 했다가 기업특구로 옮기기로 결정한 인쇄 공장들이 있다.

자유무역항의 경우에는 이러한 경향이 좀 덜하다. 왜냐하면 해외 무역을 장려하기 위해 항구를 사용하는 것에 방점을 두기 때문이다. 자유무역항은 그것이 없었다면 외국에서 생겨날 일자리에 초점을 두고 있다. 하지만 기업특구나 자유무역항 둘 다 그 실험은 차별적 효과로 인해 얼마나 많은 새로운 일자리가 다른 곳으로부터 옮겨오는가에 대한 분석에 의해 뒷받침되어야만 한다. 영국에서의 실험은 기업특구에서 창출된 새로운 일자리의 상당부분, 즉 대략 절반 정도는 실제 새로운 것이 아닌 반면에 자유무역항에서 생겨난 소수의 일자리는 그렇지 않다는 것을 보여준다. 이 결과를 판단해 보면 부담을 줄이고 규제를 완화하는 환경에 의해 일자리가 증가한다는 것을 보여준다. 이는 곧 광범위한 규제 완화가 일자리를 창출할 수 있다는 것을 강력하게 보여준다.

지역별 소규모 실험에 대한 보다 심각한 반대는 미시분석 그 자체로부터 나온다. 미시분석이 주장하는 것은 이익집단으로서의 관료집단이 충분하게 고려되지 않는다는 점이다. 실험들이 광범위한 반대를 유발하지 않고 지역과 그 지역의 의원들의 지지를 이끌어낼 수는 있지만 그 실험을 주관하게 될 관료들에게는 그 거래에서 충분한 반대급부가 제공되지 않는다. 그 결과 공무원 조직(civil services)에서 세세한 제안들이 만들어질 때 그 제안들은 새로운 관점에서 치고 나가게 되기보다는 전통적인 틀 안에서 실험을 흡수해버리고 말게 될 것이다.

기업특구와 자유무역항 모두에서 이러한 일들이 빈번하게 일어난다는 비판이 일고 있다. 기업특구란 규제나 제한이 없는 지역을 의미한다. 그런데도 공무원조직은 이들을 기업특구들이 아니라 보조금을 받는 특혜의 섬들로 변화시킴으로써 기존 지역정책의 연장으로 만들어버린다. 자유무역항은 재무부 관리들이 매번 현존하는 규제의 틀 내에 가두고 그 어떤 새로운 규칙을 적용하지 않기로 결정함으로써 더 나쁜 결과를 보인다.

만일 이러한 주장이 계속되고, 그것을 뒷받침하는 증거들이 존재한다면, 실험들은 상당한 정도로 무력화될 것이다. 하지만 그런 사실이 소규모 지역적 실험의 원리를 쓸데없는 것으로 만들지는 않는다. 이때 할 일은 그 정책의 지지자들이 처음 정책을 고안한 이들에게 다른 집단들의 반대를 물리치기 위해 구축했던 바로 그 방식으로 관료들의 반대를 극복하거나 우회할 수 있는 정책들을 다시 만들도록 돌려보내는 것이다.

제한된 지역적 실험, 그리고 계급의 하위그룹으로의 분할 이 두 가지 모두 그 배후에 하나의 원리가 있다. 즉, 대규모보다는 소규모로 움직이게 하는 편이 보다 쉽다는 것이다. 제한된 지역에서 혹은 제한된 집단에서의 행동은 소수를 다루며, 소수가 다수보다 훨씬 더 힘이 있다는 것이 미시정치학의 근본이다. 소수는 자신들의 이익을 더 즉각적으로 알아채고, 그 가치를 분리해낸다. 특정 이익을 유지하려고 할 때 대중들이 전반적으로 묵인하는 것은 대체로 가치가 낮고 투쟁할 가치가 별로 없어서다. 그 소수에 대한 특별한 대접에서 어떤 혜택이 나오든, 즉, 규제 완화이든 부담의 완화이든 상관없이, 그것은 실험을 하는 소수 집단에게는 보장하기가 더 용이하다.

일단 확보된 이러한 교두보들은 이것이 더 확장될 수 있다는 희망을 준다. 그 소수 집단을 구획지을 경계의 설정이 매우 자의적인 선택일 뿐이라는 비판은 오히려 하나의 미덕이 될 수 있다. 자의적이라는 것은 사실이다. 20인 이하의 근로자를 고용한 기업을 '소기업'으로 취급할 수도 있다. 아니면 10인, 혹은 25인, 혹은 50인을 기준으로 그 경계를 정할 수도 있을 것이다. 본래의 영역 설정은 비록 그것이 자의적이라 할지라도 두 가지 기준에 따라 이루어진다.

첫째, 문제를 해결하는 능력에 바탕을 두고 경계의 선택이 이루어진다.

만일 20인 이하 근로자를 고용한 기업에서 창출되는 새로운 일자리의 비중이 크고, 다음 집단으로 가기 위해서 괄목할 만한 무언가가 있어야 하는 경우라면 20인이라는 최초의 범주에 맞추어도 좋다고 할 수 있다. 만일 모든 민간임대의 80%가 5채 이하의 집을 소유한 임대업자들로부터 나온다는 연구결과가 나와 있다면, 최우선 관심을 이 소규모 임대업자 계급에 집중하고 이 범주에 맞는 사람들을 구성한다. 다른 말로 하자면, 특정 경계의 첫 선별 기준은 그 경계에 의해 선택된 집단이 우리가 염두에 두고 있는 해법에 얼마나 공헌하는지에 경험적 바탕을 두고 있다.

그룹의 규모를 선택하는 두 번째 근거는 그 그룹에 주는 혜택에 반대하는 정도가 얼마나 될지에 대한 추정이다. 만일 20인 이하 근로자를 고용하고 있는 기업에게 특별 예외를 주는 것보다 30인 이하 근로자를 고용하는 기업에게 주는 것이 보다 많은 적개심을 불러온다면, 보다 낮은 단계로 가는 것을 고려해야 한다. 비슷한 기준이 '소규모 임대업자'를 구분하는 경우에도 적용된다. 둘 다 어떤 의미에서도 '공정'하지는 않다. 정반대로 우리의 기본 가정은 전체 시스템이 불공정하다는 것이다. 따라서 불공정이 조금이라도 감소한다면 그것이 곧 개선이다. 각각의 시도에서 달성할 수 있는 최대한을 결정하는 것은 앞서 언급한 두 가지 기준으로부터 나오는 경험적 성격의 것이다.

그러나 규모를 정하는 경계가 자의적이라는 사실은 이점으로 작용할 수 있다. 일단 경계가 선정되고 특별대우의 혜택이라는 수확을 얻으면, 그리고 그것이 개혁으로부터 비롯되었음이 드러나면, 그 방향으로 움직이지 않을 이유가 없다. 그 과정 자체의 성공은 다음 집단으로 하여금 자신들도 거기에 포함되게 해달라는 요구를 창출해낸다. 이런 식으로 경계선을 확장해 나감으로써 최초에 가능했던 것보다 특별대우를 받을 자격이 더 많아지는 쪽으로 나아갈 수 있다. 경계가 정말로 자의적이라면, 그것은 변경될 수 있다는 의미이기도 하다.

이와 똑같은 경험적 경향은 서로 달리 취급을 해야 할 그룹들의 경계를 선정하는 데 있어서도 일관되게 추구되고 있으며, 이 절에서 고려된 모든 기법들에도 그대로 스며들고 있다. 그룹 규모의 경계의 선택은 특정 경계가 문제의 해결에 얼마나 도움이 되는지와 그것이 반대자들의 숫자를 관리 가능한 수준으로 얼마나 낮출 것으로 기대되는지에 따라 결정된다. 마찬가지로 지역적인 테스트 구역을 어디로 할지, 몇 군데 지역에서 실시해야 할지, 그리고 그것들의 크기는 얼마로 해야 할지와 같은 문제들도 유사한 요소들에 의해 결정된다.

만약 국가의 공급을 받지 않고서도 민간이 제공하는 대안들이 성장할 수 있다면, 그 가능성이 충분함을 입증할만한 유인책의 수준과 관련하여 타당한 추정치가 이루어져야 한다. 세금 감면은 통상적으로 세수의 감소를 포함한다. 그래서 만일 특정 숫자의 사람들이 더 이상 국가로부터 특정서비스를 공급받지 않는다면 이에 따른 절약의 정도가 계산되어야 한다. 다시 한 번 말하지만, 계산은 경험적이다. 예를 들어 만일 10%가 민간의료를 선택한다면 그로 인해 절약되는 것이 얼마이고, 그 10%가 국가의 공급으로부터 빠져나가도록 장려하기 위해 필요한 감면의 비용은 얼마인지를 추계해야 한다.

이런 계산들 대부분은 시장조사에 의해 뒷받침되는 추측(guesswork) 이상의 경험적 연구를 필요로 하지 않을 것이다. 특정 유인이 주어졌지만 실제로 그것을 제공하지 못하는 상태에서 얼마나 많은 사람들이 민간이 제공하는 대안을 선택할 것인지를 판단할 정확한 방법은 없다. 물론 특정 추계는 사람들의 의향에 대한 조사에 기반을 둘 수도 있다. 그러나 그 의향들이 실제 행동으로 옮겨질지는 아무도 자신 있게 말할 수 없다. 그럼에도 불구하고 재정건전성의 식이요법을 시도하고 있는 정부의 동의를 얻기 위해서는 적어도 재정적으로 중립적인 개혁을 제안할 필요가 있을 것이다. 이러한 상황에서 유인책이 세워져야만, 가능해질 수 있는 절약이 사라져버리게 될 수입을 능가하게 된다. 그리고 이것은 실제 계산의 문제다.

만일 누군가 공공선택학파가 제시한 이해가 그것들을 기반으로 산뜻하고도 일관된 정책 형성 시스템을 구축할 수 있다고 생각했다면, 그는 이제 다른 사상을 가져야만 할 것이다. 산뜻하고 일관된 정책이 될 필요는 없다. 그 시스템은 산뜻하고 일관되지만, 그것이 생산하는 정책들은 그렇지 못하다. 그 기반은 일종의 이익의 계산이고, 수용 가능한 맞바꿈을 제공하는 일종의 정책 구축이다.

이익집단들이 누리는 혜택과 이익은 마치 혈관 속에 들어가는 이물질의 표면에 있는 단백질 그룹처럼 눈에 잘 띈다. 이들 이익집단들에 대처하는 정책은 마치 침입자에 대항하는 항체처럼 그것들에 맞먹고 그것들을 중화시킬 수 있도록 만들어져야 한다. 하나하나는 다루기 불편한 듯이 보이고, 필요에 따라 그저 함께 모아놓기만 한 것처럼 보인다. 그렇지만 그것의 통일성은 구축 방법론과 그것을 하는 원리들에 있다.

14
선택의 역할

재화가 아닌 서비스 공급의 경우에 공공부문은 표준화된 산출물의 생산에 적합하다. 다양성보다는 통일성이 특징이다. 만일 그 구조와 상태(status)가 이미 정해져 있다면 이는 충분히 예측가능하다. 어떤 서비스가 제공되어야 하는지, 어느 만큼의 서비스가 제공되어야 하는지에 대한 결정은 주로 정치적 결정들이다. 이 결정은 부분적으로는 이를 제공할 여유가 있는지에 영향을 받게 되며, 이는 정치지도자들이 생각하기에 대중들이 어떤 지출을 지지할 것인지에 의해 결정된다.

이것은 만일 해당 결정이 자기 자신의 것이라면 사람들이 기꺼이 지불하고자 했을 것과는 같지 않다. 이것은 해당 국가의 경제적 상황에 의해 영향을 받을 수 있으며, 이는 부분적으로는 국제적 사건의 결과물일 수도 있다. 정치지도자들이 틀릴 수도 있다. 정치지도자들은 사람들이 자신들을 위해 지불하고자 하는 바를 과소평가할 수도 있으며, 또 일반적이고 보편적인 가치 대신에 정치지도자 자신의 가치를 반영하여 그것에 너무 높은 가치를 부여할 수도 있다.

공공부문에서는 질적인 면에서는 아니겠지만 양적인 면에서 과잉 생산되는 경향이 있다. 따라서 하루 종일 텅텅 빈 채 돌아다니는 수많은 버스들을 보게 된다. 생산자 포획 효과, 과잉 인력, 과소자본화(under-capitalization)에 더하여 정치적 과정에서 소비자의 목소리는 산발적으로 반영될 뿐 거의 반영되지 않는다. 이 시스템은, 생산자들 자신들을 위해 고안된 것이었다면 반드시 그렇게 하지는 않았겠지만, 생산자는 대다수 대중들에게 획일적인 서비스를 제공하는 것이 편리하다고 여기는 그런 시스템이다.

정치 시장으로부터 파생되는 하나의 특징은 국가가 제공하는 서비스가 통상 소수를 위한 좋은 서비스가 아니라 다수를 위한 빈약한 서비스라는 점이다. 국가의료서비스를 예로 들자면, 운행 중인 10개의 앰뷸런스 중 9개 정도는 비상상황에 사용되는 것이 아니다. 이 말은 대중교통수단이나 자가용을 이용할 수 있는 사람도 앰뷸런스를 이용한다는 뜻이다. 사용 시점에 아무런 비용도 지불하지 않으며, 또 수많은 사람들에게는 괜찮은 서비스를 제공한다. 다른 한편 앰뷸런스 서비스에는 생명을 살리기 위해 필요한 응급장비들이 결여되어 있다. 그 차량에는 갑작스런 심장 문제나 외상(外傷)과 같은 경우에 대처하기 위한 장비들이 구비되어 있지 않다. (영국에서와는) 다른 재정충당 방식이나 다른 수준의 정치 시장을 가진 다른 나라들은 응급시설이 잘 갖춰진 차량들을 구비하고 있으며, 앰뷸런스를 공짜 택시로 쓰게 하기 위해 그렇게 많은 자원을 쏟아 붓지는 않는다.

공공부문이라고 하는 것이 금전 대신에 표를 구걸하는 곳이기 때문에 서비스는 머릿수를 헤아리게 된다. 다중을 위한 서비스는 비록 그것이 사소한 것이라 할지라도 지지를 이끌어낸다. 소수를 위한 주요 서비스는 정치 시장에서는 큰 가치를 갖지 못한다. 만일 대중들이 그 서비스에 대해 얼마나 많이 지출할까, 어떤 서비스를 구매해야 할까를 선택하게 된다면, 그들은 반드시 동일한 배분 유형을 선택하지는 않을 것이다. 그들이 갖고 있는 진짜 관심, 즉 실제 금전은 자신들에게 진짜로 중요한 서비스를 위해 절약할 것이다.

국가부문에 대한 대안들이 있는 곳이라면, 비록 그것이 대부분의 사람들의 재력의 영역 내에 있지 않다 하더라도, 흥미롭게도 민간 경쟁자들이 가치 있다고 여겨 기꺼이 지불하고자 하는 데에 제공되고 있음을 목격하게 된다. 건강과 관련해서 보자면, 생산자들이 환자들을 치료하기 편한 시간이 언제인지 하는 것보다는 환자 자신들이 원할 때 치료받고자 하는 욕구가 압도적이다. 치료 시간에 대한 선택권이야말로 민간의료를 구매하는 사람들 사이에서 굉장히 높게 평가받는 부분이다. 두 번째는 각 개인의 의도가 관심을 받게 된다는 점이다. 고객으로서의 환자들은 자신들이 어떤 커다란 기계에서 만들어지는 소시지처럼 취급된다고 느끼기보다는 더 많은 개인적인 대우를 받기를 선호하고 그런 의료서비스를 구매한다. 세 번째는 병원들이 환자들에게 기여하고 있는 더 높은 사생활 보호, 민간의료에서 환자에게 제공하는 더 높은 수준의 존엄성과 같은 소소한 쾌적함이다.

교육분야에서 부모들로 하여금 등록금을 내면서 다니는 학교라는 대안을 찾도록 동기를 제공했던 것은 학부모들의 소망을 달성하는데 실패한 국립 체제였다. 민간교육부문에서 각 아이들이 받고 있다고 여겨지는 개별적 관심의 정도 차이야말로 왜 학부모들이 세금을 통해 교육비용을 지불했음에도 불구하고 국립교육을 거부하고 민간부문에 중복해서 지불을 해야 하는지를 설명하는 이유로 거론된다. 아이들은 국립 체제하에서는 제대로 교육 혜택을 받기 위해 개개인의 대응방안이 마련돼야 한다는 느낌을 받는다. 국가시스템 하에서 좋은 교육을 받을 수 있을지 여부는 각 개인의 행운에 속하는 일이라는 생각이 든다. 만약 좋은 교육환경이 있는 지역에 살거나 혹은 좋은 선생님의 영향력이 미치는 곳에 있게 된다면 그들은 행운을 잡은 것이다. 그렇지 않다면 그들은 각자의 운에 맡겨진다. 민간의 대안은 각 아동이 운에 덜 내맡겨지게 하고, 각각의 경우 아이에게 최고의 것을 이끌어내기 위해 애쓴다고 인식되고 있다. 이것이 사실이라면, 왜 사람들이 그런 노력에 대해 기꺼이 지불하고자 하는지를 알 수 있다.

민간학교를 선택하는 부모들에게 영향을 미치는 또 다른 요인은 이러한 학교들은 교육전문가들이 평가하는 것보다는 부모들이 가치가 있다고 판단하는 유형의 교육을 제공한다는 사실이다. 민간부문에는 생산자에 의한 통제가 없다. 그래서 생산자의 가치 그 어느 것도 강제되지 않는다. 부모들은 자신의 아이들이 민간 교육에서 사회적 실험의 대상이 되고 있다고 느끼지 않으며, 그 대신 자신들이 보기에 아이들이 습득하기를 바라는 근본적인 기술들을 배운다고 생각한다.

대부분의 사람들이 대체로 유사한 것들을 원하고 필요로 하기 때문에 국립서비스가 표준화된 산출물을 제공한다는 것은 상당히 타당한(legitimate) 견해다. 통상적이지 않은 필요 혹은 특별한 필요를 갖고 있는 사람이라면 민간에서 제공하는 대안을 찾을 수 있다. 그 반면에 대다수는 국가가 제공하는 것에 만족할 것이다. 이는 타당한 견해이기는 하지만 반드시 옳은 견해라고는 할 수 없으며, 테스트하기도 매우 어려운 관점이다. 사람들이 그 색깔이 검기만 하면 원하는 어떤 농도의 검정색이라도 가질 수 있다고 한다면, 그들이 검정색 이외에 어떤 다른 색을 선호하고 있는지를 알아내기는 매우 어렵다.

그러나 현재 나타나고 있는 증거들만으로도 사람들이 다른 색깔들을 선호하고 있음을 시사하고 있다. 첫째, 민간부문에서 사람들은 모든 종류의 서비스와 생산물에 대해 그들 자신의 선택을 표현하고 있다. 생산자가 수요자의 다양한 요구를 수용해낼 수 있느냐 여부를 제외하면, 각 생산물이나 서비스가 각 개인 구매자를 위해 개별 맞춤형으로 상품화될 수 있는 정도는 끝이 없어 보인다. 둘째, 공공서비스가 경쟁과 선택에 노출되어 있는 곳에서는 소비자 선택을 용이하게 하는 다양한 대안들이 존재해 왔다. 그리고 소비자들은 이러한 선택들을 행해 왔다. 전화 서비스가 독점이었을 때 전화 한 대를 갖는다는 것은 수공예적인 1930년대 것처럼 보이는 회전식 다이얼이 있는 합성수지제 전화기를 분기 단위로 임차한다는 의미였다.

민영화가 예상되고, 몇몇 경쟁자가 진입하자, 선택지들이 확대되었다. 어떤 사람은 많은 사람들이 가장 기본적인 검은색 표준전화기에 만족할 것이라고 단언하기도 했다. 그러나 실제로 사람들은 버튼식 전화기, 무선 전화기, 다색 전화기, 또는 미키마우스처럼 생긴 전화기를 선호했다. 이 모든 증거들은 제한된 것이기는 하나 한 방향을 가리킨다. 사람들에게 선택할 기회가 주어진다면 사람들이 그렇게 하듯이 아주 다양한 것들이 등장한다.

미시정치학의 핵심 임무 중 하나는 바로 국가서비스의 '개인화'(individuation)이다. 즉, 문제는 표준화되고 생산자 중심으로 되어 있는 공공부문에서의 생산물을 사람들이 자신들의 요구에 맞춰 선택할 개인적 대안의 영역으로 변환시키는 일이다. 이 서비스는 기본적으로 획일적인 산출물에서 탈피하여 개별 소비자들의 선호에 맞아떨어지는 다양성이 확대됨으로써 '개인화된다.' 이는 다양성과 선택이 도입된다는 것을 의미한다. 이는 생산을 결정하는 힘을 수정하여(redirect), 그 힘들이 정치적 과정을 완전히 우회하여 소비자들의 경제적 압력으로부터 도출되도록 한다. 아니면 그 힘들이 여전히 정치 시장에서 일어나고는 있지만 개인 선호를 만족시킬수록 더 많은 보상이 돌아가도록 변환시키는 것을 의미한다. 이것은 결코 사소한 일이 아니다.

특히 거의 독점에 가까운 위치를 점하고 있는 공공부문 공급의 특징은 대부분의 사람들로 하여금 얼마의 시간이 지나면 그것 없는 생활을 받아들이기 어렵게 만든다는 점이다. 보편적인 국가의료 혹은 국가교육 없는 영국에 대한 전망은 대부분의 영국인들에게는 상상하기 어려운 일이다. 이는 그것이 비참하기 때문에 그런 것이 아니라, 단지 알려져 있지 않기 때문에 그런 것뿐이다. 그것에 대한 대안을 결코 가져본 적이 없었기 때문에 많은 사람들이 다른 어느 것이 가능할 것이라는 생각을 못하는 것이다. 이런 사람들에게는 어떻게 하면 국가서비스를 개선할 것인지, 어떻게 하면 자신들의 필요에 더 잘 반응하도록 만들 것인지 그것만이 관심사이다. 그것을 대체한다는 발상은 그들의 상상력의 범위를 벗어나는 일이다.

다루기 쉽지 않은 점은, 비록 사람들이 공공의 독점적 공급이 지닌 단점을 인식하고 있다고 하더라도, 오랜 기간 그것을 사용했던 사람들은 그것이 주는 혜택에 적응해 왔다는 사실이다. 이 혜택은, 사람들로 하여금 위험에 빠져 있다는 사실을 외면하고 싶은, 감지할 수 있는 가치를 준다. 국립보건서비스의 존재는 의료적 관점에서 볼 때는 재앙일지 모르지만, 그 누구라도 가난으로 인해 진료를 거부당하지 않는다는 것을 의미하며, 그 어떤 질병에 걸리더라도 재정적으로 파산에 이르지는 않는다는 것을 의미한다.

국가에 의한 보편적 교육은 부모의 자산과는 무관하게 어린이들에게 학교에 갈 수 있는 권리를 부여했다. 부모가 학업의 지속을 재정적으로 지원해줄 능력이 없어서 자신의 기회를 거부당한 아이들이란 이제 단지 '나쁜 과거시절'에 대한 이야기 속에서만 등장하고 있다. 세금으로 충당되는 국가에 의한 교육의 공급과 16세까지의 국가적 강제(의무)교육을 결합함으로써, 이제 학부모들에게 별로 부담을 주지 않고서도 기초교육이 가능해졌다.

이러한 가치들은 가볍게 취급될 수 없다. 이런 사실들을 무시하고자 했던 사람들도 곧 인식하게 되듯이, 이 가치들은 사람들에 의해 진정으로 중시되어 왔다. 사람들은 무료건강서비스가 제공하는 안전의 가치를 높게 평가한다. 그들은 무료교육이 자신들의 아이를 위해 아주 좋은 혜택이라고 느낀다. 이런 사람들에게 이러한 서비스는 결코 무료가 아니라는 것, 세금을 통해 이미 대가를 지불하고 있다는 것, 혹은 민간에 의해서도 제공될 수 있다고 말하는 것은 초점을 잃은 이야기이다. 이는 그들이 그것을 어떻게 받아들이느냐의 문제가 아니다. 대부분의 사람들은 필요한 지출을 하고 난 후 남는 돈이 얼마인지를 보고, 만일 자신들이 민간서비스에 대해 돈을 지불해야만 한다면 지불할 돈이 남아 있지 않다는 결론에 도달한다. 복잡한 세금 총계는 그들에게 있어서는 하나의 추상적인 것에 불과하다. 왜냐하면 대부분의 사람들은 실제로 그 서비스들이 '정부'에 의해 제공되는 것으로 생각을 하고, 그것들을 제공하기 위한 재원은 대부분 자신들이 아닌 다른 곳으로부터 나온다고 생각하기 때문이다.

그들이 틀렸다는 것은 별 의미가 없다. 그들은 자신들이 생각하고 있는 것이 사실이라고 믿는다. 하지만 실제 상황은 아주 다르다. 그들 스스로가 국가서비스에 대해 지불을 할뿐만 아니라 그것도 아주 비싼 값을 치르고 있다. 공공부문이란 아주 둔탁하고 인적 활용에서는 아주 비효율적이며, 자본과 기술을 이용하는 데에도 아주 서툴다. 대부분의 사람들에게 국가로부터 받는 표준화된 서비스가 민간부문이 자신들의 개인적 욕구와 필요에 부응하여 제공하는 다양한 서비스에 비해 개인적으로 더 비싼 대가를 치르게 한다. 그렇지만 직시해야 할 현실은 사람들이 그것을 그런 식으로 받아들이지 않는다는 점이다. 바로 여기에 정치 시장이 작동할 수 있는 길이 있다.

미시정치학적 정치인은 이러한 태도를 사실로 받아들여야만 한다. 장기적으로 그 태도들을 변화시키는 것이 가능할지라도 그 태도들이 현실을 보여주고 있으며 바로 이 점을 무시해서는 안 된다. 사람들의 이런 태도를 변경하는 것은 이론적으로 가능하다. 즉 장기간에 걸친 공공교육 프로그램을 통해 그런 태도를 버리도록 납득시켜 자유시장이라고 하는 미지의 세계로 행복한 항해를 하도록 할 수도 있는 것이다. 그러한 프로젝트가 성공할 것인지, 또 얼마나 오랜 기간이 걸릴 것인지 아무도 모른다. 그렇지만 우리는 사상의 힘과 비교되는 이해관계가 가진 힘을 잘 알고 있다.

전통적인 사고와는 정반대인 것이 또 하나 있다. 그것은 미시정치적 분석은 정책이 있기 이전보다 이후에 그 태도를 변화시키는 일이 훨씬 쉬워진다는 것을 보여준다는 점이다. 미시정치적 분석은 선택과 다양성의 이점이 이론적 수준에서 가르치기에는 어려운 일이라는 점을 인식하고 있다. 사람들은 어떤 혜택이 없는 상태에서 새로이 주어질 그 혜택을 상상하기보다는, 혜택이 존재하고 있는 상태일 때 실존하고 있는 그 혜택을 더 잘 파악한다. 이러한 종류의 사고의 목적 중 하나는 획일적인 국가 공급이 지배하고 있는 체제에 선택과 다양성 요소들을 보장하는 일이다. 만일 이런 새로운 것들이 사람들이 공공부문의 공급에 절대적으로 부여하는 가치에 아무런 위협이 되지 않음을 보여주면서 도입된다면, 해당 서비스의 소비자들로부터 대규모 반대는 일어나지 않을 것이다.

그와는 반대로 국가가 공급하는 것을 계속 이용하는 사람들이 예전과 다름없이 자신에게 아무 영향도 미치지 않기 때문에 이들에게 반대를 받지 않을 수 있다. 새로운 선택권을 활용해보고자 하는 사람들로부터는 지지를 획득할 수 있을 것이다. 보다 많은 사람들이 이 선택권을 사용하면 할수록, 그리고 보다 다양하고 반응성 있는 서비스 혜택을 누릴수록, 실제로 이것의 이점은 이론적으로 제시되는 것보다는 훨씬 더 기꺼이 인지될 것이다. 몇몇 영역에서 선택이 가져다주는 혜택을 스스로 경험하게 되면 사람들은 다른 영역에서도 그것들을 더 잘 받아들이는 경향이 있다.

따라서 표준화된 국가서비스의 개인화는 일거에 자유시장이라는 이상으로의 변환을 통해서가 아니라 획일화된 곳에 여기 저기 틈새를 도입하는 꾸준한 과정을 통해 달성될 수 있다. 또 사람들로 하여금 자신들의 선호를 표현하도록 기회를 제공함으로써 달성되기도 한다. 이 모든 것은 국가가 공급하는 것에 대해 사람들이 그렇게나 많이 가치를 부여하고 있는 기존의 보장을 위협하지 않으면서 이루어져야만 한다.

이러한 부분적 진보는 사람들이 의존해 오고 있는 보장을 포함하여 국립 체제가 정면으로 저지되는 최종 심판의 날을 단순히 연기할 뿐이라는 주장이 있을 수 있다. 그 주장에 따르자면, 그 시점에서 사람들은 국립 체제의 보호로부터 분리되어 느슨해져야만 하고, 스스로의 수단들에 의존하며 이리저리로 떠다녀야 할 것이다. 하지만 이 주장은 두 가지 이유에서 잘못이다. 우선 만일 그런 날이 온다면, 많은 사람들이 이미 자신들의 선택권을 활용하는 것에 익숙해져 있어야 그것을 덜 두려워할 것이다. 그리고 사람들이 국가로부터 독립된 자기 자신의 서비스를 확보하는 행동을 해왔어야 그것을 대수롭지 않게 여길 수 있을 것이다. 두 번째, 만일 그런 날이 온다면 국립 체제의 종료는 대폭발이라기보다는 소동 정도가 될 것이다. 만약 대안적 공급을 선택하는 결정을 한 사람들이 충분해진다면, 국가 공급은 극히 미미한 부분만 남을 것이며, 대부분의 사람들의 생활과는 무관할 것이다.

여러 가지 면에서 다음과 같은 것이 공공부문 서비스에 닥칠 수 있는 가장 매력적인 운명이다: 표준화된 산출물을 제공하는 거의 보편적인 서비스로부터 시작하여, 개인들이 선택을 하고 그 응답으로 다양한 서비스가 나타난다. 또한 공적부문이 거의 무시될 정도로 충분히 작아진 혼합 시스템으로 끝을 맺게 될 것이다. 영국에서 국가 연금체계의 최상층은 그런 운명으로 향하는 것 같다. 사람들이 국가의 소득연계 연금체계(SERPS, state earnings-related pension scheme)에서 떠날 수 있다는 조항에 이어 그렇게 떠나려는 사람들에게 세금 우대가 뒤따르고 있다. 오로지 대안적인 민간체계를 선택하는 사람들이 국가 연금체계로부터의 이탈을 선택하고 있지만, (더불어 제공되는) 세금 감면으로 인해 대부분의 사람들에게도 민간의 연금체계가 더 매력적인 선택이다. 그 결과 이미 절반 이상이 국가체계를 떠났고, 그 대신 다양한 민간체계 중에서 자신의 개인적 필요에 가장 적합한 것을 선택했다. 국가체계는 개인들의 선택에 의해 점차적으로 개인화되고 있다.

나아가 민간체계에 속한 사람들의 숫자는 그것을 지지하는 이익집단의 힘을 강화하고, 국가체계를 지지하는 집단의 힘을 약화시킨다. 그 결과 균형을 깨는 것이 훨씬 더 가능해진다. 정부는 자신이 누리고 있는 혜택이 위협을 받지 않을까 하는 걱정에서 반대할 그룹이 불만을 품지 않도록 하면서 조심스러운 행보를 한다. 제안된 변화는 이미 약속된 혜택에는 적용되지 않을 것이며, 1999년 이전에 은퇴하는 연령에 이르는 사람 누구에게도 아무런 불이익을 주지 않을 것이다. 그렇지만 그 효과는 국가체계로부터 탈출하는 비율을 가볍게 상승시킬 것이다. 또한 국가시스템에 대한 최종 심판의 날을 앞당기지는 않지만 국가시스템의 비중이 보잘 것 없어지는 날은 앞당길 것이다.

국가 연금에 대한 접근법은 국가서비스의 개인화 과정에 적용할 수 있는 중요한 기법을 보여준다. 그것은 이미 진입해 있는 자들이 누리는 혜택은 보장하지만 앞으로의 진입은 막는 기법이다. 국가체계로의 유입을 차단함으로써 정부는 장기적인 변화 과정을 작동시킨다. 국가체계에 속해 있는 최후의 사람이 자신들의 길을 가기까지는 한 세대 이상이 걸릴 수도 있다. 하지만 대안적 공급은 이 기간에 성장할 것이며, 국가 공급이 종언을 고하기 훨씬 전에 효과적인 이익집단을 형성할 것이다.

진입에 대한 규제는 전형적으로 새로운 노동자가 국가체계에 합류하는 것을 막기 위해 강제된다. 그 대신 그들은 민간의 대안 중 하나에 가입하도록 유도된다. 만일 그것이 국가 연금과 흡사한 어떤 것이라면, 그 빈 공간을 차지한 것은 보험 산업과 민간 연금체계일 것이다. 성인이 되는 나이, 학교를 졸업할 때, 또는 새로운 직업을 시작할 때가 새로운 대비를 필요로 하는 선택을 해야 하는 확실한 시점이다. 출생은 통상 알맞은 시점이 아니다. 왜냐하면 아이들이 자신을 위해 무언가를 결정하지는 않기 때문이다.

진입 규제의 이점은 현재 국가체계에 의지하고 있는 사람 누구에게도 영향을 미치지 않는다는 점이다. 그들에게, 그리고 아마도 그들의 남은 일생 동안 국가 공급은 계속 남아 있을 것이다. 하지만, 새로 진입하는 자가 없다면 그것을 이용하는 비중은 장기간에 걸쳐 감소할 것이다. 비록 현재 소비자들의 반대를 피하기 위해 국가 공급이 보장되어 있다 하더라도, 추가적인 조치를 통해 대안이 보다 매력적이 되도록 노력해서, 여전히 남아 있는 사람들도 자기 자신의 선택을 통해 다른 곳에서 공급을 찾도록 장려해야 할 것이다.

면세와 환급을 포함하여 민간 선택의 가격을 낮추는 다양한 방법 이외에, 미래의 혜택에 대한 권리를 포기하는 사람들에게 현금을 지급함으로써 국립 체제로부터의 탈출을 가속화시킬 수도 있다. 영국항공 피고용자들이 여전히 국가부문에 있을 때 영국항공이 제안한 것은 아주 높은 혜택인 물가지수 연동(index-linked) 연금에서 통상적인 연금으로 전환한 사람들에게 현금을 지원하는 것이었다. 그것은 그들이 변화를 채택하도록 설득하기에 충분히 높은 수준이었다. 동일한 원리가 다른 국립체계에서 탈출하여 실행 가능한 대안들이 존재하는 체계로 보다 빨리 탈출하도록 촉진하는 일에도 사용될 수 있을 것이다.

연금과 보험을 포함한 경우들은 만일 정부가 사람들이 그 체제로부터 약속받아왔던 모든 혜택을 즉각적으로 상환하여야 한다면 많은 비용이 들 것이다. 만일 상환 현금이 민간으로 가고자 하는 각 개인에게 제공되어야만 한다면, 사람들이 오직 천천히 탈출하는 경우에만 그런 계획이 재정적으로 실현가능할 것이다. 국가체계로부터 민간부문으로 탈출하는 각 개인에게 정부가 은퇴 시 상환받을 수 있는 채무증서를 발급해주는 것도 한 해법이다. 연금을 이동 가능케 하는 것도 개인화를 목표로 한 전반적 전략의 일부분이다. 만약 연금을 탈 수 있는 권리가 개인의 의지에 따라 처분할 수 있는 각 개인의 재산권이 되면, 서비스 생산자의 편의

성이 아니라 개인의 필요에 맞추어 제공되는 체계를 제공할 수 있을 것이다.

비록 탈출을 장려하는 다양한 방식이 유용하고 또 국가체계로의 진입을 차단하는 정책을 갖는 것이 이점이라 할지라도 이런 것들은 임무의 일부분에 불과하다. 어떤 확실한 대안을 찾지 못하고 국가부문에 머무르는 많은 국민들은, 비록 그들이 이런 식으로 보는 것이 잘못되었을지라도, 생산자 필요에 의해 지배되는 서비스에 의존하고 기초적인 표준화된 산출물에만 여전히 접근하고 있는 주요 그룹을 형성한다. 이러한 유형의 그룹에는 국립 체제 자체에 다양성과 선택의 성장을 촉진하는 메커니즘을 도입하는 방법들을 포함하여야만 한다. 창의적인 정책공학을 통해 국가 생산물을 개별적인 욕구에 적합하게 만드는 방법을 고안할 수만 있다면, 서비스의 개별화가 반드시 민간부문에만 한정될 필요는 없다.

이 말은 산출물에 영향을 미치는 힘들을 재조정한다는 것을 의미한다. 공공부문에서는 그 힘들이, 소비자 입장에서 산출물에 영향을 미치는 효과적인 세력이 거의 없기에, 생산자들로부터 나오는 경향이 있다. 그렇다면 그것을 어떻게 변화시켜야 할까? 일단의 방식으로는 공공서비스의 재정을 충당하는 루트의 방향을 전환시키는 것이 있다.

국가부문 활동의 재정을 충당하는 전형적인 방법은 정부가 재정을 걷어들여 그것을 재무부에 전달하고, 각 해당 정부 부처 및 행정기관들에 배분하는 방식이다. 이것들은 지방교육청, 영국철도, 지역건강위원회, 대학장학금위원회, 혹은 우체국 등일 수 있다. 그것들 중 몇몇은, 예를 들어 철도여행이나 전기 공급 같은 경우에 재정의 일부분은 사용자들의 요금으로 충당되기도 하지만, 대부분의 사람들에게는 철도여행이나 전기를 다른 방식으로 공급받을 대안이 존재하지 않는다.

이제까지의 재정 충당의 방법은 계속해서 그 서비스를 생산자 중심 체제로 유지시키는 것이었다. 재정이 행정기관에 의해 충당되기 때문에, 행정기관이 생산하겠다면 특정한 것이 무엇이든 그것을 위해 돈이 지불된다. 행정기관은 대중들이 원하는 것이 무엇인지에 관해 컨설팅을 받을 수는 있지만, 그 방향으로 그 행정기관이 원하는 것보다 더 낮게 허리를 굽힐 필요는 없다. 대중들이 선호할 수 있는 범위와 다양성 면에서 개별적 맞춤형 서비스를 대중에게 제공하는 것의 이점보다는 표준 서비스를 제공할 수 있다는 편의성이 훨씬 더 중요하다. 나아가 되돌아오기도 불가능하다. 서비스에 대한 대안적 선택권이 부정된다면, 대중들은 표준적인 생산물을 택할 수밖에 없다.

만약 대중들이 수익자 부담을 통해 비용을 부분적으로 지불한다면, 제한적이나마 자신들의 소비를 통제할 수 있거나 아니면 다른 과학기술적 경쟁자에게로 돌아서는 선택을 할 수 있을 것이다. 철도나 전기 회사를 선택할 수는 없겠지만, 그들은 최소한 철도 대신 도로로 운송하거나, 전기 대신 기름을 더 많이 사용하는 선택을 할 수도 있다. 만일 대중들이 교육이나 대부분의 의료서비스에서처럼 전적으로 조세를 경유해서 지불한다면, 만일 그들이 두 배 이상 지불할 정도로 부자가 아닌 한 철도나 전기에서와 같은 선택권을 갖지 못한다.

표준화된 국가서비스에 다양성과 개인적 선택권을 부여하기 위해서는 소비자들에게 효과적인 힘을 실어주도록 하는 경로의 방향 전환이 필요하다. 조세 환급처럼 물리적으로건, 혹은 바우처제도처럼 증서(token)에 의해서건, 소비자들의 수중에 자금이 전달될 필요도 없다. 중요한 것은 오로지 재정의 배분은 소비자들의 선택권에 따른 것이어야 한다는 점이다. 이는 바우처제도에 대한 견고하고도 신랄한 반대가 있고, 또 바우처의 아직 알지 못하는 효과에 대해 대중들이 갖는 불안이 존재할 경우에도 마찬가지다. 조세 환급도 논란의 대상이 되는 것은 마찬가지다. 재무부는 잠재적인 조세 수입의 감소를 이유로 반대를 할 것이고, 조세정책을 통해 사람들의 행태에 영향을 미치려고 해서는 안 되며 재정 중립을 지켜야 한다고 주장하는 사람들로부터의 반대도 있다.

국가교육에 관한 토론, 그리고 미시정책 전략과 보다 더 전통적인 제안과의 비교는 어떻게 소비자 선택에 따라 재정이 유도될 수 있는지를 보여준다. 교육의 경우 부모에게 학교를 자유롭게 선택할 수 있도록 하는 개방 입학제와 결부지어 1인당 기준으로 학교에 직접 지원을 하는 방향으로 전환하면 소비자 선호가 영향을 미치기에 충분하다. 부모는 학교를 선택하고 돈(재정)은 아이를 따라간다.

선택을 효과적인 것으로 만들기 위해 다양성을 허용하는 규정이 있어야 한다는 것은 중요하고도 자연스런 귀결이다. 선택할 것이 없다면 국가부문에 선택을 도입하고 재정을 그 방향으로 트는 것은 초점을 잃은 짓이다. 교육과 관련된 제안에서의 세 번째 요소는 학교에게 정부로부터의 독립성을 부여하는 것이었다. 각 학교가 각기 다른 교육목표를 추구하고 교육에 대한 다른 접근법을 따라갈 능력이 없다면, 부모의 선택은 아무 의미도 없다. 자신들이 선택한 학교에 대한 개방입학제, 이루어진 선택에 따라 재정을 유도하는 체제는 그들의 선호를 체제 안으로 수용하는 다양성이 없다면 아무런 가치도 없을 것이다. 제안의 기본은 그 세 가지를 하나로 묶는 일이다: 선택할 수 있도록 하는 개방입학제, 다양성을 허용하기 위한 독립성, 그리고 부모들이 선택한 방향으로 자원을 움직이게 하는 1인당 재정.

따라서 재정의 방향 전환은 국립 체제에 다양성을 도입하도록 고안된 조치들이 반드시 뒤따라야 한다는 점이 중요하다. 국립 체제의 획일성이 깨어지고 나면 그 안에는 반드시 이용가능한 대안적 선택지들이 있어야 하며, 소비자의 욕구를 충족시키는 재정의 분배를 통제하는 것을 보장하는 수단들이 있어야 한다.

이 기법은 몇 가지 요소들을 갖고 있다. 첫째로 이 기법은 행정부의 총체적 재량권을 배제해야 한다. 이 재량권의 핵심요소는 소비자의 수요가 중요시되는 공식에 기초하여 재정이 배분되는 시스템으로 대체되어야 한다. 둘째로 중앙집권화된 권한을 분산시켜 지역센터가 자신들의 일에 대해 독립적으로 결정을 내릴 수 있고 그 결정을 자신들이 맞다고 보는 대로 수정할 수 있을 정도가 되어야 한다. 최소한의 표준이라는 안심할 수 있는 고삐를 확보하는 것이 바람직할 수도 있지만, 그것은 매우 느슨한 것이 되어야만 한다. 교육을 예로 들면 어떤 전반적인 요구사항은 오직 핵심 커리큘럼에만 한정되어야 하고 측정도 그 안으로의 투입이 아닌 그것의 성과로 이루어져야 한다. 셋째로 행정적 편의를 위해 사람들을 가장 가까운 서비스 제공 장소에 분배하는 대신에 가용한 다양성 사이에서 선택할 수 있도록 해야만 한다.

이 기법의 요소들은 몇몇 국가 독점 서비스에 적용될 수 있다. 그 목적은 표준화된 결과물을 깨고 소비자 선택에 응답하는 다양한 대안 속으로 넣는 것이다. 이 기법의 핵심은 권력의 분산인데, 이는 몇몇 생산자 그룹들의 반대에 직면할 것이고, 따라서 다수의 소비자 집단과 최소한 몇몇 생산자들의 지지를 이끌어내는 방향으로 구조화될 필요가 있다. '소비자 집단'이란 용어는 소비자의 이해를 대변하는 조직화된 압력집단을 의미하는 것이 아니라 개별 소비자들의 숫자를 의미한다. 경험에 의하면 '소비자' 압력집단은 생산자 위성집단이거나 이데올로기적 로비스트들을 대변한다.

이런 기법은 영국 대학교육의 표준화된 성격을 변화시키는 실행가능한 방법일 것이다. 현재 영국 대학교에 세금으로 충당되는 재정은 대학교 장학위원회(University Grants Committee)로, 그리고 대학교 장학위원회가 선호하는 과정과 기관들로 들어간다. 재정 충당의 방향이 전환되어야 한다면, 그것은 학생들을 통한 것이 되어야 할 것이다. 현재 국가에서 제공하고 있는 혜택을 받는 수령자들을 제외하면 현재 시스템 하에서 학생들에게 돌아가는 것은 거의 없다. 그런 식의 제공은 개인의 다양성과 대학 공부에 대한 개인들의 욕구를 고려할 때 놀라울 정도의 획일성을 보여준다.

영국에서 고등교육에 들어가는 재정 수준을 전반적으로 변화시키지 않고도 표준화된 대학교육의 개인화가 가능하다. 또한 조세 수입 내에서 그 자원을 변화시키지 않고도 재정이 학생들의 선택을 따라가도록 함으로써 공공부문에서의 표준화된 대학교육의 개인화도 가능할 수 있다. 만일 재정이 대학교 장학위원회를 거치지 않고 학생들에 의해 선택된 기관들에 따라 배분된다면 대학은 학생들의 수요를 충족시키는 데 관심을 가질 것이다. 의심의 여지없이 최고결정자들 수준에서 심장이 두근두근해질 것이다. 공공의 여물통에서 쉽게 먹이를 주워 먹던 오랜 경험으로 인해 생산자들은 그들이 봉사하기로 되어 있는 대중을 단지 불운하지만 필요하기는 한 골칫거리 정도로 생각하게 되었다.

그 재정 배분의 방식은 학생들로 하여금 대학교에 제출할 수업료증서들을 받게 하는 것일 수 있다. 혹은 다양한 학부들의 등록자 수가 각 대학에 대한 보조금의 규모를 결정하게 하는 것일 수도 있다. 어느 것이 되었든 재정의 방향 전환은 학생들의 선택을 효과적으로 만들 것이다. 학생들을 끌어오는 대학들은 발전할 것이고, 그렇지 못한 대학들은 변화하지 않는 한 몰락할 것이다. 일부가 학교교육에 대한 학부모의 '간섭'에 대해 경고하듯이, 몇몇 생산자들은 학생들이 교육에 대해 아무 것도 모른다고 비판할 수도 있다. 학생들이 아무런 가치도 없는 쉬운 강좌에만 몰리지 않을까 하는 우려도 있지만, 해외의 사례들은 학생들이 자신이 고려하는 경력과 관련이 있는 강좌들을 선택할 것임을 보여주고 있다.

정치적 전략의 관점에서 보자면 재정의 방향 전환은 국가서비스의 획일적 산출을 개인화하기보다는 국가서비스의 가장 가치 있는 요소를 보존한다는 이점을 갖고 있다. 무료 학교교육은 계속되며, 대학 강좌는 공공재정으로 충당된다. 국가서비스가 제공하는 보장을 보존하고자 하는 사람들로부터의 반대는 발생하지 않는다. 무료 학교교육이나 공적으로 충당되는 대학 강좌가 있어서는 안 된다는 주장도 있기는 하다. 하지만 앞에서 언급한 범위의 충당 방식의 변경 제안은, 비록 공적인 재정 충당이 온존하더라도 서비스의 공급이 소비자의 욕구에 반응하는 정도를 증진시키도록 고안된 것이다. 재정의 방향 전환을 통한 기법은, 비록 정치 시장에 대한 사람들의 고집이 강한 나머지 시장에서의 대안을 반대하고 있는 경우라고 할지라도, 아주 조심스럽게 고안된 정책을 통해 시장 요소를 일부 도입하는 것이 여전히 가능하다는 것을 보여준다.

물론 여기서 이루어지는 것은 국가부문 내에서의 경쟁의 도입이다. 국가영역 외부에 경쟁자를 육성하고 보다 많은 사람들에게 저가 시장을 선택할 능력을 갖도록 하는 다양한 방편들과 마찬가지로 내부적으로 경쟁을 유발할 수도 있다. 권한을 지역센터로 분산시키고 재정 메커니즘에 방향 전환을 가함으로써 우리는 행정관청의 수요보다는 소비자의 요구를 만족시키는 것이 생산자에게도 이득이 되게 만드는 환경을 조성할 수 있다.

민간 시장은 재정과 소비자의 밀착성이 그 특징이다. 소비자를 끌어들이면 재정은 따라서 들어온다. 따라서 생산자들은 소비자들이 원하는 것을 제공함으로써 그들을 끌어들이기 위해 경쟁한다. 획일적인 국가서비스 내에서의 개인화를 달성하기 위한 장치들은 민간영역에서와 유사하게 재정과 소비자의 연계를 달성하는 기법들이다. 일단 그런 연계가 형성되면 일부 민간부문의 추동력이 국립 체제 내에서 작동할 것이다. 이것은 민간영역의 완벽한 복제품도 아니고, 더구나 그에 근접한 것도 아니지만, 다양성 · 경쟁 및 선택이라는 것을 포함할 것이다. 또한 수요가 가장 강한 곳으로 재정을 이동시키고, 통상적인 공공서비스 작동 모델에서 달성된 것보다 훨씬 더 개인적 욕구를 만족시키는 경향이 있을 것이다. 그것이 내부 시장이 될 것이다.

국가부문 외부로부터의 경쟁뿐만 아니라 국가부문 내부의 경쟁을 촉진하는 것은, 그 체제가 변경된다면 그래서 경쟁 압력이 그것을 뒷받침한다면, 작동될 수 있는 기법이다. 만약 거기서 어떤 결과도 나오지 않는다면 공공부문의 요소들로 하여금 서로 경쟁하도록 노력할 이유가 없다. 만약 성공적으로 경쟁한 사람들에게 어떠한 보상도 주어지지 않고 또 그렇게 하는데 실패한 사람들에게 어떠한 벌칙도 부과되지 않는다면 아무 것도 이루어질 수 없다. 그것이 작동하도록 만드는 것은, 성공하지 못한 곳으로부터 성공한 곳으로 재정이 옮겨가도록 하는 재정의 재조정과 개별 학교나 개별 대학과 같은 지역센터로 의사결정권을 이관하는 의사결정의 독립성 확보이다.

만일 이 계획이 서로를 강화하는 상호 연관된 부분들을 가진 전체로서 여겨지지 않는다면, 이 계획은 민간부문의 특성들을 공공부문의 활동에 접목시키고자 하는 또 하나의 쓸모없는 시도에 불과해진다. 민간사업들의 바람직한 모습들은 결코 우연히 생긴 것이 아니며, 민간부문을 추동하는 압력과 힘들의 부산물이다. 공적부문을 보다 효율적이고 보다 비용에 민감하며 보다 소비자에 잘 반응하도록 만들려는 시도는 그것을 추동하는 힘이 뒤따라야 한다. 만약 이 힘들이 조금이라도 작동하지 않는다면, 바람은 단순한 희망 섞인 생각에 그치고, 기껏해야 제한적인 단기적 성과로 끝나고 말 것이다.

(국가)서비스 개인화의 배후에 있는 생각은 바로 국가서비스 내에서 이러한 힘들이 작동할 수 있다는 것이다. 그러한 시도가 작동하고 또 받아들여질 수 있도록 하기 위해서는 엄청나게 많은 재간이 있어야 하지만, 그것은 이루어질 수 있다. 공공의 운영과 쌍벽을 이루는 민간영역에서 다양성과 선택의 범위를 넓혀주는 대안들은 물론이고 국가서비스 자

체도 다른 부서들과 경쟁하는 다양한 공급으로 쪼개지도록 할 수 있다.

마지막 사례로서, 국립보건서비스(NHS)는 통상 개혁을 시도하기에 가장 민감한 영역으로 간주된다. 국립보건서비스가 제공하는 보장성을 높이 평가하는 광범위한 사람들이 존재하며, 이들은 그것을 위험에 빠뜨릴 가능성이 있는 어떤 움직임에도 반대한다. 국립보건서비스는 그 집합의 전형이다. 그것은 표준화된 서비스를 제공하며, 소비자 필요에 대한 관심이 없다는 것이 특징이다. 긴 대기 목록이야말로 수요와 공급을 일치시키지 못하는 증거이다. 또한 국립보건서비스는 비용 통제가 불가능한 것으로도 악명이 높다. 실제로 여러 분야에서 그것은 자기가 어떤 존재인지에 대해서 아무런 생각이 없다. 국립보건서비스는 미시정치학 주창자에게는 해결하기가 매우 어려운 케이스이다.

하지만 그것을 개선할 수 있는 해법들은 존재한다. 앞서 언급했듯이 국립보건서비스와 나란히 무럭무럭 자라나고 있는 민간의료기관들이 있다. 이러한 민간의료기관들의 성장을 촉진시키고 가속화시키기 위한 조치들은 이미 작동되고 있으며, 그 이상의 조치들도 곧 시도될 것이다. 그 어떤 조치도 이익집단들의 적대감을 유발할 필요는 없다. 왜냐하면 그 조치들은 국립보건서비스에 어떤 심각한 위협도 가하지 않기 때문이다. 국립보건서비스에 의존하고 있는 일반대중들조차도 민간의료가 확산되는 데 대해 저항하지 않는다. 이런 효과들 중 하나는 결국 국립 체제에 대한 수요라는 부담을 경감시킬 것이다.

학교와 대학에 대해 했던 것처럼 여기서도 소비자 선호에 효력을 부여할 수 있도록 체제 안에서 '재정 충당 경로의 재조정'이 가능케 하는 틀이 고안될 수 있는지 질문을 하게 된다. 만일 이것이 가능하다면 그것은 이제까지 획일적이고 소통불능(unresponsive)이었던 산출물을 개인화하는 데 점차적으로 성공할 것이다. 대답은 그런 틀을 고안하는 것이 정말로 가능하다는 것이다. 국가는 거대하지만, 인간의 창의력도 마찬가지로 거대하다. 그것을 이끌 수 있는 타당한 방법으로 무장하면, 결코 해결하지 못할 정도로 거대한 문제는 거의 없다.

첫째 단계는 납세자로부터 나온 재정을 국립보건서비스에 더 분배하는 것이 아니라 사람들로 하여금 그것에 자기 자신의 자원을 보태도록 장려함으로써 의료부문의 총재정이 증가되도록 하는 일일 것이다. 다른 선진국들의 경우 GDP(국민총생산, Gross Domestic Product) 대비 의료비 비중을 훨씬 높게 달성하려고 애쓰고 있다. 그 이유는 사람들이 개인적으로 더 많이 지출하고, (추가 지출에 따른) 자신과 자기 가족들에 대한 혜택을 인식하기 때문이다.

세금 경감 인센티브는 당장 민간보험에 가입할 능력이 부족한 많은 사람들에게 민간보험에 드는 비용을 줄여줌으로써, 민간보험을 장려하는 수단이 될 수 있다. 이는 국립보건서비스에 대한 수요는 감소시키지만 동시에 의료에 드는 총 지출을 증가시키는 이점도 갖고 있다. 이미 민간의료를 선택한 9%의 국민, 또는 민간이 행하는 선택외과수술 40만 건이 없었더라면, 국립보건서비스의 재정은 현재보다 더 열악한 지위로 전락했을 것이다.

국립보건서비스의 개선을 위한 분명한 길은 그것이 일반의원과 입원가능한 병원 사이의 중간 기관들을 갖지 못하고 있다는 점에 놓여 있다는 점이다. 국립보건서비스는 대체로 2개 층위의 체제다. 만약 의사의 처방이 환자를 치료하지 못하면 입원 가능한 병원으로 보내진다. 민간 부문과 해외의 의료시스템에는 집단 건강검진시설과 외래환자 의원과 같은 특징을 가진 양 기관 사이에 있는 일정 범위의 시설들이 존재하고 있다. 입원 가능한 병원에서 하는 비싼 치료 중 상당 부분이 병원 외에서 더 효율적으로 행해질 수 있고, 또 그 치료가 거대기관에서보다는 더 지역적이고 더 소비자 친화적으로 제공될 수 있기 때문에, 만일 이익집단들이 거세게 반발하지만 않는다면 개혁의 가능성은 열려 있다.

한 가지 해답은 건강관리조직(HMO: Health Maintenance Organi zation)들을 포함하는 국립보건서비스의 재조직일 것이다. 다른 나라들에서는 이 건강관리조직들은 전 건강분야를 담당하고, 의사, 의원, 전문의, 건강검진시설 및 병원을 포함하고 있다. 이 모두가 건강관리조직 내에서 건강관리에 적합한 것이라면 무엇이든 제공한다. 이들은 고객들의 건강을 비용효과적인 방식으로 유지하는 일을 자신의 이해관계로 삼으면서 환자로부터 요금을 받는다. 이들은 국립보건서비스에는 없는 중간기관들을 갖고 있으며, 대신 다른 여러 건강관리조직 중 하나로 가는 선택권을 갖고 있는 환자들을 유치하고 유지해야만 한다.

이 원리가 국립보건서비스에도 도입될 수 있다. 지역 및 지구 보건소 대신에 독립적인 건강관리기관들(HMUs: Health Management Units)을 만들 수 있다. 일반 의사들은 자신의 환자들을 데리고 가는 계약을 하나의 건강관리기관과 맺게 될 것이다. 개인 환자는 의사를 바꿈으로써 언제나 건강관리기관을 바꿀 수 있다. 의사는 각각의 상담과 각각의 치료에 대한 요금을 포함하여, 자신이 한 일에 대해 자신과 계약을 맺은 건강관리기관으로부터 돈을 지급받는다.

만일 치료를 위해 병원이나 전문의가 환자를 건강관리기관에 보내면 그들의 건강관리기관이 적합한 치료 과정을 선택할 것이다. 건강관리기관은 여러 가지 이용 가능한 대안들 중에서 비용효과적인 공급을 선택할 유인책을 갖게 될 것이다. 각 병원은 자신의 모든 행위의 비용에 대해 파악하고 있어야만 할 것이고, 그것들을 효율적으로 수행해야만 할 것이다. 그렇지 않을 경우 건강관리기관들은 병원들을 활용하지 않을 것이다.

이러한 변화가 초래할 체제는 효율 및 혁신적 기술의 혜택을 가져옴으로써 체제 안에 경쟁 압력을 넣게 될 것이다. 이는 경영진으로 하여금 다양한 수준에서 보다 유연하고 또 독립적인 결정을 할 수 있도록 할 것이다. 의사와 환자는 건강관리기관들 중에서 선택할 수 있으며, 또 건강관리기관들은 자신의 환자를 위해 어떤 것이 적합한지 여러 병원들의 서비스 중에서 선택하게 될 것이다.

건강관리기관들은 각 환자 당 연간 할당금액만큼 재정을 배분받고, 국가적으로 결정된 표준을 상한으로 하는 그 금액만큼 건강 돌봄을 해야 할 것이다. 만일 한 환자가 한 건강관리기관을 떠나 다른 건강관리기관으로 옮겨가면 연간 할당예산도 따라 옮겨간다. 이것은 마치 교육부문에서 돈이 내부 시장(internal market) 내에서 어린이를 따라 움직이듯이 환자의 선택에 따라 돈이 움직인다는 것을 의미한다.

이 체제가 작동하도록 하기 위해 세련된 장치가 있을 수 있다. 건강관리기관들은, 총환자규모의 한계를 넘는 경우를 제외하고는, 환자를 거부할 수 없어야 한다. 심지어 그런 경우가 생기는 때에도 대기 명단을 작성해야 할 것이다. 각기 다른 건강 돌봄 비용을 반영하기 위해서는 연간 할당금액은 환자의 범주, 심지어는 거주지역의 지리적 특성 등에 따라 달라져야 할 것이다.

이것은 국립보건서비스를 대체하려는 시도에 대해 나타날 수 있는 비난을 일으키지 않는다. 그 대신 국립보건서비스를 개선시킨다는 약속을 한다. 환자들은 이전에 보던 의사들을 여전히 대하게 되고, 또 소비를 하는 시점에서는 여전히 무료다. 그들은 병원과 전문의들의 서비스를 제공받으며 이것 또한 무료다. 그 변화는 그 안에 다양성과 선택권이 존재하며, 효율성과 경쟁에 대한 유인책이 존재한다는 것이다. 이는 국가의 자원이 소비자들의 의사결정 결과에 따라 방향 전환되는 내부 시장이 창출되었다는 것이다. 이것은 이루어질 수 있었던 일이며, 그것을 만들었을 각 요소들이 개별적으로 할 만한 가치가 있다는 이점을 갖고 있다.

이 효과는 소비자들의 다양한 욕구와 선호에 맞춰 서비스를 점차적으로 개인화하는 일련의 사건이 일어나도록 할 것이다. 공공부문의 공급은 여전히 존재할 것이고 또 국립보건서비스도 여전히 존재하겠지만, 그 내부에서 일어나는 압력과 힘들이 다른 결과를 낳도록 작동할 것이다. 소비자를 만족시키는 건강관리기관들은 더 많은 재정을 받을 것이며, 다른 건강관리기관들로 하여금 소비자들을 만족시키도록 자극을 줄 것이다. 비용 대비 효과가 큰 건강관리기관들은 비효율적인 건강관리기관들보다 그 기관의 참여자들에게 훨씬 더 큰 보답을 해줄 수 있을 것이며, 이에 따라 재능 있는 사람들이라면 새로운 기회들을 발견할 것이다.

국립보건서비스의 사례는 이들 원리들이 적용될 수 있는 문제들의 범위를 보여주고 있다. 일단 정치 시장이 그들의 힘을 방향 전환하는 데 적용되는 창조적 해법들을 가지게 되면, 주요한 개혁들은 성취될 수 있다.

국립보건서비스는 극히 제한적인 사례에 불과하다. 만일 이 방법들이 국립보건서비스에서 작동한다면, 그것들은 다른 어느 곳에서도 작동할 수 있을 것이다.

15
그 외의 기술적 장치들

각기 다른 두 가지 방법이 특히 주목을 받을 만하다.[역자주12] 하나는 공공부문이 소비자 수요에 어느 정도 호응하도록 만들기 위해 공공부문에 압력을 도입하려는 시도이다. 다른 곳에서 쇼핑을 할 능력이 없다면 소비자는 통상 제공되는 것만을 취하는 것 이외에 달리 선택권이 없다. 이럴 경우 소비자들이 실제로 원하는 것이 무엇인지에 따라 공급하도록 만들 유인책이 존재하지 않는다. 생산자들은 소비자들보다 사회적 문제를 일으킬 능력이 훨씬 더 많으며, 그래서 자신들의 필요를 더 중시한다.

공공서비스 재정의 방향을 전환하는 것과 그 내부에 다양성을 증진시키는 것을 포함한 복잡한 해법을 적용하는 것이 불가능할 수도 있는 경우들이 존재한다. 비록 그런 어려운 부문이라도 소비자들을 도울 수 있

역자주12) 하나는 공공부문에 소비자의 요구라고 하는 압력을 도입하는 방안이고, 다른 하나는 공공부문에서의 자본 소모에 대한 대안으로 공공부문에 민간투자사업을 도입하는 방안이다. 후자에 대해서는 본 장의 p.204부터 소개되고 있다.

는 몇 가지 압력을 도입할 수 있는 장치들이 존재한다. 예를 들어 공공시책에는 그 생산과 관계된 사람들이 편리하다고 보는 것을 생산하고 소비자들로 하여금 그들이 원하는 것을 기다리게 만드는 특징이 종종 나타난다. 서비스 지연과 대기 명단이야말로 건강부터 주택 건설에 이르기까지 모든 면에서 보이는 공공부문의 공통적인 특징이다.

서비스를 기다려야만 한다는 것은 잘 알려지지 않은 공공서비스의 특성이다. 특정 서비스에 대한 공공 방식의 재정 충당을 통한 서비스와 그 서비스의 보장성을 가치 있게 보는 소비자들이라 할지라도 서비스의 지연을 좋아하지는 않는다. 다른 모든 조건이 동일하다면 그들은 공공이 공급하는 서비스를 나중에 받기보다는 지금 당장 받기를 원한다. 만약 다른 준비를 할 것이 아니라면, 이는 공공 지출을 증가시키고자 하는 사람들에게는 아주 유용한 근거로 작용한다. 그들은 서비스가 지체되고 있음을 지적하고, 그 원인을 재정 부족으로 돌리며, 지연에 대한 대중들의 적대감을 이용하여 더 많은 재정 배분을 받아내려는 운동에 군불을 땔 수 있다. 전문가들과 생산자들이 이것을 지지하고 있기 때문에, 로비스트들과 소비자들의 지원을 받는 것도 정치 시장에서 강력한 압력을 창출할 수 있을 방안이다. 비록 추가 재정이 투입된다 하더라도 대기 리스트가 크게 줄어들지 않는다는 것을 알지라도 정부는 그들의 요구를 들어주어야 할 수도 있다.

이에 대한 대안은 공공부문이 실패하면 그것에 더 많은 돈을 투입해야 한다는 생각을 버리고 민간부문에 도움을 주는 방향으로 선회하는 것이다. 만일 공공 공급이 장시간 지체되고 있다면, 최소한 다른 곳으로 선회할 수 있는 정당성은 존재한다. 서비스를 받을 수 있는 권리의 확인이라는 것은 만일 공공부문이 스스로 제공하지 못할 경우 소비자는 공공 지출로 다른 곳에서 그것을 받을 수 있다는 의미로 해석할 수 있다. '공공 지출이라는 수단을 통해'라는 단어들을 강조하는 것이 중요하다. 누구라도 공공서비스 대신 민간서비스를 구입함으로써 긴 줄과 서비스의 지연을 피할 수 있는 선택권을 갖는다. 이것은 서비스에 대한 권리라는 의미가 아니다. 이것이 의미하는 바는 만일 누군가가 세금으로 지불되는 어떤 서비스를 받고 있다면, 비록 그것이 공공재정을 사용하여 민간으로부터 구입되는 것을 의미한다고 해도, 그들은 그것을 가질 권리가 있다는 것이다.

실제로 이것은 서비스의 지연을 참을 만하다고 여겨지는 기간이 지나간 이후에는 해당 서비스를 공공이 지출하지만 공공이 아닌 다른 곳에서 받을 수 있는 권리를 획득한다는 것을 의미한다. 특별한 예를 들자면 임차인이 국가 소유 주택에 대해 수리를 요구할 때 지붕이나 창문 같은 긴급한 수리를 요하는 경우에도 종종 장기간 지연이 되고 있다. 지방의 주택 건설 부서들은, 비록 재정 확대가 이루어지더라도 지연시간을 크게 줄이지 못함에도 불구하고 이 사실을 재정 확대의 합당한 근거로 이용하고자 할 수 있다. 더 상상할 수 있는 대안은 공공부문에 응답시간에 대한 제한을 설정해 두고 그 기간이 경과되고 나면 임차인으로 하여금 외부에서 민간위탁자를 고용하고, 해당 작업에 대한 계산서를 공공서비스에 제출하도록 하는 것이다.

실제로 아주 분명한 보호 유보조항들이 만들어질 수 있다. 민간 위탁자가 행한 작업 비용은 국가가 해당 작업에 지출했을 비용을 초과하지 않아야 한다. 또한 필요한 수리가 무엇인지 해당 공공서비스가 알았음에도 불구하고 정해진 시간 안에 그것을 이행하지 못했다는 분명한 증거가 있어야만 한다. 지금까지 행해진 거의 모든 비교연구를 통해 판단해보면, 민간 위탁자의 비용이 공공이 할 때의 비용을 초과할 가능성은 지극히 희박하다.

서비스에 대한 권리, 즉 국가가 제공하지 못하면 다른 곳에서 대신 구할 수 있는 권리라고 하는 개념의 도입은 국가에 대해 스스로 서비스를 잘 제공하도록 압력을 행사한다. 적절한 시간 내에 수리 서비스를 받지 못한 임차인이 다른 곳에서 수리를 하고 청구서를 보낼 수 있다면 국가 입장에서는 해당 작업을 시간 내에 확실히 처리할 강한 유인책이 될 것이다. 만일 국가가 그렇게 하지 못한다면, 국가서비스 중의 일부는 자동적으로 민영화되고, 국가는 민간부문의 경쟁자에게 자신의 재정의 일부를 잃게 된다. 당연히 국가는 할 수만 있다면 이것을 막기 위해 행동할 것이다. 따라서 서비스에 대한 권리는, 만일 도입되기만 한다면, 보통의 시장에서는 공공 독점과 양립할 수 없는 소비자의 압력을 체제 안에 투입한다.

서비스에 대한 권리는 국가서비스의 소비자들로부터 인기가 있도록 계산된 것이다. 분명하게 그것은 공공 공급을 위협하는 일을 전혀 하지 않는다. 그것은 단지 합리적인 기간 내에 서비스를 받지 못한 사람에게 국가로 하여금 그 서비스를 외부로부터 구입하도록 허가할 뿐이다. 일반대중들은 서비스에 대한 권리를 (원하는 서비스의 적기 제공에 대한) 중요한 보증장치로 간주할 수 있다. 그들은 그것이 자신들에게 주는 가치를 곧장 인식하고 이에 따라 이를 지지한다.

공공부문 서비스의 생산자들은 물론 자신들의 고객들이 다른 생산자들로부터 서비스를 구매하고 청구서를 보내는 일을 좋아하지 않는다. 하지만 이것은 하나의 압력집단의 힘이 다른 집단의 힘을 충분히 압도하는 드문 경우다. 소비자들에게 새로운 권리를 인정할 수밖에 없어 속이 뒤집히는 생산자들보다는 불만족한 소비자 또는 자신들이 그렇게 되지 않을까 예상하는 사람들이 훨씬 더 많다. 공공 공급의 기본적 정체성은 위협받지 않는다. 사실 공공 공급이 자신의 임무에 충실하기만 하다면 그 어떤 것도 위협받지 않는다. 지연과 대기 명단을 뛰어넘어갈 수 있는 수단을 획득한 소비자들의 정치적 중요성은, 자신들이 처해 있는 현재의 상태에 만족하고 있는 생산자들의 정치적 중요성보다 훨씬 더 크다.

현실에서 생산자들은, 사람들이 민간 위탁자들에게 요청하는 일이 실제로 벌어지지 않도록 많은 노력을 기울인다. 그들이 하는 일은 서비스를 보강하고 절차를 간소화하여 보다 효과적이고 보다 신속하게 대응하는 것이다. 그들은 수리신청서를 살펴보고 소비자가 얼마나 오래 기다려야 하는지 조심스럽게 주의를 기울인다. 마감일이 다가오면 그들은 필요한 작업을 시작한다. 이 모든 것들은 민간부문이라면 시장의 압력에 의해 이루어지는 일들이다. 만일 이 일을 제대로 해내지 못하면 좋지 못한 평판이 퍼지고, 고객들은 다른 곳으로 사라져버릴 것이다. 서비스에 대한 권리라고 하는 개념은 정상적인 압력의 부재를 보충하기 위해 단지 공공서비스에 대안적인 압력을 도입하는 것뿐이다.

나아가 이 원칙은 공공부문 전체로 확대된 권리가 될 수 있다. 영국에서의 수자원 엔지니어들의 지난 파업동안에 나왔던 놀랄만한 의견들 중에서 롤스(Rolls)의 전 책임자였던 데닝 경(Lord Denning)은 이미 보통법

(Common Law)에 서비스에 대한 권리가 존재했었다고 주장했다. 그는 국가가 자신의 의무를 제대로 하지 못하면 대중들은 그것을 민간에서 해결하고 그 청구서를 보낼 수 있었다는 의견을 피력했다. 이것이 법정에서 단 한 번도 검증되지는 않았으며, 그래서 이것이 사실일 수도 있고 그렇지 않을 수도 있다. 권리가 보통법에 존재하든 그렇지 않든, 그 도입의 필요성을 느끼게 만드는 (열악한) 모든 공공서비스에 우리는 성문법을 통해 확실하게 이를 하도록 할 수 있을 것이다.

병원 치료나 다른 의료서비스의 대기 명단과 지연은 국립보건서비스(NHS)의 익히 알려져 있는 모습은 아니다. 이 사실들은 주로 생산자들과 로비스트들이 재정을 늘려야 할 이유로서 인용된다. 하지만 이것들은 국가 소유 주택들이 수리되어야 할 권리가 있는 것과 마찬가지로 치료를 받을 권리의 정당성을 입증하는 데에도 당연히 활용될 수 있다. 만일 공공서비스가 납세자의 자금으로 운영된다면, 납세자들은 공공서비스의 산출물에 대한 확실한 청구권을 갖는다.

보건서비스에서 치료에 대한 권리는, 예를 들어 국립보건서비스로 하여금 치료를 6개월 이내에 하도록 의무화하는 것을 포함할 수 있다. 만일 국립보건서비스가 6개월 이내에 하지 못했을 경우 환자가 민간부문에서 치료를 받을 수 있도록 규정될 것이다. 즉 대기 명단에 6개월이라는 상한이 자동적으로 설정되는 것이다, 이러한 수단을 도입하는 것은 실제 환자 및 미래의 환자들(potential patients)은 물론 국립보건서비스에 충성하는 사람들로부터도 크게 환영받을 것이다. 또 이것은 의사, 간호사 및 전문가들로부터 환영받겠지만, 지역의 보건 의료 관련 공직자들로부터는 환영받지 못할 것이다. 그러나 이들은 비록 문제를 일으킬 수 있는 능력은 있겠지만, 소규모 집단일 뿐이다.

다시 한 번 언급하지만 실제에서는 대기 명단을 대하는 태도에 즉각적인 변화가 나타날 것이다. 행정가들은 대기 명단을 살펴볼 것이고 일부 부문에서의 부족을 해소하기 위해 다른 부문에서의 과잉 시설들을 보다 효율적으로 사용하고자 할 것이다. 분명 정교한 수단들을 동원해 비어 있는 치료센터가 생겨날 때마다 이용가능한 곳으로 환자들을 배분할 것이다. 마감 시간이 다가오면 환자들을 제 시간에 치료하기 위해 엄청난 노력을 할 것이다. 그 결과 국가가 비용을 지불하면서 민간으로부터 치료를 받는 사람들이 크게 많지는 않을 것이다. 그러나 그 결과 사람들은 국가 자원을 보다 효율적으로 이용하고, 대기 시간 줄이기에 보다 많은 관심을 쏟을 것이다.

또 다른 중요한 실제적 결과는 그것이 정부로부터 환영을 받을 것이며, 병원 치료를 위한 대기 명단 때문에 불거졌던 비판을 즉각 제거함으로써 정부에 대한 지지도를 높일 것이라는 점이다. 만일 환자가 민간부문에서 치료를 받는 것과 같은 수준에서 치료를 받았다면 그들은 불평하지 않았을 것이다. 또 정부도 과도한 비용 증가에 직면하지 않았을 것이다. 이 비용은 추가적인 압력이 없다고 했을 때 국립보건서비스를 그 수준까지 끌어올리기 위해 지출해야 했을 초과 비용보다는 분명히 적을 것이다.

서비스에 대한 권리라고 하는 개념은 미시정치적 접근법의 훌륭한 응용이다. 여기서 국가서비스는 원래대로 그 자리에 남아 있다. 국가서비스는 서비스를 공급할 우선적인 기회를 갖는다. 오로지 국가가 이 서비스를 알맞은 시간 안에 공급하지 못할 때에만 대안이 작동되며, 그런 뒤 혜택은 직접적으로 소비자에게로 간다. 이 조치는 공공서비스에 매우 제한된 동반자 관계를 도입한다. 공공부문에게는 공공부문이 할 수 있는 일을 하도록 허용하되, 공공부문이 할 수 없는 일은 민간부문이 하도록 민간부문으로 넘긴다. 예를 들어 국립보건서비스가 6개월 이내에 환자들을 치료하지 못할 경우에만 그 틈새를 메우도록 민간의료가 들어온다. 또 주택관리기관이 지붕과 창문을 제 때 수리하지 못하는 경우에만 민간 위탁자가 그 일을 할 수 있도록 호출된다.

이 장치는 소비자들이 국가서비스로부터 원하는 것, 즉 소비자들의 요구에 제 때 반응하도록 만들기 위해 신중하게 계산된 것이다. 생산자들이 서비스 공급에 착수하기까지 걸리는 긴 지연시간은 민간서비스의 위협 앞에서 그리고 필요한 곳에서는 민간서비스의 현실화 앞에서 사라질 것이다. 따라서 이것은 다양성과 선택을 도입하기에 부적합하거나 혹은 불가능한 공공서비스에조차 소비자의 편의를 위해 압력을 도입하는 것이다. 압력은 단순히 설정기간이 종료된 이후에는 대안이 존재한다는 위협만으로도 작동된다. 이 기법을 통해 국가 생산자들에게 압력을 행사함으로써 정부는 지연과 대기 명단이 초래했던 압력으로부터 해방된다. 국가서비스에 대해 재정을 증가시키라고 하는 정치적 압력 대신에 정부는 민간부문을 국가서비스를 발전시키는 힘으로 사용한다. 이 모든 것들은 그 장치를 아주 강력한 도구로 만든다.

특별한 관심을 끄는 또 다른 방법은 공공부문에서의 자본 소모 문제를 다루는 데에서 찾아볼 수 있다. 자본 지출을 해야 한다는 주장은, 경상비 지출을 해야 한다는 주장에 비해 지지자가 별로 없다는 것이 기본적 고충이다. 경상비에 대한 지출은 서비스들에 지불하여 소비자를 만족시키고, 봉급생활자들에 지불하여 생산자들을 만족시킨다. 만족한 소비자와 만족한 생산자는 만족한 정부로 이어진다. 이 모든 것은 경상비 측면에 강력한 유인을 형성한다. 만일 경상비 지출에 충분한 돈이 흘러들어가지 않는다면 생산자들은 서비스를 중단할 수 있고, 자극을 받은 소비자들은 정부에 압력을 행사할 수 있다.

자본 (투자) 측면에는 그러한 보호자들이 없다. 자본의 주요 수혜자는 미래의 소비자들이며, 이들은 현재의 정치 시장에서는 거래할 것을 거의 가지고 있지 않다. 자본 투자는 설비와 약속된 공급을 유지시키며, 서비스가 최신 기술에 맞게 공급되도록 하여 이미 뒤떨어진 낡은 기자재에 의지할 필요가 없게 만든다. 경상비에 대한 지출이 너무나 강력한 유인이기 때문에 자본 고갈의 문제가 발생한다. 경상비 쪽의 강력한 요구에 부응하여 자본 (투자) 측면을 소홀히 하기는 언제나 쉽다. 즉 수년간에 걸쳐 전형적인 공공부문서비스에서는 자본에 할당되는 재정의 비중이 줄어들고, 근로자 1인당 사용되는 자본이 급격한 감소를 보이고 있다.

공공부문서비스가 과소자본화된 것으로 악명이 높다는 것은 더 이상 놀랄 일도 아니다. 민간부문에서라면 일찍이 사라졌어야 할 낡고 닳아빠진 시설들을 계속해서 사용하지 않을 수 없다. 대중들은 땜질한 기자재들과 좁은 곳에 지나치게 과밀한 건물들을 인내해야 한다. 빅토리아 시대의 낡은 병원, 낡은 학교들, 인원이 초과되어 바글바글한 교도소, 꾀죄죄한 열차, 이 모든 것들은 경상비 쪽에 대한 불균형적인 중압감을 느끼고 자본재를 현상 유지시킬 수 없게 만드는 체제의 산물이다.

보통 생산자로부터 지출 증가에 대한 압력이 나온다. 대기 명단을 없애기 위해 지출 증가가 옹호되는 것과 마찬가지로, 자본 소모에 대한 대답으로 지출 증가가 제시되기도 한다. 더 많은 지출은 모든 공공부문의 문제들에 대한 해법으로 제시된다. 자본의 소모는 궁극적으로 '재투자'라고 일컬어지는 일을 하라는 정부에 대한 압력이지만, 현실에서는 재정의 확대로 이어진다. 생산자와 소비자로부터의 압력은 구별되지 않고 궁극적으로 정부로 하여금 무언가를 하지 않으면 안 되도록 하는 지점까지 올라간다.

유감스럽게도 재정 확대는 자본 소모에 대한 효과적인 대답이 아니다. 경상비 쪽에 대한 지출 압력이 여전한 곳에서 새로운 재정이 투입되었다고 해봐야 과거 재정이 겪었던 그런 고충만 느낄 뿐이다. 새로운 자금의 유입은 행정가들로 하여금 근로자들의 요구에 더 저항하기 어렵게 만들고, 불필요하거나 낭비적인 서비스를 감축시키기 더 어렵게 만든다. 새로운 자금은 결국 그런 요구나 서비스들에 돈을 대는 데 쓰인다. 그 결과 비록 새로운 자금이 자본 대체를 위한 것이라 하더라도 그 자금은 대부분 경상비 쪽으로 흘러간다.

문제는 만성적인 자본 부족으로 공공부문에서 더 빈약한 서비스가 제공되리라는 것이다. 이를 개선시킬 방법이란 그릇되게도 결국 납세자가 돈을 더 많이 지출해야만 한다는 것을 의미한다. 이는 서비스가 수요에 반응하여야 하고, 다양성과 선택을 제공하여야 하며, 소비자의 선호에 따라 재정이 배분되어야 한다고 생각하는 사람들에게는 좋지 않은 상황이다. 이는 대부분의 공공서비스를 질이 점점 낮아지는 방향으로 가게 하여 자멸의 나선형으로 고착시킨다.

이에 대한 대응 방법은 경상 지출에 더 많은 돈을 들이지 않고 자본 항목들에 대한 투자를 증가시키는 방식으로 공공부문에 민간자본을 도입하는 기법을 포함하는 것이다. 그 방법은 민간자본을 투자 원칙에 근거해서 공공부문에 들여오는 것이다. 적당한 환경이 조성된다면 민간자본은 (공공부문에) 사용될 수 있다. 공공자본(투자)의 수준이 총지출에서 차지하는 비중이 역사상 최하 수준까지 축소되던 기간에도, 민간 시장은 자본재 구매, 신규 주식 발행, 민영화된 회사들의 주식들 등에 투자할 자금으로 넘쳐나고 있었다. 현금은 거기에 있다. 문제는 이 돈을 어떻게 공공부문으로 끌어들이느냐다.

정부가 직접 빌리는 것은 적합하지 않다. 이는 그 자금을 정부가 재량껏 쓸 수 있는 돈으로 만들며, 이는 세금 증가를 통해 증대된 재정의 경우와 실질적으로 다를 것이 하나도 없다. 정부 부채는 재원 충당이 되어야만 하고 궁극적으로는 갚아야만 한다. 수입의 원천으로서의 그것은 조세 수입과 비교해 그 사용을 억제하는 한계가 더 있는 것도 아니다. 정부가 보다 많은 돈을 빌리면, 공공 지출은 증가하고 각 부서의 비용을 줄이라는 압력도 사라진다. 재정을 긴축하는 이유 중 하나는 총부채를 줄이기 위한 바람이다.

기술적 이유에서 민간부문이 직접 자본 투자를 하는 데에는 몇 가지 어려움들이 있다. 돈을 정부에 빌려주는 대신 민간의 돈이 직접 공공 프로젝트로 들어가도록 하여야 한다는 발상이 제시된다. 이렇게 되면 정부는 건물이나 시설 등과 같은 자본 플랜트의 사용에 대해 지불을 해야 한다. 즉 민간 투자자에게 그들의 자본에 대해 수익을 돌려준다. 예컨대 민간 투자가 정부의 허가를 얻어 다리를 건설하고, 그 다음에 정부가 그 다리를 사용하는 대가를 지불하는 식으로 수익을 돌려준다. 이는 하수처리 시설과 박물관과 같은 다양한 자본 항목들에도 적용될 수 있을 것이다. 그것의 이점은 정부는 현금을 투입하지 않고도 자본 투자를 당장 획득하고, 반면 민간 투자자는 자신의 투자금에 대한 수익을 받는다는 것이다.

실질적인 면에서 볼 때 이것은 일종의 리스(lease) 계약이다. 민간자본이 필요한 공적 업무를 위해 사용되고, 정부는 이것의 소유자들로부터 이것을 리스하고 그 비용을 지불하는 것이다. 비록 이것이 민간에 의해 소유되고 있지만, 대중들은 이것을 사용할 권리를 가지며, 정부는 그 건설비가 아니라 사용료를 지불한다. 많은 사람들이 필요로 하는 우회로, 다리와 터널 등이 공공부문으로부터의 커다란 자본 투입을 할 필요가 없어도 이 체제하에서 건설될 수 있다. 이 제안은 수많은 장점과 단 하나의 결점을 갖고 있다.

이 제안의 근본적인 이점은 정부의 자본 지출을 경상 지출 쪽으로 넘겨주는 전환을 할 수 있다는 점이다. 공공부문이 불가피하게 자본의 소모를 유발한다는 것을 고려하면, 이 방법은 외부로부터 그 자본을 제공받고 경상 지출 외부에서 그 재정이 충당되도록 한다. 필요한 도로와 다리를 건설하기 위하여 자본을 지불하는 대신 정부는 오직 그것을 사용하는 사용료만 지불한다. 자본은 지출을 줄이라는 엄청난 압력을 받고 있는 정부로부터 나오지 않고 투입할 돈을 보유하고 있는 민간으로부터 나온다. 그것에 대한 지출은 경상 운용 비용이며, 하수처리시설이나 박물관처럼 공적 목적을 위한 서비스를 확보해 준다.

불행하게도 이 제안은 재무부 규정에 반한다. 이것은 미국의 몇몇 주에서 성공적으로 시도되어 왔지만, 영국에서는 앞서 언급된 형태로 적용될 수 없다. 문제는 만일 지불이 정부에 의해 보장된다면 재무부 규정은 그 투자를 정부가 빌리는 것으로 간주하고, 그것을 총부채의 일부로 계정을 잡아야 한다는 점이다. 비록 그 투자가 민간에서 나온 것이라 해도 정부에 의한 총부채의 일부로 계정이 잡힌다. 공식적인 입장은 위험요소가 없다면 그것은 순수 투자가 아니고 대부라는 것이다. 만약 민간 투자자가 단순히 정부에 돈을 빌려주고 그 대가로 매년 수익을 얻는다면 그 효과는 동일할 것이다.

이 규칙이 앞서의 제안들을 모두 배제하는 것으로 보이기도 하지만, 그것이 하는 일은 위험요소를 포함하는 수정판을 요구하는 것이다. 만일 민간자본이 과소 자본화된 공공부문을 구제하기 위해 투입된다면, 미시정치가들은 통상적인 민간 투자에서 나타나는 위험요소를 포함하는 틀을 고안해야만 한다. 이것이 정석이라 할 수는 없지만, 민간자본은 살짝 위장된 대부 이상도 이하도 아니라고 하는 반대를 극복하게 된다.

어느 누구도 새로운 자본재가 얼마나 많이 이용될 것인지 확실히 모른다는 점에 위험요소가 있다. 정부는 새로운 도로의 추정 사용량, 또는 새로운 다리나 터널에 예상되는 시간당 차량 수에 대한 조언을 얻을 수는 있다. 하지만 그것은 단지 추정치에 불과하다. 박물관의 이용자나 다른 공공 자본 프로젝트 사용자에 대한 유사한 계산들도 모두 추정이라는 요소를 포함한다. 이것이 곧 재무부 규정에 맞게 위험요소를 집어넣을 수 있는 여지를 제공한다. 여기에 포함되어 있는 것은 자본성 자금에 대한 접근을 갈망하는 정부와 또 자신이 투자하는 돈에 대한 좋은 수익을 보장받을 것을 똑같이 갈망하는 투자자 사이의 힘겨운 협상이다.

예를 들어 특정 교량의 손익분기 사용량 수치에 대한 합의가 있어야 하고, 차량 1대당 정부가 민간 투자자에게 얼마를 지불해야 하는지에 대한 합의가 있어야 한다. 만일 그 합의사항보다 더 많은 차량들이 그 다리를 이용하게 되면 투자자가 이익을 획득하는 것이고, 만일 덜 이용하게 되면 투자자가 손해를 본다. 이것은 자본총액이 정부가 빌리는 총부채에 포함되는 것을 막기 위해 순수한 위험요소를 집어넣는 이점을 갖는다. 이는 마찬가지로 또 다른 중요한 이점도 갖는다. 금융 계산이 그 시설의 이용 정도에 의해 결정되므로, 그러한 틀만이 민간 투자자가 예상컨대 이용자가 많을 곳에 금융을 조달하게 하는 강한 유인책이다.[역자주13)]

예상되는 사용정도라는 개념과 실제 사용이 예상보다 많은지 적은지에 따라 변동하는 수익률 개념에는 어느 정도 억지가 있다. 이것은 규칙들 자체가 약간 자의적이기 때문에 그렇다. 순수 위험이라고 하는 정의

역자주13) 이는 대한민국에서 한때 실시되었던 최소수입보장(Minimum Revenue Guarantee, MRG) 방식과는 약간 다르다. 대한민국에서는 예상 사용량 수치에 합의한 후, 예상 사용량의 70%에 못 미치면 그 수입을 정부가 보전해주는 방식이다. 인천공항철도의 경우 이용자 부풀리기 탓으로 실제 이용자의 수가 적어서 막대한 재정 투입의 후유증이 발생하였다. 이 방식에서는 이용자가 적으리라고 예상되는 곳에도 사업이 계획되고 집행되는 강한 인센티브가 존재한다. 물론 정부의 필요상 사업성을 높이기 위해 일부 재정 투입을 병행하거나, 터무니없는 이용자 부풀리기에 맞서 이용자가 당초 예상의 50% 이상이 되어야만 MRG가 효력을 발휘할 수 있도록 함으로써 추정치에 대한 책임을 강화하는 방안도 생겨났지만, 이런 부작용으로 인해 민자사업의 경우 MRG방식은 폐지되었다.

(定義)가 현실에서보다는 규칙 제정의 영역에서 발견된다. 소유권의 경우에서도 마찬가지다. 정부가 50.1%를 소유하다가 49.9% 소유로 옮겨가면 해당 회사는 갑자기 마술처럼 민간부문으로 들어간다. 요점은 규칙과 정의(定義)는 자의적인 경계들을 포함하고 있다는 점이다. 이런 규칙들과 정의들은 엄격한 해석을 하면 몇몇 제안들에 대해서는 이 제안들을 불리하게 만들 수 있듯이, 마찬가지로 이런 규칙들을 우회하도록 맞추어진 다른 제안들에 대해서는 유리하게 만들 수 있다.

십중팔구 공공투자는 민간자본이 들어오도록 매력적일 필요가 있다. 민간 투자에서 자금을 사용하여 수익을 얻는 방법은 다양하다. 따라서 공공 계획이 재정을 끌어오고자 한다면 그 어느 공공 계획이라도 위험과 수익률 측면에서 최소한 비교가 가능하게 될 필요가 있다. 이것이 의미하는 바는 정부와 민간의 잠재적 투자자 사이에 계약이 성립되려면 투자자 측에서 실수를 저지를 필요가 있다. 즉, 민간자금으로 건설된 어떠한 공공시설이건 그것의 예상되는 이용 정도와 관련된 계산에서 잠재적 투자자는 자신이 목표로 하는 수치를 초과달성할 타당한 기회가 있다고 느낄 필요가 있다.

다행스럽게도 이것을 가능하게 하는 여지(margin)가 있다. 일반적으로 공적 운용은 민간부문에서와는 달리 돈을 효과적으로 사용하지 못한다. 이것은 공공 운영이 자신들의 지출 유형을 왜곡하는 정치적세력에 종속되기 때문이다. 그들은 과소자본화되어 있을 뿐만 아니라 과잉 인력화되는 경향이 있으며, 이는 서비스의 공급뿐만 아니라 자본 항목의 유지와 운용에서도 마찬가지다. 다른 조건들이 동일하다면 우리는 민간회사라면 공공부문에 비해 자본 항목의 유지와 운용에 지출을 덜 할 것이라 예상할 수 있다. 이런 상황은 민간 투자가 공공부문에 투자한 돈으로 좋은 가치를 제공하면서도 투자의 적용으로 인해 이윤을 추구할 수단을 제공한다.

민간자금의 공공 사용을 포함하는 계획은 보통 자본 항목의 구축, 수년간에 걸친 그 항목의 운용, 그리고 그 기간 동안의 그 항목의 유지에 관한 내용들이다. 공공부문은 자신의 부속 건축가나 노동력을 통해 건축을 하는 경우는 거의 없다. 공공기관이 민간 위탁자에게서 입찰자들을 불러모으는 것이 보다 일반적이다. 만일 어떤 프로젝트가 민간자본으로 행해진다면 비록 혁신적 기법들과 관료제적 규칙의 덜 엄격한 적용 등을 통해 절약할 기회들이 있겠지만 실제 건설은 유사하게 진행될 것이다. 실질적인 절약은 민간에 의해 이루어지는 유지 작업과 운용에서 가능해질 것이다. 이런 유지와 운용을 공공부문이 직접 맡는 경우도 상당히 흔하다.

민간투자협정은 통상, 동일한 결과를 얻기 위해 정부 스스로 지출해야 하는 것보다 비용이 적게 들 것이라는 점에서 정부에게는 매력적인 전체 꾸러미를 제안할 수 있다. 이 꾸러미는 비슷하게 투자자들에게도 매력적이다. 왜냐하면 그것이 낮은 위험에 괜찮은 수익을 지불할 장기간의 계약을 상당히 확실하게 제공하기 때문이다. 이것이 단지 이론적일 뿐이라고 생각하는 사람은 미국에서 활용되고 있는 계획들을 살펴볼 필요가 있다. 미국에서는 공공의 특성에 맞춰 국가 교도소의 건설과 운용에 입찰하는 것이 단순히 국가에 교도소 건물을 제공할 뿐 아니라 죄수들을 관리하는데 드는 하루당 비용을 현격하게 절약해 주는 방식으로 운용되도록 하는 것까지 민간기업들에게 아주 통상적인 사업으로 받아들여지고 있다.

영국에서는 그 꾸러미가 만일 정부에 의해 이루어진다면 부과되었을 비용을 간파하고 있는 재무부 관리에게는 충분히 높은 듯이 보인다. 반면 민간부문에서 이루어진다면 달성할 수 있는 가장 낮은 비용을 간파하고 있는 민간 투자자들에게는 충분히 낮은 듯이 보이는 그런 위험요소를 제시하는 것이 가능할 것이다. 이런 방법으로 위험요소에 대한 필요성은 잠재적 투자자들을 과도하게 단념시키지 않고도 충족될 수 있다. 요컨대 이 복잡한 과정은 실제로 위험을 만들어내려고 한 것이 아니라, 오히려 순수 민간 투자가 정부 부채의 일부로 계산되는 것을 피할 수 있게 하기 위하여 '위험'으로 간주될 수 있는 것을 만들어내려고 한 것일 수 있다.

투자자에게 돌아가는 수익은 금전적으로 측정되겠지만, 정부도 정치적으로 수익을 얻는다는 점을 또한 지적하지 않을 수 없다. 그 계산은 들어간 비용과 예상되는 사용빈도로 이루어지겠지만, 만약 해당 프로젝트가 민간자금으로 진척된다면 정부는 공공재정을 쏟아 붓지 않고서도 자본 프로젝트들을 행한 결과를 얻는다. 정부는 세금 증가나 갚아야 할 공공부채의 증가 없이도 우회도로나, 다리, 터널, 교도소, 박물관 혹은 하수처리시설을 갖게 된다. 정부는 또한 이 시설들을 이용하는 사람들로부터 감사의 마음을 얻는다.

물론 정부는 그것들에 대한 사용료를 지불해야 할 것이다. 하지만 이것은 몇몇 측면에서 볼 때 공공부문이 스스로 하는 자본 지출보다는 훨씬 용인되기가 쉽다. 정부는 자신 소유의 시설물들에 대해서도 사용료를 지불하여야 한다고 볼 수 있는데 그 까닭은 그것들을 운용하고 유지하는 데 비용이 들기 때문이다. 그리고 투자자들에게 주는 사용료 속에는 그런 비용들도 포함된다. 나아가 정부는 경상계정의 지출에는 익숙하다. 정부는 특정 서비스의 제공에 대해 지불하기 위해 수년에 걸쳐 이를 (매년의 경상계정의 지출로) 배분할 수 있게 된다. 정부가 하기 어렵다고 보는 것은 경상계정으로 끌어 넘겨진 자금을 갖지 않고서도 자본대체와 자본 취득을 위한 적절한 준비를 하는 것이다.

지불이 수년간에 걸쳐, 어쩌면 매우 긴 그 이상의 기간에 걸쳐 이루어져야 한다는 사실도 장점을 가진다. 정부는 장래의 공급을 확보하기 위해 현재 자금을 지출하는 일에 서툴다. 정치 시장의 속성은 그 시장에서 현재의 유권자들이 거래할 것들을 많이 갖고 있으며, 미래의 유권자들은 거래할 것들을 거의 갖고 있지 못하다는 점이다. 이것이 왜 연금과 같은 분야에서 보상은 지금 세대에게 이루어지지만 그 지불은 나중 세대에게 미루어지는지 설명한다. 공공시설의 건설에 민간자본을 사용하는 것은, 정부가 현재에 대해서는 프리미엄을 제공하고 미래에 대해서는 할인을 하는 일반적 패턴에도 부합한다. 자본 투자 계획은 지금 세워지지만, 돈은 수년에 걸쳐 지불되며, 그것들의 대부분은 현재의 정치 시장에서 별로 영향력을 갖고 있지 못한 미래의 납세자들로부터 나온다. 오늘날의 유권자들이 편의를 누리고 내일의 유권자들이 그에 대해 지불하는 셈이다. 현 정부의 입장에서 볼 때는 이는 결코 나쁜 배합이 아니다.

이것은 정부에 아부하려는 견해가 아니다. 이것은 단지 정부에 가해질 압박을 고려하고 있을 뿐이다. 통상적으로 일이 돌아가고 있는 과정에서는 정부는 자본 지출을 삭감해야만 한다. 왜냐하면 정부는 정치적 이득을 얻기 위해 그것을 경상비 쪽으로 더 많이 지출하고자 하기 때문이다. 새로운 (미시정치학적) 제안은 반대세력에 의한 경향을 누그러뜨리도록 세심하게 고안된 것이다. 이는 비록 투자가 민간부문으로부터 나오지만, 현재의 자본 지출로부터 정부가 즉각적인 정치적 이득을 포함한 이익을 얻어낼 수 있는 환경을 창출한다.

이 두 방법 각각은 공공부문의 내재적 결함에 대해 제한된 범위 내에서 교정하는 수단들을 제공한다. 서비스에 관한 권리라는 발상은 공공부문으로 하여금 그것이 없다면 발생하지 않았을 소비자의 욕구에 대한 관심을 유발시킨다. 공공 프로젝트에 민간자본을 이용한다는 발상은 그렇지 않았다면 자본을 가지지 못했을 정부에 이익을 가져다주는 자본 투입을 가능하게 한다. 두 가지 방법 모두 공통된 접근 스타일을 보여준다. 공공부문이 작동하는 방식에 대한 분석은 공공부문의 결함을 확인하게 해준다. 그리고 그 정책은 그 특정 결함을 교정하기 위해 혹은 적어도 특정 결함의 영향력을 감소시키기 위해 맞춤형으로 고안된다.

이런 방법에 정해진 목록이 있는 것도 아니고, 전 영역에 적용되는 기법들의 범위가 정해져 있는 것도 아니다. 이런 접근법의 한 측면은, 그 접근법이 오로지 창조성이 만들어낼 수 있는 한계에 의해서만 제한된다는 점이다. 공공부문의 다양한 단점들 각각에 대처하기 위해 아주 다양한 기법들이 제안될 수 있을 것이다. 일단 정치 시장이 이해되면, 그 안에서 작동하는 힘들의 방향을 돌리기 위한 장치들이 도입될 수 있을 것이다. 이것이 미시정치학이 추구하는 전부이다.

V부

범위, 한계, 기원

미시정치학의 범위는 경제의 공공부문 전체이다. 그 범위 속에는 모든 국가 산업들과 소위 (수도, 전기와 같은) 공익시설들(utilities), 국가서비스들, 복지정책들을 포함한 이전(移轉) 프로그램들, 그리고 정부의 규제활동이 모두 들어간다. 그것은 자신들을 위해 강력한 집단들이 대신 선택을 해주는 사회가 아니라 개인들이 스스로 선택을 하는 사회, 그리고 생산자들의 필요가 아니라 소비자들의 필요를 충족시키는 것을 지향하는 사회라는 전략적 목적을 지향한 이 모든 영역에서 전술적 장치들을 만들어낸다.

16
범위, 한계, 기원

우리는 미시정치학(micropolitics)을 지금까지 하나의 기법으로 검토하였다. 우리는 미시정치학의 메커니즘과 장치들이 어떻게 공공선택이론의 분석으로부터 시작되는지에 먼저 관심의 초점을 맞추고, 이런 비판적 검토로부터 그 초점을 창조적 대응에 관한 부분으로 옮겨갔다. 공공선택론의 분석으로부터 우리는 특정 정책들이 정치 시장을 고려하지 않았기 때문에 실패하게 되는 이유를 알게 되었다. 미시정치학에 따라 만들어진 새로운 정책들은 여타 정책들을 실패하게 만들었던 반대들을 극복하고자 한다. 이 새로운 정책들은 정치 시장을 고려하며, 이 시장을 무시하기보다는 그것과 함께 작동할 수 있게 고안되었다.

이 책을 관통하는 대표적인 가정은 미시정치가 경제 내에 더 많은 시장의 힘들을 불러들일 거라는 가정이었다. 공공부문의 작동에 지배적인 압력들은 경제적 요인들보다는 정치적인 요인들에 우위를 부여하는 것들이다. 공공선택론의 분석을 통해 왜 그럴 수밖에 없는지, 그리고 어떻게 대중들에게 유리하지도 않은 상황들이 바로 그들에 의해 만들어지는 일이 일어나는지를 알 수 있다. 소비자들이 원하는 것들과 필요는 민간 부문에서 효과적으로 위력을 발휘하는데 비해, 국가부문을 지배하는 정치 체제가 소비자들에게 충분한 권력을 부여하지 않기 때문에 국가부문에서는 밀려버린다. 미시정치학은 이런 결함을 시정할 수 있는 어떤 것으로 간주되어 왔다. 자주 인용되고 검토되는 미시정치학의 결과물들은 정치적 힘들을 중화시키거나 그 힘들에 대항하는 반대의 힘들을 불러들인다. 혹은 민간 시장들에서 성취된 것들과 유사한 목적들에 봉사하도록 그 힘들을 방향 전환하게 만드는 것들이었다.

그러나 미시정치학이 반드시 그와 같은 목적들에 봉사하는 것인지 여부, 아니면 그것의 기법들이 정반대 방향으로는 똑같이 성공적으로 적용되지는 않을 것인지 여부에 대해 의문을 제기할 수 있다. 이런 의문의 제기는 적절하다. 그것이 가치-중립적인 하나의 기법이며 그 이상이 아니라면, 원리적으로 그것은 여타 목적들에 봉사하도록 적용될 수도 있다. 이익집단들에 유리한 새로운 정책들이 고안되면, 중앙집권적 체제가 더욱 강화된다. 더불어 소비자들의 선호가 더 적게 반영되며 시장의 힘들이 더 많이 배제됨은 물론 종전보다 공공부문이 더 커지는 일이 일어날 수도 있을 것이다.

그러나 그런 일은 거의 일어나지 않는다. 전통적인 접근법이 이 모든 것들을 달성하기에 충분함이 증명되어 왔기 때문이다. 민주주의 사회에서는, 정치 체제가 시장 과정을 전복시키는 작용을 하고 이 책에 묘사된 비상한 조치들을 전혀 필요로 하지 않는다. 공공선택학파의 연구들은, 재화와 서비스가 민간 시장에서가 아니라 정치적으로 공급될 때, 어떻게 사람들이 이 재화와 서비스를 선택할 자유를 한 번에 조금씩 지속적으로 잃게 되는지를 보여준다. 정치 시장에서 이익집단들은 개인들이—비록 개인들이 다 합치면 다수가 될지라도—휘두를 수 있는 것보다 더 효과적으로 아우성치고 나서며 거래를 한다. 정치 시장에서 집단들이 얻는 이점들은 그 영향력 면에서 개인들이 경제 시장에서 획득할 수 있는 이득들을 상회한다.

여기에서 검토된 비상한 기법들이 없다면, 민주주의 과정 자체가 경제적인 시장들을 정치적인 것들로 교체해버릴 것이다. 이것이 공공선택론의 핵심적인 시사점들 가운데 하나이다. 그것은 하나의 과정을 묘사하며, 그런 과정 속에서 하나의 경향을 시사한다. 재화와 서비스의 공급 가운데 더 많은 부분들이 경제 시장으로부터 들려나와 정치적 시장을 통해 제공된다. 이 과정은 주변부로부터 권력을 제거해서 그 권력을 사용할 수 있는 중심부에 그것을 집중시킨다. 사실 사회주의자들과 중앙집권주의자들이 계획된 사회라는 그들의 목표를 하룻밤 만에 달성하기보다는 더 쉬운 단계들을 거쳐 이를 달성하고자 하는 것이 가능할 수도 있다. 페이비언주의(Fabianism)가 하고 있는 일이 바로 사람들이 수용할 수 없는 어떤 것을 그들이 수용할 수 있는 속도로 도입하려는 것이다.

그래서 첫 번째 결론은 미시정치학이 중앙집권주의자들의 구상과 무관하다는 것이다. 그 과제에는 전통적인 거시정치학만으로도 충분히 적합하다. 거시적 차원의 투쟁에서, 자유시장 주창자들은 일정 범위의 집합적(collective) 공급을 주창하는 사람들에게 패배할 것이다. 그 이유는 자유시장의 배경에 있는 사상들이 그 과정에 개입된 이익집단들의 이해관계와 상충하는 것으로 인식되고 있기 때문이다. 죄수의 딜레마 상황에서는 각 집단은 자신들의 이득을 유지한 채 다른 집단들에게 그 집단들의 이익을 포기하도록 만드는 것이 각 집단의 이해관계에 가장 부합한다. 그래서 모든 집단들은 자신의 혜택을 방어한다.

미시정치학은 경제 시장을 희생해서 정치적인 시장을 향해 가는 이와 같은 경향을 역전시킬 수단으로 여겨지고 있다. 미시정치학은 그 과정이 다른 방향으로 작동하게끔 만드는 기법과 도구들을 제공한다. 미시정치학의 기술적 장치들 모두에 잠재해 있는 기초는 환경의 변경이다. 그 변경으로 인해서 개인들과 집단들은 자유시장의 특성들을 확장할 때 그들이 더 큰 이득을 얻게 된다는 것을 감지할 것이다. 때로는 이런 환경의 변화는 개인들과 집단들로 하여금 민간 시장으로부터 대안적인 공급을 찾도록 하는 운동을 포함할 것이고, 때로는 공공부문 속에 시장적 요소가 작동하도록 만드는 것을 포함할 것이다. 이 모든 창조적인 정책들의 밑바탕에는 이익집단들과 이를 구성하는 개인들, 양자 모두의 선호가 놓여 있다.

미시정치학은 한계효용(marginal utility)을 정치학에 도입한다. 그것은 사람들로 하여금 특정 선택이 다른 선택들에 비해 그들에게 더 큰 혜택을 준다는 견해를 형성하는 그 지점인 가장자리(한계선)에서 그들의 의사결정에 영향을 미치고자 한다. 그것은 그런 특정 선택들을 촉진하고 장려한다. 미시정치학은 그런 선택들이 작동할 수 있는 범위를 넓히고자 하며 특정 결과들이 여타 결과들에 비해 가시적으로 선호할 만하게 만드는 환경을 조성하려고 하며 그것을 추진하는 동력기관은 선택이다.

만약 사람들이 선택을 할 수 없다면, 미시정치학의 전략들에 의해 더 매력적인 대안들이 만들어진다고 하더라도 사람들은 그것을 선택하는 것 자체가 원천적으로 가능하지 않을 것이다. 그래서 가능한 모든 기회에 선택의 범위를 넓히고자 한다. 그런 시도가 성공할 때마다 우리는 공공부문의 또 다른 일부를 (개인들의) 선호의 영향력 아래로 개방시킬 수 있을 것이다.

더구나 이런 시도들은 성공을 먹고 자라며 성공을 재촉한다. 개인들의 선택들이 하나의 새로운 현실로서 축적됨에 따라 사람들은 그런 선택들이 불러온 직접적인 혜택들을 피부로 느끼게 된다. 각 선택에 의해 획득된 이득은 또한 선택 자체의 혜택을 광고한다. 사람들이 선택을 행사함으로써 이득을 더 많이 볼수록, 다른 곳에서도 선택들을 도입하는 것을 승인할 것이다. 만약 교통분야에서 개인적 선택으로의 개방이 그들에게 교통서비스의 개선과 더 저렴한 가격을 경험하게 만든다면, 그들은 더 기꺼이 다른 분야에서도 이 분야들을 개인적인 선택들에 개방하는 것을 받아들일 것이다.

미시정치학은, 공공부문을 개별 선택들에 개방시키는 데 사용될 때, 자기-가속적일 수 있다. 그러나 만약 그 기법들이 그와는 반대되는 목적을 위해 시도된다면, 미시정치학은 궁극적으로 자기-부정적이 된다. 혹시 약간의 초기 성공이 이루어진다 하더라도 그 승리는 그것을 가능하게 만들었던 선택들을 제한하는 결과를 가져올 것이다. 그것은 개인들의 선호에 의해 지배되던 경제적 시장의 일부가 공공부문으로 흡수되었고 이제 개인들의 선호 대신 이익집단의 압력들에 의해 지배된다는 것을 의미할 것이다. 그 결과는 선택이 감소되어 왔던 것이다. 이는 미시정치적 전략이 그 과정을 추가적으로 진행시킬 범위는 더욱 협소해질 것이다.

미시정치학은 중앙집권적 목적들을 달성하는 데 불필요할 뿐만 아니라 부적절하다. 자유시장을 지향하는 목적에 있어서는 각각의 성공이 새로운 정책들을 용이하게 만든다. 중앙집권을 목적으로 삼는 경우에 있어서는, 오히려 그 역(逆)이 성립할 것이다. 각 성공은 이후의 성공들을 더 성취하기 어렵게 만든다. 비록 이 접근법을 공공부문 규모의 비대화를 위해 사용할 수 있다고 할지라도, 그것은 노력을 잘못 적용한 사례일 것이다. 미시정치학은 공공부문의 성장을 반대방향으로 돌려놓는다는 특수한 과업에 적합하도록 고안되었다. 미시정치학은 그 과업의 가치들이 그 과업 속에 내재화되게 한다. 그것은 선택, 기회, 기업과 같은 메커니즘의 운영을 통해 작동하는데, 이 선택, 기회, 기업은 모두 공공부문 경제와는 양립될 수 없는 것들이다.

중앙집권주의자들로서는 국가부문의 규모를 증대시키기 위한 시도를 하는 중에 미시정치학을 채택하는 것은 그들이 취약점을 지닌 경합에 참여하는 셈이 된다. 만약 그들이 일반대중을 희생하여 혜택을 얻으려는 이익집단의 욕구들을 활용할 수 있다면 굳이 미시정치학을 선택할 필요는 없다. 또한 이해 집단에 대한 지지를 위해 그들로 하여금 그런 혜택들을 거래하게 권장하는 정치 체제를 활용할 수 있다면, 그들은 미시정치학과 같은 그들의 목적에 잘 어울리지 않는 무기로 전투를 시작할 필요는 전혀 없다. 여타 목적들을 위해 고안된 도구들은 그들의 손에서 다루기 힘들다는 것이 증명될 것이다.

미시정치학이 미시적 수준으로 내려온 까닭은 이 학문이 동기가 부여된 개인들이 의사결정을 하는 수준에서 승리할 수 있다는 점을 인식하고 있기 때문이다. 미시정치학은 특정한 경로의 행동의 한계효용이 그것들을 선택할 수 있는 개인들에게 더 높아지는 환경을 창출할 수 있다. 그 방향으로 선택함에 따라, 그들은 이미 거시적 수준에서 운영되고 있는 이익집단들에 반대되는 하나의 이익집단을 구성하는 것이다. 그래서 미시정치학은 그것을 적용시키면 공적부문의 공급을 민간 경제 시장으로 변환시키는 결과를 만들어내는 일군의 기법들을 창출한다. 만약 미시정치학이 현존 국가 운영 서비스를 민간부문을 통해 대체할 수 있다면 그렇게 할 것이다. 만약 그렇게 쉽게 변화시키지 못한다면, 그것은 다른 대안들에 의존할 것이다. 이런 대안들에는 표준화된 국가 공급을 민간 대안들로 대체하는 것이나 다양성(variety)의 선택과 같은 자유시장적 특징들을 국립 체제 자체에 도입하는 것을 포함한다.

미시정치학의 범위는 경제의 공공부문 전체이다. 그 범위 속에는 모든 국가 산업들과 소위 (수도, 전기와 같은) 공익시설들(utilities), 국가서비스들, 복지정책들을 포함한 소득이전(移轉) 프로그램들, 그리고 정부의 규제활동이 모두 들어간다. 그것은 자신들을 위해 강력한 집단들이 대신 선택을 해주는 사회가 아니라 개인들이 스스로 선택을 하는 사회, 그리고 생산자들의 필요가 아니라 소비자들의 필요를 충족시키는 것을 지향하는 사회라는 전략적 목적을 지향한 이 모든 영역에서 전술적 장치들을 만들어낸다.

비록 이런 유형의 사고의 결과 출현한 장치들에 '임기응변적'인 면이 보인다고 하더라도 그것은 단지 겉보기에만 그럴 뿐이다.

더 깊은 수준에서는 분석과 목적의 통일성이 존재한다. 그 접근은 사례별로 개별적인 전술적 승리들을 추구하지 않는다. 그 방법들은 모두 이익집단의 압력들이 존재하는 세상에서 작동하도록 고안되었다. 이는 정치 과정에서 이익집단의 압력보다 개인의 선호들에 우선권을 주도록 고안되었다. 공공부문은 많은 측면들을 가지고 있는데, 이 측면들은 모두가 서로 다르며 모두가 서로 다른 집단들과 서로 다른세력들에 의해 유지된다. 미시정치가에게 이 측면들은 일련의 굳게 잠긴 문들과 같다. 그들에게 목적은 소비자 선택들과 개별적 필요에 대한 반응성이 들어올 수 있도록 이 문들을 여는 것이다. 그리고 그 도구들(instruments)은 각각의 미시정치적 기법들(techniques)을 이루는 열쇠들이다. 어떤 두 개의 열쇠도 동일하지 않지만, 하나의 문을 열면서 배운 정보는 다른 문들을 여는 데 사용될 수 있다.

1970년대 초 보수적 사상을 채택했던 행정부들과 10년 후에 등장한 행정부들은 성취 면에서 현격한 격차를 드러냈다. 이 격차를 설명해주는 것은 엄밀하게 말해서 이 범위에 있는 기법들이다. 닉슨정부와 히스정부는 그런 종류의 프로그램 위에서 그들이 선출되도록 도움을 주었던 사상적 분위기에도 불구하고, 경제적 시장들과 개별 선택들을 확대하는 데 별로 성공하지 못하였다. 이에 비해 레이건정부와 대처정부는 더 많은 성공을 거둘 수 있었다. 그 까닭은 그들이 이용할 수 있었던 미시정치 기법들과 그 기법들 배후에 놓여 있는 전략적 사고방식 덕분이다.

많은 과학이론들과 마찬가지로, 그것은 지배적인 모델의 부적합성을 인식하는 데에서 기원하였다. 일부 분석가들로 하여금 사상전에서 승리하거나 그런 사상에 헌신적인 사람들을 선출하는 것만으로는 충분하지 않다는 결론으로 이끈 것은 닉슨 대통령과 히스 수상 아래에서 맛본 실패의 경험이었다. 성공할 수 있고, 또 작동할 수 있는 정책들을 가지고 있는 것은 중요하였다. 두 정부들의 실패들이 명백해질 시점에서 공공선택론들이 득세하기 시작했기 때문에, 중요한 통찰력이 등장하였다. 사상전에서 승리하고자 노력했고, 또 그 사상들에 근거한 프로그램들을 지지할 태세가 되어 있던 사람들을 선출하고자 노력했던 사람들 중 일부는 공공선택 분석론에서 실패에 대한 설명을 발견하였다. 그들 중 일부는 더 나아가 전통적 정책들이 직면했던 반대들을 극복할 수 있는 정책들을 도출할 수 있음을 깨닫게 되었다.

그 결과 1970년대에 일부 사람들은 사상전이 아니라 정책공학에 집중하였다. 그들은 단순히 자유시장의 깃발을 흔들고 전통적인 전투의 함성을 외치지 않았다. 대신 그들은 대서양 양안에서 그들의 관심을, 공공선택론적 반대들을 우회할 수 있는 정책들의 기술적 제도적 세부 사항들로 돌렸다. 이익집단들의 힘과 역할에 대한 새로운 인식은 그들로 하여금 국가부문에 시장요소들의 도입을 좌절시키지 않게끔 하는 정책들을 고안하게 하였다. 그 결과 이들은 어떤 경우에서는, 정치 시장에서 작동하는 힘들을 충분히 감안하지 않았다는 이유로 전통적인 시장 대안들을 포기하기도 하였다. 또 다른 경우에서는, 이들은 부분적으로 시장적인 해법들이 성공할 뿐 아니라 향후에 더 많은 시장적 요소를 구축할 수 있는 근거를 세운다는 이유에서, 작동될 수 있는 형태를 취하였다.

1970년대 동안, 새로운 형식의 배후에 있는 폭넓은 원리들이 개발되었으며, 이런 관점에서 만들어진 여러 정책 대안들이 깊게 연구되고 세련된 형태로 다듬어졌다. 새로운 정책들은 그 접근방식의 독창성뿐만 아니라 그 목적의 제한성으로 인해 어느 정도 당혹감을 야기하였다. 이 정책들은 공공부문을 민간 대안들로 즉각적으로 대체하고자 하지 않고, 온건한 변화를 추구하는 것으로 비쳤다. 대안적 선택들의 도입이 여기저기서 수용되었다. 운영 전체를 민간부문으로 가져갈 수 없다고 하더라도, 아마도 특정 생산부문은 그렇게 될 수 있었을 것이다. 새로운 정책의 추진자들은 만약 현재의 수혜자들이 너무나 강력해서 반대하기 어려우면, 이런 혜택들을 철폐하려고 하는 대신 이런 종류의 혜택들에 새로운 수혜자가 등장하는 것을 저지하고자 하였다. 공공적 공급의 종식 시도가 너무 심한 반대에 직면할 때에는, 그들은 그 대신 더 많은 수의 사람들이 이런 공공적 공급으로부터 탈출하도록 권장하는 수단들을 모색하였다. 만약 사람들이 공공서비스의 어떤 측면들에 일반적으로 부여하는 가치가 그 공공서비스의 연명을 보장하고 있는 경우라면, 그들은 (공공서비스) 내부에 경쟁과 선택을 결합시키는 기법들을 개발하였다. 국가부문이 굳어져버린 경우에는 그 재정이 소비자들의 필요를 따르는 방향으로 다시 전환되게 할 수단들을 모색하였다.

이익집단들의 내재화된 반대를 우회하는 이 수단들은 모두 다른 이들에게는 불필요한 타협이자 정의롭지 못한 타협으로 비쳤다. 그들에게는 이 수단들이 자유시장 확보라는 (더 중요한) 목적을 소수의 단기적인 정치적 승리의 쟁취라는 (덜 중요한) 목적에 비해 더 낮은 자리로 밀어내는 것처럼 비쳤다. 일부 집단들이 정치 시장들을 통해 확보한 이득들을 철폐하지 않고 그 대신 새로운 전술가들이 그 이득들을 다른 이득들로 교환하는 데 골몰하는 것으로 보였다. 이 점에 대해 말하자면, 비록 다른 이득들에 골몰하는 것은 아닐지라도 그런 교환을 한다는 인식은 정확하다.

새로운 정책들이 과거 정책들에 비해 진정성이 약화되고 일관되지 못한 변종에 불과한 것은 물론 아니었다. 새로운 정책들은 그것들이 직면한 현실에서 기능할 수 있게끔 특별하게 고안된 것이었다. 현실을 무시하거나 현실을 철폐하고자 하는 정책들과는 달리, 새로운 기법들은 현실을 검토하고 현실 상황의 강점과 약점이 어디에 있는지 탐구하였다. 새로운 기법들은 현실에서 가장 취약한 지점들을 골라, 그곳에 과거 형태 속에서 이를 지속시키는 압력들을 다른 방향으로 전환하기 위해 계산된 새로운 대안들을 도입할 것을 제안하였다. 그들은 궁극적으로 종전에 그들이 가졌던 동일한 자유시장과 개인들의 선택들을 추구한 점은 같았지만 분명 다른 지향점이 있었다. 그들은 이제는 무엇이 성취될 수 있는지, 언제 그리고 어떻게 성취될 수 있는지에 관해 현실적인 눈을 가지고 이를 추구하였다.

새로운 형식의 정책들에 의해 달성된 성공들은, 외로운 학자들, 그들의 조수들과 옹호자들의 연구가 마침내 보상을 받았으며 마침내 결과를 이끌어냈다는 매력적이지만 틀린 견해가 부상하게 만들었다. 이런 성공적 결과들이 이것들을 시도했던 초기 행정부들에서는 달성되지 못한 이유가 잘못된 분위기와 잘못된 인사 탓으로 돌려지게 되었다. 사실, 실패의 원인은 잘못된 정책들이었다. 사건들을 변화시킨 '기계'들을 만들어 낸 사람들은, 정치와 경제이론의 순수 과학자들의 뒤를 이어 등장한 '정책공학자들(policy engineers)이었다. 순수 과학자들의 사상들은 지적 전투에서 승리하고도 남음이 있었지만, 그것으로 충분하지 않았다. 손에 스패너를 들고 손가락에 기름을 묻힌 남자와 여자들이 순수이론의 사상들을 현실을 바꾸는 기술적 장치들로 변환될 수 있는 방식을 먼저 고안해야 했다. 미시정치학의 핵심적 사상은, 이익집단 정치라는 현실에 자유시장이론이라는 개념을 적용시키기 위해서는 창조적인 재능이 반드시 필요하다는 것이다. 미시정치학의 철학은 애덤 스미스와 프리드리히 하이에크에 못지않게 아르키메데스에게도 신세를 지고 있다. 충분히 긴 장대와 그것을 놓을 받침대가 있어야 그들이 세상을 움직일 수 있다.

지금까지 말한 그 어떤 것도, 1970년대 말 영국과 미국에서 정권을 장악한 정부들이 자신들의 야당 시절에 개발되었던 정책들을 적용하기만 하면 되었다는 인상을 주어서는 안 된다. 이런 인상을 가지는 것은 미시정치학의 경험적 요소들을 놓치는 것이고, 실천에서 얼마나 많은 것을 배우게 된 것인지를 제대로 인식하지 못하는 셈이 된다. 미시정치학의 강점들 가운데 하나는 유연성이다. 미시정치학은 넘기 어려운 세력을 만나면 후퇴해서 우회로를 찾는다. 일부 정책들은 실제적 경험을 근거로 급하게 수정되었다. 사실 현재 미시정치학적 접근법을 특징짓는 대개의 방법들은 어떤 것들이 실제로 작동했는지에 대한 경험으로부터 추출된 것이다. 비록 야당 시절에 미시정치학적 접근법의 스타일과 일부 그 방법들의 일반적 윤곽들을 개발하기 위해 수많은 작업들이 이루어졌지만, 세부 사항들은 임기 중 채워져 왔다.

공공부문의 일부를 해체하기 위해, 그리고 또 다른 부분들을 다양성과 경쟁, 기회와 선택에 노출되게 하기 위해 사용된 기법들은 대부분 그 기법들을 실제로 적용하는 과정에서 개발되었다. 또한 실제 경험에 대한 시행착오 방식의 되새김을 통해 개선되기도 하였다. 그것들은 단지 이론과 분석만이 아니라 검증의 결과물이기도 했다. 그 방법들이 매우 효과적이었던 하나의 이유는, 그것들이 심지어 적용되는 과정에서도 수정될 정도로 적용될 상황들 각각에 적합한 맞춤형이었기 때문이다. 이는 마치 옷을 맞출 때 가봉 과정에서 몸에 더 착 들어맞도록 만드는 것과 마찬가지였다.

차후의 행정부들에게 이용 가능했으나 이전의 행정부들에는 없던 것은 일련의 정책 제안들과 접근방법이었다. 이 접근법은 기존의 제안들이 더 잘 성공하기 위해 실행 과정 중에 수정될 수 있게 하였으며, 새로운 제안들이 개발될 수 있게 하였다. 성공적으로 적용되어 왔던 많은 실제 정책들은 실제로 1979년 이후에 개발되었다. 그것들은 일반적으로 예전부터 이용할 수 있었던 자유시장의 전승설화로부터 가져온 것이 아니었다.

그래서 미시정치학은 그 이론이 학자들에 의해 완전하게 개발되고 난 후 세상에 적용되는 그런 유형의 사상들에 속하지 않는다. 그런 유형의 개념들은 매우 드물다. 미시정치학이 발달되어온 기초에 관한 분석은 명백히 이론적인 반면, 그 다음에는 그것은 실제 사건들에 대한 약간의 검토로부터 도출된다. 그런 기초 위에 세워진 창조적 구축물은 단지 그 윤곽에 있어서만 이론적일 뿐이다. 그것은 이익집단들의 분노를 누그러뜨리고 대항하는 세력들을 만들어낸다는 폭넓은 원리들을 가리키고 있다. 이것이 어떻게 달성될 것인가에 관한 세부 사항은 개별 경우들에 남겨져 있다. 그 이유는 이 접근법의 주장들 가운데 하나는 모든 경우는 서로 다르며 서로 다른 조합으로 이루어진 여러 기법들이 요구된다는 것이기 때문이다. 미시정치학의 사상들 가운데 대다수는, 그 주창자들이 본질적인 요소들을 부각시키기 위해 성공적인 시도들과 그렇지 못한 것들을 비교하는 과정에서 그 실제 적용으로부터 추상화한 것들이다.

성공적인 것으로 입증된 정책들은 사상의 세계에서 승리한 결과물이 아니며, 그 정책들의 일반적 수용성에 크게 의존했던 것도 아니다. 그 정책들은 폭넓은 원리들 및 종전의 해법들로만 무장하고 문제들에 대해 접근하는 과정에서 실천 속에서 떠오른 것이다. 새로운 기법들은 많은 경우에 실천에서 부딪치게 된 새로운 상황들에 대처하기 위해 현장에서 고안되었다. 다양한 방편들이 성공하고 여타 것들은 실패함에 따라, 정책기법들의 몸체에 새로운 기법들이 보태졌거나 혹은 미래의 고려로부터 배제되었다.

미시정치학에서 이론과 실제의 관계는 복합적이고 쌍방향으로 상호작용하는 성격의 것이다. 관찰이 이론을 앞서는지 혹은 그 반대인지에 대해 과학방법론에서 많은 논의가 있어 왔다. 포퍼(Popper) 이후 어떤 데이터가 의미 있는 것으로 기록되기 위해서는 배경이론이 존재해야 한다는 견해가 광범한 지지를 받고 있다. 다른 말로 하자면, 선입견으로 된 이론이 관찰의 기초를 형성한다. 그 다음에는 관찰이 새로운 이론을 제안하게 이끌 수 있다. 미시정치학 모델에서 정책의 개발은 이와 유사하게 상호작용적이다. 이익집단들과 그들의 혜택에 관한 폭넓은 사상들은 문제에 접근할 길을 제시해주며, 이들에 대한 실제 검증이 기법의 몸체를 수정하게 한다. 미시정치학은 함께 진행해나가면서 터득해 왔다. 그것은 실천에 적용되었던 이론의 산물이 아니다. 미시정치학의 사상들은 압도적으로 이론과 실천의 상호작용의 산물이다.

미시정치학의 성공들 중 다수는 그것들이 기초하고 있는 사상들의 일반적인 수용에 앞서서 이루어졌다. 일부 사례들에서는 사상의 승리가 정책의 성공을 가져왔다기보다는 반대로 정책의 성공이 사상의 승리를 가져왔다. 학자들은 많은 성취들 가운데 일부에 주의를 기울이고 그런 성취들을 만들어낸 정책들의 배후에 있는 이론에 관심을 가지기 시작하였다. 일부의 경우에는 실천 시 실제 정책들의 성공들이 자유시장 모델 일반에 대한 지지를 증대시키기도 하였다. 자유시장에 대한 지지라는 밀물이 그 정책을 받아들이게 만들었던 것이 아니다. 그랬더라면, 닉슨과 히스가 성공을 했을 것이다. 사실은 그 반대였다: 실제 성공은 사상을 정당화시키며 개종자들로 하여금 계속 그 사상을 지지하게 붙들어둔다.

새로운 정책들의 성공은 사건들에 의해 이끌리는 운동에 나타나는 전형적인 양상이다. 정책공학자들은 어떤 것들이 작동하지 않을지에 대한 분석과 함께 그들을 안내해줄 폭넓은 윤곽들만 가지고 그 일에 적합한 도구들을 개발하였다. 그러한 정책들의 실천에서의 성공은 그런 정책들에 대한 더 광범위한 지지와 그 정책들을 하나로 묶어내는 이론에 대한 관심을 불러왔다.

예를 들어, 민영화(privatization)는 순수이론의 결과가 아니었다. 그것은 미시정치학적 접근법에 의해 탈국유화(denationalization)의 대안으로서 개발되었다. 탈국유화 개념은 단순히 국립 운영을 민간부문에 '되돌려줄' 필요성만 강조했을 뿐, 어떻게 이것이 이루어질 수 있는지에 대해서는 아무런 암시도 없었다. 새로운 대안은 세세한 적용에 초점을 맞춘다. 그것은 정치 시장들 내부의 힘들을 무시하거나 뒤엎음으로써가 아니라 그것들을 이용함으로써, 기능들을 민간부문으로 이전시키는 방안을 모색한다. 민영화는, 국가의 각 부분들을 참신하고 또렷한 해법이 요구되는 독특한 실체로 대우함에 따라, 수십 개의 미시정치학적 기법들을 사용한다.

미시정치학을 가능하게 만든 이 개념에는 아무런 개종이 없었다. 그 단어는 1979년 보수당 정강정책에는 전혀 등장하지 않았으며, 그 사상은 극소수의 경우에 제한된 윤곽만으로 존재했었다. 그 기법들은 실천에서 개발되었으며 일부 기법들의 성공은 다른 기법들이 시도되게 만들었다. 정책들이 검증되고 그런 다음 수정되었다. 새로운 장치들이 시도되었다. 일부는 개선되었으며, 다른 것들은 폐기되었다. 오직 많은 성공사례들이 축적된 후에야 비로소, 여론이 하나의 사상으로서 민영화에 대한 일반적 지지로 돌아섰다. 민영화는 성공을 보여준 후 비로소 개종자들을 얻을 수 있었다. 그 이전에는 그렇지 못했다.

민영화의 배후 이론조차도 (새벽이 아니라) 백주 대낮이 된 늦은 시점에서야 연구되기 시작하였다. 대처정부가 출범한 후 몇 년이 흘러서야 비로소 새로운 현상이 등장했음이 인식되기 시작하였다. 대학과 학계의 학자들은 무슨 일이 벌어졌는지 관심을 가지게 되었고 연구저서들, 논문들, 연구주제들이 등장하기 시작하였다. 사건들이 먼저 나오고, 이론이 그 뒤를 따랐다. 정책 엔지니어들이 작동하는 기계를 만들었고 그 기계가 성공하자, 그 기계보다 훨씬 이전부터 존재했던 순수 과학자들의 사상들에 대한 지지가 나타났다.

미시정치학적 접근법은 명백히 1970년대 초의 정부들과 1980년대의 정부들을 구별하지만, 후자들이 정책 대안들에 대한 완전한 목록에 다가갔다고 당연시해서는 안 된다. 그들이 가지고 있었던 것은 정책연구기관들에 의해 제공된, 왜 이전 행정부들의 프로그램들이 실행되지 못했는지에 대한 이해였다. 이러한 이해가 있었기에 동일한 정책들이 시도되지 않았을 뿐이다. 그들은 또한 일부 세밀한 정책 제안들과 함께 정책 형성에 대한 새로운 접근법에도 다가갔다.

정부는 하나의 균질적인 덩어리가 아니다. 정부는 혼합물이며, 심지어 연합체라고 할 수 있다. 1980년대의 행정부들은 미시정치학적 해법들을 전면적으로 부과하고자 결단을 내린 상태에서 임기를 시작하지 않았다. 사실 그들은 많은 방향들을 지닌 세력들에 의해 추진되었으며, 일부 상충되는 여러 가지 것들을 하고자 하였다. 그들은 전통적인 보수적 해법들을 어떤 새로운 미시정치학적 제안들보다 더 광범위하게 적용하고자 열중하였다. 당시 정부 일각에서는 그 어떤 개혁적인 것도 원하지 않은 채 다만 공공부문의 프로그램들을 좀 더 잘 관리하면서 이를 지속시키고자 하였다. 낭비를 도려내고 정부 지출을 제한하는 공식은 통상적인 성공 가능성을 결여한 채 적용되었다. 똑같이 안정적으로 운영되는 것으로부터 더 많은 전략들이 시도될 수 있었던 까닭은 바로 시도된 소수의 미시정치학적 전략들이 성공을 거두었기 때문이다. 좋은 결과를 내지 못한 정책들은 그런 결과를 낸 정책들에 자리를 내주고 탈락하였다.

미시정치학적 해법들의 부상은 정부가 그것들을 임기 중 시도하는 과정에서 발생하였다. 전통적인 정책들이 실패한 반면 그것들은 성공을 거두었으므로 미시정치학적 해법들이 채택되었다. 정곡을 찌를 때마다 정부는 그것을 계속 정책에 반영했다. 여타 유형의 정책을 지지했던 정부 일각의 사람들은 별 성공을 이루어내지 못했기 때문에 영향력이 줄어들었다. 그들 중 다수는 정말 새로운 유형의 정책의 열렬한 지지자로 개종하였다. 만약 그 정책이 잘 작동했다면, 그들은 그것으로 결과를 얻고, 신뢰와 영향력의 확대를 누릴 수 있었을 것이다.

실천에서의 성공이 이론적 승리에 앞서 벌어졌으며 이론적 승리를 가져오는 데 기여하였다. 종전의 경우들과 마찬가지로, 사건들은, 잘 작동하는 일들을 하고 이를 통해 (배후)이론의 위치를 높이는 행동을 하는 남녀 인간들에 의해 결정된다. 그들의 선배들은 작동하지 않았던 일들을 하려고 시도하였으며, 그 실패가 명백해지면서 그 시도들을 뒷받침하는 이론까지 시궁창에 빠뜨렸다. 이제, 이론으로 관심을 돌리게 만든 것은 바로 작동했던 정책들이었다.

많은 관찰자들은 사용되어 왔던 방법의 중요성을 이해하지 못했다. 전통적인 자유시장 정책의 관점에서 보면, 대처행정부의 정책들은 이론이 요구하는 것에 훨씬 미치지 못하는 요인에 함몰되는 경우들도 있었다. 일부 사람들은 그것을 두고 괄목할만한 성취는 전혀 없다고 보았다. 예상을 넘는 진척이 이루어진 경우들도 있었다. 예를 들면, 주요 공익시설(utilities)이 민간 소유로 그렇게 빠르고 광범위하게 체계적으로 이전될 것이라고 예상한 사람은 거의 없었다. 1986년까지 전화 및 가스 산업의 완전 매각이 이루어졌는데 이는 1979년 당시에는 대다수 사람들에게는 상상할 수 없는 일이었다.

그 부족함이란 것은 전면적인 규제 완화와 자유 경쟁이라는 전통적인 자유시장 목표들 위에 집중되어 왔다. 주요 공익시설들이 완전한 경쟁에 노출되지 못했다거나, 혹은 정부가 곧장 상업적으로 판매해야 할 것에다가 더 광범위한 국민 주식 소유라는 정치적 목표를 집어넣었다고 비판하는 사람들이 있었다. 그 비판들은 미시정치학의 논점을 완전히 놓치고 있다. 그 비판들은 완전한 자유시장 해법의 추구가 아무런 해법도 만들어내지 못했다는 사실을 인식하지 못하고 있다. 더불어 직접적인 상업적 판매라면 불가능한 것을 성공시키기 위해서는 거대 이익집단의 지지가 필요하다는 사실을 인식하는 데 철저히 실패하고 있다.

미시정치학은 전체론적인 목표들의 즉각적인 달성을 위해서는 거의 사용될 수 없다. 미시정치학의 성격은 조금씩 접근하는 것이다. 매우 세부적인 부분에서 작은 규모로 바라보며 한 번에 각각의 부위의 문제를 해결하는 제안들을 만들어낸다. 그것은 그것이 작동할 수 있는 규모면에서 제약되어 있다. 그럼에도 불구하고 미시정치학은 누적적 방식으로 그 해법들을 만들어낼 수 있다. 대처행정부로부터 즉각적이고도 대규모적인 탈(脫)국유화를 원했던 사람들은 실제 행해진 소규모의 성취에 실망했을 것이다. 영국석유공사(British Petroleum)과 아머샴 인터내셔널(Amersham International) 등은 매우 온건한 출발을 보여주었을 뿐이다. 그러나 그들은 속도가 붙자 곧 그들 뒤에 더 많은 것들이 추가되기 시작했다.

미시정치학에 가해지는 추가적인 제약은 그것이 정치적 거래에 의해 작동한다는 점이다. 그것은 사상을 통해 개종자들을 획득하지 않으며 이익을 줘서 지지자를 얻는다. 그래서 그것은 제공할 수 있는 혜택에 의해 제약된다. 만약 기성이득들을 공격하지 않고 거래를 해야 한다면, (이들에게 너무나 많은 혜택을 제공해야 하므로) 정부가 구매할 여유가 없는 기성이득들이 존재할 것이다. 미시정치학은 아마도 궁극적으로는 성공을 가져다줄 매우 긴 일련의 사건들을 시작하도록 제안할 수 있을 뿐 그 이외에는 이것들에 대해 아무런 해답도 제공하지 않는다. 미시정치학은 이 혜택에 대한 신규 진입자들을 차단할 수는 있겠지만 기존 수혜자들에 대해 기득권을 보장해주는 대가를 치르면서 그렇게 할 수 있을 뿐이다. 그 어떤 것도 하나의 임기가 끝나기 전에 결과를 원하는 사람들에게는 별로 만족스럽지 못할 것이다.

마지막으로 미시정치학에 대한 반론으로 가능한 것이, 많은 경우에 미시정치학은 기껏해야 부분적인 해법밖에 내놓지 못한다는 것이다. 지역 서비스들을 민간 위탁하는 것은 주택 소유주들의 자유로운 선택과 동일한 것이 아니다. 20퍼센트 혹은 40퍼센트의 사람들에게 그들의 국가-소유 주택들을 구매하도록 설득했다고 하더라도 이것이 주택부문에서 자유시장을 회복한 것은 아니다. 학교에 다양성과 선택을 도입하고 인기가 있는 학교들에 자금이 더 배정되게 하더라도 이것은 교육에서의 완전히 자유로운 시장의 그림자에 불과할 뿐이다. 미시정치학적 분석으로부터 도출되는 정책들 대부분은 완전한 해법에는 미치지 못하는 수준으로 귀착되고 만다. 그것들은 개선을 성취할 뿐이다. 사람들은 흔히 일거에 변화하지는 않는다. 그들이 새로운 환경에 익숙해지고 적응하는 데에는 시간이 걸린다.

자유로운 선택들이 확산되고 새로운 현실이 과거로부터 출현하는 데에는 시간이 걸린다. 정치 시장의 이익집단들과 함께 작업함으로써 미시정치학은 점진적 방법을 취한다. 그렇게 함으로써 미시정치학은 사정이 별로 좋아지지 않았다거나 더 많은 조치가 필요하다는 비판에 노출된다. 그런 비판은 정당화된다. 그 정책들이 이익집단들로부터 지지를 확보하고자 하며, 이익집단들에게 더 매력적인 혜택들을 추구하도록 그들을 전향시킨다는 사실은 미시정치학이 보통 느릴 뿐 아니라 동시에 완전하지 못한 진전을 제공한다는 것을 의미한다. 거시-수준의 자유시장 정책들이 실질적인 결과들을 얻지 못한다는 점 때문에 미시정치학은 매우 작은 수준으로, 개인들과 집단들에 의해 취해진 의사결정들로 돌아간다. 진보는 조금씩일지 모르지만 그것 역시 진보이며, 그것은 모두 하나같이 한 방향으로, 또 확고하게 이루어진다.

17
여태까지 심어왔던 것을 뽑아버릴 시점

영국에서 공공부문이 지금의 규모로 성장하는데 1세기 이상이 걸렸다. 그 성장 가운데 일부는 점진적이었으며, 일부는 급작스럽게 이루어졌다. 국가의 활동이 극적으로 가속화된 단기간의 분출로 종지부를 찍긴 했지만, 공공부문은 오랜 기간에 걸쳐 꾸준히 축적되어 왔다고 할 수 있다. 1979년 무렵이 되자 공공부문은 제조업, 방송통신, 에너지, 자동차, 수송, 주택, 교육, 건강, 연금, 지방정부 서비스들(local services)과 여타 분야 등 너무 많아서 일일이 열거할 수 없는 분야들에서 지배적인 세력이거나 혹은 적어도 주요한 요소였다. 국가는 도로를 건설하고 버스를 운행하였고, 철도를 소유하고 기차를 운행하였으며 비행기를 제조하여 하늘로 날렸으며, 선박을 제조하고 항만을 운영하였다. 국가는 최대 지출자, 최대 고용자, 최대 서비스 제공자, 최대 제조업자이자 최대 보험업자였다.

정부는 영국의 주요 산업이었으며, 영국의 몇 안 되는 성장분야 가운데 하나였다. 게다가 이것은 영국에 한정된 것이 아니었다. 영국은 국가통제의 개념을 예전의 식민지들로 수출하였으며 다른 나라들에게 하나의 모범사례가 되었다. 공공부문 경제의 내재된 결함들 대다수는 1979년에 알려진 것들이다. 정말로 그것들은 수년 동안 알려졌었다. 그렇지만 병을 안다고 치료법을 아는 것은 아니다. 과잉 인력, 과소자본화(under-capitalization), 생산자 지배, 소비자에 대한 반응성 결여 등이 모두 실제로 관찰되었다. 국내 고객들은 주어진 상황을 받아들이는 것 말고는 별다른 대안이 있을 수 없었지만, 해외 고객들은 그것을 인내하지 않았다. 그들은 이미 익숙해진 방식으로 영국의 국가부문 노동자들에 대한 지지를 계속 하는 대신, 다른 곳이 제공할 수 있는 가격 조건, 품질, 납품기일을 선호하여 자신들의 주문을 다른 곳으로 돌려버렸다.

영국 공공부문이 이런 문제들을 야기하는 수준으로까지 악화된 것은 어떤 하나의 원인 탓이 아니었다. 그것은 무수한 요인들의 산물이었다. 그 중 일부는 개인적 열망들을 집합적 필요에 대한 고려로 대체하고자 하는 (사회주의적) 욕구에 의해 영감을 받은 이념적인 것이었다. 그 중 일부는, 사람들이 자신을 스스로 돌볼 때보다 정부가 그들을 돌볼 때 더 잘 보호될 수 있다는 견해로부터 도출된 가부장적인 것이었다. 영국 경제의 일부는 대규모로 운영할 때 규모의 경제를 달성할 수 있다는 믿음으로부터 공공부문으로 들어왔다. 영국 경제의 또 다른 일부는 파산 때문에 들어왔는데, 병든 산업들을 살려두라는 정치적 압력으로부터 시작된 것이었다. 꾸준히 그리고 가차 없이 진행된 공공부문의 성장은 대부분 경제 시장보다는 정치 시장에서의 결정들을 부추기는 체제의 산물이었다. 다른 조건들이 동일할 때, 공공부문의 성장은 민주주의 사회에 내재된 경향성에 따른 것이다. 그것은 어떤 인위적이거나 뒤엉킨 복잡한 설명을 필요로 하지 않는다. 그것이 실제로 일어났던 일이다.

공공부문의 구조적 결함들은 이와 유사하게 내재적인 것이다. 국영기관들이 만성적인 과잉 인력과 자본 확충의 부족으로 시달리는 것은 결코 역사의 우연이 아니다. 그것은 국영기관들이 정치적인 실체라는 지위의 직접적인 결과이자 그들에게 가해지는 힘들의 직접적인 결과이다. 그들이 생산자들의 필요를 소비자들의 필요보다 우선한다는 것도 결코 우연이 아니다. 그 기관들이 작동하는 방식을 감안할 때, 그것은 다른 방식으로 될 수 없었다. 민영화에 반대하는 캠페인을 벌이면서 공공부문 노조들이 발견한 사실들 가운데 하나는 국유화된 산업들에 쏟아지는 일반인들의 눈길이 매우 낮은 존중심을 드러낸다는 점이다. 비록 공공부문이 지닌 결함들의 배후에 있는 원인들에 대해서는 각자가 똑같은 정도로 이해하고 있지는 않았지만, 광범위한 사람들이 공공무문의 결함들을 인식하고 있었다.

공공부문에는 콕 집어내기 어려운 하나의 다른 특징이 있다. 국영기관들은 어떤 면에서는 시대에 뒤진 것으로, 즉 살아있는 화석처럼 오늘날까지 살아남은 구시대의 유물로 비쳐지고 있다. 그 측면들의 일부는 단지 그 규모로 인한 것이라고 볼 수 있다. 국영기관들의 거대 규모와 느린 반응은, 무의식적으로 천천히 움직이는 거대한 공룡과 같은 흔한 그림을 연상시키게 한다. 또 다른 일부는 자본 소모로부터 도출된 것일 수 있다. 국가부문은 시대에 뒤진 장비들에 의존해야 하고 민간부문이 수용할 수 있는 것보다 더 긴 기간 동안 그 장비들을 작동시켜야 한다. 이것이 낡은 장비와 어제의 기술로 이루어진 국가부문에 시대에 뒤진 분위기를 풍기게 한다. 최신의 멋진 기계들과 방법들을 쓰지 않고 혁신에서도 느린 노동집약적인 운영은 형언할 수 없는 과거 시대의 이미지를 불러일으킨다.

이런 평판의 일부는 공공부문 운영의 대다수가 '실제로' 시대에 뒤져 있다는 사실의 결과이다. 그것들 중 다수는 대규모 제조업의 시대, 생산-라인 경제의 시대로부터 연원을 두고 있는 것이다. 규모의 경제는 교체 가능한 표준화된 부품들의 대량생산에 특화된 시스템으로부터 나왔다. 헨리 포드가 쌓은 부(富)는 이 원리에 의해 구축된 유일한 것이 아니었다. 이 시스템은 구식소총의 대량생산을 위해 엘리 휘트니(Eli Whitney)가 처음으로 개발하였는데, 바로 이 시스템이 영국 제조업 대부분의 유형을 만들었다. 그것은 대다수의 사람들이 일하는 생애 전체 동안 대규모 공장에서 크게 보아 거의 똑같은 일을 하는 것을 의미하였다. 그것은 또한 그들이 주택이나, 건강, 교육 그리고 사회서비스에 대해 대체로 비슷한 요구사항들을 가지고 있으리라는 점도 의미했다.

공공부문이 성장해온 것은, 상당히 표준화된 삶을 사는 사람들에게 표준화된 대량생산을 제공하던 시대적 배경 아래에서였다. 국가서비스들에 관한 한 사람들은 스스로가 교체 가능한 부품들이었다. 다양성과 개인적 선택들의 범위는 대량 공급의 시대에는 별로 중시되지 못했다. 국가는 대중들에게 대중 교육, 대중 보건, 대중 사회보장들을 제공해주지 못해 조바심을 냄으로써 그들의 환심을 사고자 했다. 이것들은 대량생산을 하는 대중들을 위한 대량생산된 서비스들이었다. 그런 유형이 특징이던 경제에서는 그와 같은 방식의 공급이 정당화될 수 있었을지 모르지만 그 유형이 바뀌자 그것은 곧 정당성을 잃고 말았다.

요점은 그것이 종전 시대의 제조업 모델이었다는 점이다. 이제 경제는 더 이상 표준화 시대의 거인들에 의해 대표되지 않는다. 새로운 기업들은 작고 고속 성장하는 것들이다. 그 기업들은 새로운 기법과 기술을 도입해서 자본을 그들의 선배들에 비해 훨씬 더 빨리 회전시키고 있다. 일단 투자되면 고정된 공장에 갇히게 되는 대규모 투자를 하는 대신, 그 기업들은 점점 더 외부로부터 특정 과업들을 수행하는 하청업자들에게 외주를 주는 쪽으로 전환하고 있다. 한때 비용 감축을 위해 표준화된 제품들이 불가피했던 분야에서도 새로운 과학기술들이 개별적인 특화를 가능하게 만들고 있다. 소비자 제품들은 기본 제품이 그 위에 디자인과 마무리에 관한 개별적인 선택을 추가할 수 있는 핵심 부품으로서만 기능함으로써 점차 표준화되기보다는 고객-맞춤형이 되고 있다.

이런 발전이 눈에 띄게 제조업과 서비스 부분 모두에 있어 산업현장을 변모시키고 있다. 이런 가운데 공공부문의 운영은 이미 지나간 시대의 세계에 맞게 고안되어 있을 뿐 현재와는 더욱 어울리지 않는 듯이 보인다. 사람들은 더 이상 거의 평생을 동일한 장소에서 대강 비슷한 일들을 하지 않을 것이다. 그들은 더 이상 한 사람의 고용자 밑에서 평생 일하지 않을 뿐 아니라, 하나의 활동으로 전 생애를 채우지 않을 것이다. 그들의 필요는 더욱 전문화되고, 다양화되고 개별화되고 있다. 그들은, 삶의 스타일의 변화에 더 잘 부응하는, 서로 다르고 더욱 유연한 방식의 교육, 그리고 더욱 다양한 연금 계획과 건강 보험을 필요로 한다. 국가부문의 운영이 점차 부적절해지고 변화하는 시대를 따라잡을 수 없다는 것은 바로 이런 배경 아래에서 나오는 말이다.

이 요인들 모두가 공공부문에 획기적인 변화가 필요하다는 인식을 가져왔다. 이런 인식은 갑작스런 생각이 아니라 수년에 걸친 증거와 경험이 꾸준히 축적된 결과였다. 1960년대 초부터 이미 국유화에 대한 일반적인 반대 정서가 존재하였다. 그 정서가 당시 노동당 지도자였던 휴 가이첼(Hugh Gaitskell)로 하여금 '생산수단, 분배와 교환'에 대한 국가의 지배를 언명하는 당헌(黨憲) 4조의 변경을 시도하게 하였다. 60년대 말, 선거의 승리는 상당한 수준의 탈(脫)국유화를 내세우던 보수당으로 돌아갔다.

일반인들과 전문가들 모두가 국가부문의 규모를 줄일 필요성에 대해 의견이 비슷하게 일치하였다. 이제, 국가부문의 유지를 위해 필요한 재정에 들어가는 세금이 기업을 홍보하고 민간부문을 확장하는 데 필요한 자금을 빼내고 있음이 명백해졌다. 몇 년 동안 인플레이션적인 팽창에 의해 숨겨져 있었지만 영국의 꾸준한 쇠퇴는 이제 분명해졌다. 이제 공공부문으로부터 멀어져야 할 시점이 무르익었으며 일반의 여론도 그러하였다. 그런데 문제는 아무도 어떻게 그것을 해낼지 모른다는 점이었다. 정부들은 시도해 보았으나 실패하였다.

어려운 점은 공공부문을 해체하거나 공공부문의 고착된 이익집단의 혜택을 없애려는 시도들이 거기에 직접 연관된 사람들로부터 적개심에 찬 반응을 불러왔다는 점이었다. 어떤 정부도, 실패를 예상케 하는 인기 없는 분위기에 직면할 태세가 되어 있지 않았다. 일부 관찰자들은, 차후의 재선에 대한 그 어떤 희망도 버린 채, 필요한 일들을 단행하는 희생적인 정부의 필요성을 상상하였다. 다른 이들은 재선될 필요가 없는 정부라는 사상을 두고 만지작거렸다.

뒤이은 10년 동안 나온 관점으로부터 볼 때 당시의 사색들 대부분은 실제 일어난 사건들에 비추어보면 환상적이거나 정당화하기 어려워 보인다. 그러나 그 당시에 그런 사색들은 그 핵심적 문제에 대해 해법을 만들어내야 할 정치적 과정이 명백하게 그렇지 못함에서 느껴지는 절망을 보여주고 있다. 일반 시민들이 그 비용을 치르게 하면서 이익집단들이 획득하는 혜택을 어떻게 하면 없앨 수 있는지에 대해 아무런 해답도 다가오지 않을 것처럼 비쳤다. 미시정치학의 중심 사상들이 도입된 것은 바로 이런 정치적 배경에서였다.

실제로 작동한다는 것을 우리가 보아 왔기에 그 해법이 지금은 당연해보이지만, 당시에는 그렇지 않았다. 그 해결책은 이익집단들을 공격하고 그들이 정치적 과정을 통해 수년에 걸쳐 집적해온 혜택들을 그들로부터 박탈하려고 시도하는 데 대한 하나의 대안을 제시하였다. 그것은 그 대신 그 혜택들을 거래할 수단을 제공하였다. 정치지도자들로 하여금 정치 시장들을 파괴하거나 무시해버리기를 요구하는 대신, 그 해법은 정치지도자들로 하여금 거래를 위해 정치 시장 속으로 들어가야 한다고 제안하였다. 자신들의 혜택들에 대한 위협에 대해서라면 이익집단들이 보였을 분노와 적개심은, 이들이 보기에도 매력적이라고 인지될 제안에 대해서는 분출되지 않을 것이다.

미시정치학은 사람들이 공공부문을 제어할 정치적으로 가능한 수단들을 모색하던 시점에 등장하였다. 그것은 공공부문 중 일부는 분할하고, 일부는 민간부문으로 이전시키고, 나머지 일부는 소비자들의 선호에 반응하도록 만드는 것을 의미하여야 하였다. 그것은 공공부문이 경제에서 발휘하던 역할을 감축하고, 공공부문이 경제 성장과 기업을 위축시키는 능력을 대폭 축소하는 것을 의미하여야 하였다. 새로운 기법들은 그런 것을 불가능하게 만들 것으로 생각하게 했던 이익집단들과의 대결과 인기 하락 없이도 이를 해낼 수 있다는 인식을 그들에게 가져다주었다. 기성 혜택들을 몰수하려고 시도하는 대신 그 혜택들을 교환하는 과정에 의해 개혁이 성사될 수 있었다.

각 집단이 하나씩 떨어져나가면서 체계적인 적대감이 사라지고, 과거 체제에서 그들이 받았던 것보다 새로운 체제에서 더 큰 혜택을 누리게 된 사람들이 이제 적개심 대신 감사와 호의를 거듭거듭 나타내기 시작하였다. 최소한 정치지도자들은 하나의 혜택을 다른 혜택과 교환한 집단들의 침묵을 기대할 수 있게 되었다. 미시정치학적 접근방식의 최대 강점은, 이 접근방식으로 공공부문의 이익집단들에게 맞바꿈으로 제공한 대가들이 이들에게 이득으로 감지된다는 사실이다. 그 다음에는 이것은 그 공을 차지할 수 있는 정치지도자들에게도 이점을 창출한다. 정치지도자들을 인기 없게 만들 무지막지한 일들을 단행하라고 요구하는 대신, 정치지도자들에게 그들이 옳은 일을 하고 있다는 사명감과 대중의 인기라는 보상을 결합시킬 수 있는 수단이 제시된 것이다.

이제 정부가 직면할 사람들은 국가임대주택을 '경제적'으로 만들려는 시도들에 반대하는 격렬하게 분노한 임차인들이 아니라 한 무리의 흡족한 새로운 주택 소유자들이다. 이들은 이제 막 임차하던 국가 소유 주택들을 크게 할인된 가격으로 구매하였고 그래서 자신의 투자 가치가 상승하는 것을 지켜보았다. 전국화물운송공사(National Freight Corporation)

의 탈(脫)국유화를 두고 한없는 지체(drawn-out)와 분열적인 격한 논쟁들이 있을 수 있었다. 하지만 실제로는 그 대신 이제 그곳에는 자신들의 회사와 그 회사의 수익성에 대해 자부심을 느낄 뿐 아니라 모두가 상당한 자본 이득을 얻어왔던 노동자-소유자들이 있었다.

만약 그러한 과정이, 미시정치학적 접근방식에 의해 해법들이 생성되어 왔던 분야들 모두를 관통해서 반복된다면, 동일한 유형이 반복될 것이다. 정부에 의해 혜택이 공격받은 적대감에 불타는 대중은 사라지고, 매력적인 제안을 받아들여 이득을 본 얼굴들이 등장할 것이다. 전통적 방법들을 통해 이런 변화들을 시도하는 정부는 적대적인 군중에 맞서야 했을 것이다. 새로운 전략의 사용은 기존 혜택을 더 나은 것으로 거래할 수 있었던 사람들의 만족을 만들어낸다.

정부는 정책에 대한 쓸데없는 조언을 받을 때가 많다. 이는 주로 학계나 여타 전문가들로부터, 필요하지만 인기가 없는 정책들을 시행할 용기를 갖고 있지 않다는 힐난을 받는 형태를 띤다. 때로는 그런 쓸데없는 조언은 쐐기풀은 따가움을 무릅쓰고 잡을 필요가 있고, 총알의 아픔을 견뎌낼 필요가 있으며, 하기 쉬운 일치고 할 만한 가치가 있는 것은 없다는 식의 주장을 담은 '고행(hair shirt)' 정치의 형태로 나타난다. 만약 정부가 기죽지 않고 끝까지 버티면 '궁극적으로는' 그들이 단행한 정책의 지혜가 모두에게 명백해질 것이라는 약속이 제시되는 경우도 많다. 이 맥락에서 '궁극적으로는' 아마 '다음 선거 이후에'를 의미하는 것으로 보인다.

미시정치학은 확실히 다르다. 대개의 조언들이 정치 현실에 드러내놓고 무감각한 데 비해 미시정치학의 스타일은 정치가들보다 더 정치적인 것 같다. 그것은 이익집단들을 구별해내고 그들이 그들의 이익으로 여길 것이 무엇인지 구별해낸다. 그리고 그 집단들이 그 이익을 지키기 위해 체제를 어떻게 이용할지를 지적해낸다. 그리고서 미시정치학은 그 집단 각각에 대해 더 매력적인 제안을 함으로써 그 집단들의 협력을 확보할 방안들을 제시한다. 미시정치학은 심지어 정치지도자들에게 제안된 계획들이 직면하게 될 위험들 중 일부를 미리 경고할 수 있고 그런 위험들이 더 쉽게 지나가게 만들어줄 방안들을 제안할 수 있다. 만약 공공부문에 너무나 깊숙이 뿌리박혀 있어서 역(逆)-제안들을 받아들이지 못하는 여러 소규모 집단들이 존립하고 있다면, 여기에서조차 그들을 압도할 더 크고 더 효과적인 집단들을 창출하는 데 필요한 개혁 조치가 만들어진다. 정치적 이익 면에서 이를 그렇게 체계적으로 달성할 정책 창출의 방법들은 거의 없다.

정치가들은 가능하다면 인기가 있기를 원한다. 그들 중 다수가 자신이 필요하다고 인식하는 것을 할 태세가 되어 있다. 하지만 그들도 재선의 필요에 의해 그리고 정책으로부터의 이득이 실현될 시간이라는 틀에 의해 제약을 받고 있다. 만약 그들이 어떤 종류의 선택이든 할 수 있다면, 그들은 광범위한 인기의 상실을 초래할 정책대안보다는 그렇지 않을 대안을 선호한다. 정치지도자들이 실행 과정에서 장기적인 적개심을 초래할 정책들을 성사시키기란 쉬운 일이 아니다. 스스로를 희생할 각오가 되어 있더라도, 입법부 내의 자신의 지지자들이 자신의 정책을 따라오지 않을 것이다. 그들은 자신들의 지도자로 하여금 정책을 변경할 것을 압박할지 모른다. 무수한 성공을 거둔 대처행정부에서조차 의회 다수파의 일부가 중요한 이익집단들을, 그 집단이 교회지도자들이든 아니면 시골유지든 상관없이, 소외시킬 정책이라면 그 어떤 것에도 지지하기를 꺼렸던 적이 많다.

미시정치적 전략의 기초는 이익집단들과 함께 간다는 것이다. 또한 환경들을 재구축함으로써 그 환경이 정책입안자들이 선호하는 길을 선택하는 것이 이익집단들 스스로에게 이득이 되게끔 하는 것이다. 이익집단들은 그들이 선호하는 것을 얻기 위해 그들이 가진 것을 자유로이 포기할 것이므로, 그들은 이런 거래를 가능케 하는 정부에 반대하지 않는다. 어쨌거나 그들의 지지는 유도된 것이고 그런 변화를 되돌릴지 모를 입법자들을 지지하기 어렵게 만드는 새로운 협정 속에서 그들은 기득권을 획득한다. 이렇게 된 이후에는 그 개혁을 제거해서 과거 체제로 회귀하기를 제안하는 사람들은, 자신이 (새로이 만들어진) 현행 혜택을 취소하는 제안을 하는 정치인들이라는 전혀 탐나지 않는 처지에 있음을 깨닫는다. (새로운 혜택을 보았다가 이를 취소당할 처지의) 관련 이익집단의 분노가 한꺼번에 분출된다.

미시정치학적 접근은 그래서 전통적인 방식의 정치학에 비해 두 가지 매우 중요한 이점을 가지고 있다. 그것은 문제들을 해결한다. 그리고 그것은 자유시장 대안이 처한 두 가지 어려움들, 즉 대부분의 시도들은 실패하고, 그 시도들을 하는 정부는 적들을 만들어낸다는 어려움에 직면하고 있는 정치부문에 매력적이다. 새로운 방식은 이런 약점들을 전혀 가지고 있지 않다. 미시정치학은 이익집단들에게 이득을 제공하므로 그것은 인기가 있다. 그리고 이익집단들이 그것을 받아들이기 때문에 그것은 실제로 잘 작동한다. 성공과 대중적 인기, 이 두 가지 이점은 이것들을 만들어내는 정치 방식의 강력한 옹호자이다. 정부는 이들과 같은 정책의 장점들을 재빨리 알아차리며, 각각의 성공은 정부로 하여금 다른 비슷한 것들도 더 기꺼이 하게 한다.

1979년 말 영국 선거 직전에 제임스 캘러한(James Callahaghen) 수상은 동료 버나드 도너휴(Bernard Donoughue)에게 영국 정치에 깊은 변화가 일어나고 있음을 느낀다고 말했다. 그가 옳았다. 당시 사람들은 이익집단이 공공선에 반(反)해 작동하는 방식에 대해 어떤 조치가 마침내 가해져야 함을 알고 있었다. 사람들은 모종의 조치가 취해져서 노조들과 국가부문의 이익을 약화시키고 개인들에게 더 넓은 선택들과 기회들을 제공하는 방향으로 중심을 바꿔버려야 한다고 광범위하게 느끼고 있었다. 더 넓은 관점에서 말하자면, 현대 경제와 현대 사회의 필요에 맞추어 다양성과 유연성을 더 많이 들여오기 위해 폐쇄된 기관들을 부수어 개방하는 조치가 필요하였다.

정치 시장들을 알아보고 그것 안에서 작동하는 정치 방식은 시의적절한 혁신이었다. 그것은 정부로 하여금 널리 예측되고 있던 선거 패배라는 대가를 치르지 않고도 그와 같은 개혁 프로그램을 개시할 수 있도록 해주었다. 그것은 그 이전의 실패와 대조되게 성공적인 전환의 수단을 제공하였다. 정치 과정에서 집단들을 지배하고 있던 자기 집단의 이익추구는 이제 그 방향이 역전되었다. 이제 뿌리치기 어려운 대안적 혜택을 제시하는 정책들이 고안되었고 혜택을 맞바꾸는 거래들이 이루어졌다. 한 분야에 이어 또 다른 분야에서, 시장선택들에 대한 장벽들이 약화되거나 치워졌다. 법률 전문직에서부터 버스 운송업에 이르기까지 다양한 직업들에서 생산자들을 보호했던 독점들이 꽤 도마 위에 올랐다. 노동조합의 일반회원들에게 노조지도자들의 권력에 균형을 맞추고 이를 통제할 권력들이 주어졌다.

장기적인 경제적 변화의 관점에서 이 중 가장 의미 있는 것은, 다양성과 선택에 좋은 쪽으로 표준화된 공급들이 점차적으로 분쇄되어온 점일 것이다. 조금씩 개인들이 개별적으로 대접을 받을 여지가 확장되고 있다. 생산자 지향적인 공공서비스들은 선택의 충격을 감당할 만큼 개방되어 가고 있다. 사람들이 더 이상 거의 평생 동일한 일을 하지 않는 세계에서 사람들은 그들이 필요로 하는 다양화된 서비스들을 이제 막 얻기 시작하고 있다. 미시정치학은, 사람들이 의사결정을 하고 선호에 영향을 주는 작은 규모에서 작동함으로써, 공공부문이 스스로를 변화시키고 이에 따라 스스로를 적응해가게 만들 새로운 요소들을 공공부문에 도입하는 것을 가능하게 만든다.

이 기법들은 세부적으로 매우 소규모적이지만, 합쳐져서 큰 결과들로 집적된다. 그래서 1986년 보수당 회합(Conservative Party Conference)에서 당시 재무부장관은 7년간의 집권 이후 20퍼센트의 국영기업이 민영화되었는데 이제 1년만 더 지나면 그 비율이 40퍼센트가 될 것이며, 차기 보수당 행정부는 '남은 대부분'을 민영화할 것이라고 보고할 수 있었다. 국영기업들이 민영화되고 있던 반면, 백만이 넘는 국유주택들은 임차인들에게 팔렸으며, 아파트를 그 대상에 포함하는 새로운 입법에 따라 그 목표가 추가적인 1백만으로 확장되었다. 경쟁과 탈(脫)규제는 새로운 버스회사들과 항공회사들이 설립되어 기존의 서비스와 가격에 영향을 주게 만들었다. 은행과 변호사들은 모두 새로운 경쟁에 직면하였으며 그 결과 더 나은 서비스를 제공하였다. 노조지도자들은 그들의 조직원들에게 더 책임감이 있게 되었으며 그 결과 행동이 제약되었다. 새로운 권력은 학부모들에게 교육에 대한 더 큰 발언권을 약속하였으며, 직접 재정을 충당받는 학교들 중 첫 번째 학교의 설립이 예정되었다. 민간의약품이 퍼져나갔고, 민간으로 이동할 수 있는 연금(portable pension)이 이제 현실이 되었으며, 절반 이상의 인구가 국가의 소득-연계 연금 대신 민간의 대안들을 선택하였다. 기업 특구들(Enterprise zones)과 자유무역항들이 운영되었고, 매년 더 많은 수의 민간 위탁자들(private contractors)이 공공부문이 수행하던 병원 청소와 음식제공 서비스, 지방정부 서비스들을 대체하고 있다.

개별적으로, 각 항목은 너무 보잘것없다고 비판받을지도 모른다. 그러나 그 항목들이 합쳐져 공공부문과 국가통제들로부터 크게 벗어나는 변화를 만들어냈다. 모든 조치들이 동일한 방향을 지향하였다. 즉, 더 많은 시장의 힘을 향해, 더 많은 선택의 기회를 향해, 그리고 더 많은 소비자들의 필요에 부응하는 민감성을 향해. 그 변화들이 준 압도적 인상은 이것들이 단지 시작에 불과하다는 것이었다. 정부는 그 프로그램이 계속될 것이라는 모든 암시를 주었다. 만약 가스 판매장(gas showroom) 혹은 쇼핑 시간의 자유화와 같은 항목들에서 일시적으로 좌절되었다면, 그 프로그램은 재정비된 후 다른 방향으로 다시 되돌아와 변화를 모색할 것이다. 그런 후퇴는 패퇴가 아니라 지연으로 보였다. 그것이 함축하는 바는 성공을 이룰 때까지 새로운 방법들이 시도될 것이라는 점이다.

정치 시장에서 거래하는 방법을 배움에 따라, 정부는 더 자신감을 가지고 더 큰 기업들을 건드리기 시작하였다. 더 온건하게 시작했던 개혁들이, 정부가 새로운 기법의 기본적인 기술들을 완전하게 습득함에 따라, 더 큰 규모로 성장하였다. 정부가 스스로 공공부문의 '핵심지대(the heart-lands of the public sector)'라고 이름붙인 분야로 개혁의 문제를 들여감에 따라, 매년 더 큰 기업들이 사유화되었다. 정부는 주요 기관들 속으로도 진입하였으며, 건강, 교육, 사회보장 등 핵심적 서비스들도 건드리기 시작하였다.

첫 승리의 물결에서는 정부들이 임기를 시작하고 나서 일련의 개혁들을 실행하는 것이 보통이었다. 일반적으로 그들은 그때에는 더욱 확립된 관행의 길을 밟았다. 1979년에 이것을 예상했던 사람들은 초기 조치들의 미약한 규모에 안도의 한숨을 쉬었을 수 있다. 그들의 예상은 정부가 실제로 어떻게 이익집단들과 함께 작업을 해나갈지를 배움에 따라, 국가부문 깊숙이 파고 들어와 압력을 가하기 시작함에 따라, 규모나 근본주의라는 면에서 증가되었던 개혁들을 봄으로써 헝클어졌을 것임에 틀림없다.

이것을 가능하게 만든 기법들은 영국의 경우 가장 시의적절한 때에 등장하였다. 영국 경제가 변화하자, 영국 경제와 함께 발전해 왔던 기관들도 동시에 더욱더 시대에 뒤떨어지게 되었다. 제조업 생산라인에서의 대량생산의 쇠퇴가 의미했던 것은 그런 유형의 사회에 봉사했던 서비스들과 기관들이 이제 더 이상 새로운 사회에 등장하는 변화하는 필요를 충족시킬 수 없다는 점이다. 경제가 하청계약으로, 소규모 기업으로, 자본의 더욱 빠른 회전과 교체를 특징으로 하는 유형으로 변화하면서, 유연성에 대한 요구가 더 커졌다. 동일한 삶을 살아 왔기에 동일한 서비스를 제공받아도 되었던 대규모 집단들은 이제 더 이상 존재하지 않았다.

과거 경직된 범주들은 이제 무너져내리고 있었으며, 이와 함께 그것들을 망라하고 있던 표준화된 재화와 서비스의 제공도 무너져내렸다. 고용된 사람들과 그렇지 못한 사람들이 존재하고 있던 곳에서는, 이제 고용과 비고용 사이의 중간상태의 지위들이 존재함에 따라 고용과 비고용의 경계가 흐려졌다. 더 많은 사람들이 시간제로 고용되었다. 더 많은 사람들이 자가-고용이 되고 있었고, 더 많은 사람들이 자영업을 하고 있으며, 더 많은 사람들이 하청업자로 일하고 있다. 일부 사람들은 1년 중 일정 기간 일하며, 일생 중 일부 시기 동안 일한다. 일부는 일찍 '은퇴하여' 시간제와 자영 하청업종으로 들어가고 있다. 고용과 비고용 사이의 확연한 구분에 연계된 제도들은 새로운 범주들의 확산에 대처할 수 없다. 그것들에 맞추기 위해 새로운 제도들이 창출되어야 하며, 많은 달라진 필요들에 부응하여 그들이 발전할 수 있는 공간이 새로이 마련되어야 한다.

교육, 건강, 사회보장의 대량서비스는 매년 시간이 흘러감에 따라 점차 일관된 대중들을 상대하는 것이 아님을 깨달아야 한다. 사람들은 이제 표준적인 교육 대신 예전과 다른 훈련이 필요하다. 그리고 그들은 인생 후반에 자신들에게 재훈련을 받게 해줄 시설들이 필요하다. 다른 인생 유형들을 가진 사람들은 각자 다른 종류의 보험, 다른 종류의 연금계획이 필요하다.

기업의 성장과 팽창에 관련된 규제들은 새로운 경제활동을 특징짓는 더 빠른 변화 속도에 적응해야 한다. 더 많은 서비스 산업들, 더 많은 하이테크 제품들, 이것들은 모두 새로운 제도들과 새로운 조건들을 요구한다. 피고용자들의 카르텔의 힘이든 생산자 카르텔들의 힘이든, 이들이 자신들의 이점을 지속시키기 위해 변화들을 저지시키려는 힘은 현대 경제라는 환경에서는 지속될 수 없다. 그 힘은 변화를 겪지 않을 수 없다.

미시정치학의 기법들은 이 특정한 전환을 도와주기 위해 고안된 것은 아니었다. 그것들은 이익집단이 자신들의 활동영역 안에 소비자들의 영향력을 주입하는 개혁에 저항하는 것을 극복하는 수단으로서 그리고 정치 시장들에 경제 시장들의 요소들을 도입하기 위한 수단으로서 개발되었다. 새로운 접근법의 도구들은 대부분 개인들로 하여금 대안들 가운데 선택할 수 있게 해주었지만 그것은 우연한 결과였다. 그렇게 선택 폭을 넓힘으로써, 그 도구들은 다양하고 유연한 서비스들이 과거의 더 경직된 사회에 봉사하던 표준화된 서비스들을 대체할 수 있게끔 하는 조건들을 만들어내는 데 도움을 주었다.

생산자들의 편의 대신 소비자들의 선호에 반응하도록 공급을 재구축함으로써 그 정책들은 서로 다른 필요들이 동시에 만족될 수 있게 만든다. 과거의 획일적인 국가 공급체계는 점차 붕괴되어 소비자들이 그들이 영위하는 삶과 그들이 경험하는 필요들에 따라 고르고 선택할 수 있는 다양한 공급 방식으로 전환되고 있다. 분쇄된 독점들은 새로운 수요에 맞추기 위해서 생겨난 새롭고 다양한 형태의 서비스들로 이어진다. 민영화가 회사들로 하여금 소비자들의 다중(多重)적이고도 다양한 압력에 반응하게 만들고 있다. 탈규제는 새로운 유형들의 제품과 서비스들이 수요에 반응해서 더 빨리 도입될 수 있게 만들고 있다.

결과적으로 새로운 정치적 전략이 현대화의 수단이 되고 있다. 소비자 선호들을 중시하자, 다양성이 개화하기에 적합한 상황이 창출되고 있다. 사람들이 대략 동일한 것을 원했다면, 비슷한 서비스들이 제공되었을 것이다. 새로운 다양성이 개화한 것은 바로 사람들이 경제 전체를 휩쓰는 변화들의 영향 아래 더 다양화된 것들을 원했고 또 필요했기 때문이다. 그런 다양성의 개화를 이끌었던 동기(動機)는, 통상 시장적 요소의 도입에 반대하는 이익집단들을 잘 다루어 시장적 요소들을 성공적으로 도입하는 것이었다. 하지만 결과적으로는 그것이 사회로 하여금 주요한 경제적 변화와 그 와중에서 경제적 변화에 의해 야기된 사회적 변화에 적응할 수 있게 하였다.

여러 면에서, 정책을 만들어내는 방법으로서의 미시정치학의 가장 유망한 측면은 그것이 특정 목표들의 집합이라기보다는 하나의 기법이라는 점이다. 다른 말로 하자면, 그것은 끝나지 않고 계속 이어지는 것이다. 그것이 단지 일정 범위의 구체적인 조치들만 있다면, 그 용도는 일단 그것들이 모두 시도되고 나면 끝날 것이다. 그것은 기법이므로 새로운 정책들을 끊임없이 만들어낸다. 그것은 다루기 힘든 문제들을 해결하기 위해 이루어지는 참신한 시도들을 가능하게 할 것이다. 뿐만 아니라 그것은 새로운 문제들에 직면케 하고 그런 문제들이 떠오르면 그것들의 해결을 가능하게 한다. 지금까지 공공서비스들과 그것들의 표준화된 제품들에 대해 미시정치학이 만들어왔던 모든 성취들은 단지 시작에 불과하다. 지금까지 달성한 모든 성과들은 향후의 진일보를 향한 하나의 기준선(base line)일 뿐이다. 유일한 제한은 집단들이 혜택을 거래하도록 유도하기 위해 매력적인 대안을 만들어낼 필요성이다. 그리고 여기에서의 그 제한들은 자원의 한계라기보다는 독창성의 한계이다. 인간 창조성의 연못이 마르지 않는 한, 새로운 해결책이 창출될 것이다.

과거에는 더 많은 중앙집권주의, 재화와 서비스의 공급에 대한 국가의 제공은 끝이 없는 움직임 같았다. 그러나 미시정치의 기법은 더 많은 국가통제를 향한 이런 움직임을 되돌려 놓는 일을 몇 해 되지 않는 짧은 기간 안에 성공시켰다. 공공부문의 부상은 한 세기 이상에 걸쳐 이루어졌다. 그것은 1979년에 최고수위에 도달하였으며, 이제 퇴조하고 있다. 이를 달성한 것은 학문적 견해 혹은 널리 퍼져 있는 대중적 견해가 아니라 과거에는 존재하지 않았던 하나의 기술적 기법이다. 정부의 지속적 성장이 민주주의 사회들에 내재한 측면이라고 생각했던 관찰자들은 1979년 이후 그들의 견해들을 수정해야 했다. 새로운 방법들은 집단주의의 밀물을 막는 것 이상을 하였다. 그 방법들은 톱니바퀴를 역으로 물리게 만들었다. 각 개혁이 새로운 수혜 집단을 만들어냄에 따라, 그 이득을 지키려는 이들의 방어에 의해 그 개혁이 견고해지게 되었다. 복잡한 이해들을 대변하는 정부가 이 새로운 기법의 성취 대부분을 거꾸로 되돌리기는 매우 어려울 것이다. 새로운 제도적 체제 속에 연결된 이해관계들이 너무나 많이 존재하기 때문이다. 사람들은 그들이 물질적 조건에서 획득한 혜택을 누릴 뿐만 아니라, 개별 주체로서의 사람들이 각자 자신의 삶에 영향을 줄 수 있는 영역의 확장이라는 선택 그 자체에 의해 주어지는 이익도 누린다. 사람들은 자신들의 우선순위를 결정하는 능력, 자신들의 자원들을 배분하는 능력을 향유한다. 일단 그들이 이 자유를 경험하게 되면, 반응성이 있고 다양한 서비스에서 발생하는 물질적 혜택을 피부로 느끼게 되면, 그들에게서 그것을 다시 빼앗아가기는 어려울 것이다. 이 전략에 의해 시장의 힘들이 하나씩 새로운 이득을 얻어가게 되면, 톱니바퀴가 그것을 보관할 자리로 움직인다. 한 세기에 걸쳐 배배 꼬여 있던 국가가 단단하고 점진적이면서도 체계적인 방식으로 풀려가고 있다.

그 효과는 이제 더 이상 영국에 한정된 게 아니다. 비록 새로운 기법들이 거의 동시에 미국에서도 개발되고 있었지만, 그 기법을 선구적으로 적용한 것은 영국이었다. 영국은 처음으로 그 기법들을 시도하기로 마음먹은 행정부를 선출하였으며, 그것들을 당장 사용하기 좋은 헌법을 가지고 있었다. 미국은 매우 발달된 정치 시장을 가지고 있으며 정치적 지지를 얻기 위해 살아가고 또 정치적 지지를 얻기 위해 혜택들의 교환이라는 거래를 하는 의회를 가지고 있다. 더 많은 성취를 이룬 쪽은 영국이었는데 그 까닭은 영국에서의 권력의 집중이 더 많은 계획들을 적용하고자 시도할 수 있게 해주었기 때문이다. 그렇지만 영국에서 얻은 성공들은 미국을 포함한 다른 나라들에게 하나의 모범사례가 되었다. 국가권력의 성장을 되돌리고 민간기업들이 진입하고 우월한 효율성을 과시할 수 있는 운동장을 만들어내는 데서의 영국의 성취로 인해 관심도 생겨났을 뿐 아니라 모방도 생겨났다.

50개국 이상이 영국에서 행해진 방식을 연구하기 위해 대표단을 영국에 보냈다. 영국의 전문가들은 그들의 서비스들에 대해 해외에서 수요가 상당히 높다는 것을 알게 되었다. 모든 미시정치학의 기법들 가운데, 외부 민간 위탁자들을 활용하는 것들과 함께 민영화를 포함한 것들이 가장 높은 관심을 끌었다. 그 기법들은 복사되었으며 국지적 조건들에 맞게 변용되었으며, 100개국 이상에 상당한 정도까지 도입되었다. 프랑스 사람들은 엄청난 규모의 민영화 프로그램을 시작하였다. 여타 유럽국들은 프랑스보다는 온건하게 시작하였다.

태평양 연안국들은 새로운 개념들을 적극적으로 포옹하였으며, 그들 중 다수는 공공부문의 활동들에 시장적 영향을 받게 하는 조치들을 작동시키기 시작하였다. 싱가포르, 말레이시아, 대한민국은요[역자주14)] 모두 영국에서 선구적으로 도입된 장치들을 가지고 괄목할만한 진척을 이루었다. 아울러 그들은 그들이 선진 기술들에 대해 과거에 보였던 열의와 동일한 수용태세로 정치적 전략들을 채택하는 데 적극성을 보였다. 크게 놀랄만한 일은 그 사상들이 제3세계 국가들에게 영향을 준 빠른 속도였다. 가난한 국가들은 부유한 국가들과 마찬가지로 그 혜택들을 얻고자 열심이었으며, 많은 경우 더 적극적이었다. 방글라데시는 황마와 곡분(穀粉) 제분소를 그 공장의 근로자들의 손에 돌려주기 위해 그 기법들을 광범하게 사용하였다. 결과적으로 생산성과 생산을 모두 증대시킬 수 있었고, 보조금을 줄 필요도 없어지게 되었다.

덜 선진화된 국가들이 더 쉽게 이 조치들을 집행할 수 있다는 의견이

역자주14) 대한민국에서는 국영기업의 경우 1980년 석유공사, 1988년 한국이동통신을 민영화하여 SK유공과 SKT로 만들고 2000년 POSCO(포항제철)의 주식을 국민에게 매각하였다. 복지 전달체계를 구축할 때 국공립 복지관과 국공립 어린이집을 건설한 후 민간에 위탁 운영하는 방식을 채택했다. 또한 토목건설 시장의 경우 BTO(Build Transfer Operation 건설 이양 후 위탁 운영), BTL(Build Transfer Lease, 민간자본 건설 후 공공기관 임차 운영) 등의 기법을 사용하여 민간자본을 끌어들였다. 주택시장의 경우 85년 임대주택건설촉진법을 마련하면서 일정 기간 후 감정평가가격에 분양받는 제도가 동시에 실시되었다. R&D의 경우에도 컨소시엄을 구성하여 민간연구소의 참여를 통한 연구성과의 확산을 추구하였다. 특히 1992년 지방자치의 도입 이후엔 지방 차원에서도 이전의 관 주도 방식에서 민간 참여 방식을 많이 도입하였다.

제시되었다. 그곳에서는 공공부문이란 것이 더 최근의 현상이기 때문에 그렇다는 것이다. 그곳의 공공부문은 그 뿌리들이 그렇게 깊숙이 박혀 있지 않으며 그렇게 아주 먼 과거로까지 소급되지는 않는다. 그곳에서도 공공부문이 여러 집단들에게 부여한 이득들은 여전히 교환되어야 한다. 그러나 공공부문 독점의 역사가 그렇게 길지 않다면, 그것들은 새로운 사상들에 훨씬 더 개방적일 것이다. 그 원인이 무엇이든, 제3세계 국가들은 그 기법들을 개발하고 적용하는 데 열광적이었다. 그들 중 다수는 국가 통제와 공공부문의 활동으로 인해 심각하게 왜곡되어 있는 경제를 가지고 있다. 그들은 새로운 방법들에서 기업가들을 창출하고 아울러 부의 창출 과정을 해방시키기 위해 그들이 필요로 하는 시장 기회들을 창출할 수 있는 기회를 발견하고 있다.

단지 조금 덜 놀라운 일은 공산주의 국가들이 그 사상들 중 일부를 채택했다는 사실이다. 전통적인 민주주의 헌법이 없기 때문에, 여기에는 우리가 알기에 서구에 있는 활발한 정치 시장이 존재하지 않는다. 그러나 여기에는 국가로부터 혜택을 누리는 집단들, 그리고 현재의 경제 구조 아래에서는 효율성과 성장을 만들어낼 능력이 없는 집단들이 존재한다. 새로운 방법들은 그들에게 하나의 혜택을 다른 것으로 거래할 가능성을 제공한다. 그리고 그 과정에서 증가된 생산과 개선된 제품의 공급, 그리고 더 큰 다양성 등에 대한 동기를 제공하기 위하여 일부 시장의 힘들을 작동시킬 가능성을 제공한다. 공산주의 쿠바는 국가 소유주택들을 임차인들에게 할인된 가격으로 판매하는 영국의 모델을 추종하였다. 중화인민공화국은 (집단)농장에서의 안정적 고용이라는 기회를 [개체호의] 눈부신 생산 효과와 거래해 왔다.

이 모든 활동의 결과 공공부문의 쇠퇴가 전 세계적 현상이 되었다. 공공부문은 거의 모든 곳에서, 자본주의 국가들에서뿐만 아니라 공산국가들에서 쇠퇴하였다. 그리고 민주주의 국가들에서뿐만 아니라 독재체제에서, 부유한 국가들에서뿐만 아니라 가난한 국가들에서, 선진국뿐 아니라 후진국에서 후퇴하고 있다. 그 효과는 전 대륙에 걸쳐 모든 인종들이 피부로 느끼고 있다. 영국에서 1979년 시작된 것이, 가장 열렬한 지지자들조차 예상하지 못했던 놀라운 속도로 퍼져나갔다. 그것은 20세기 경제의 조직화에서 가장 두드러진 운동이 되었다.

게다가, 그것은 여전히 시작 단계에 있다. 지금까지 얻은 결과는 초기 단계들을 보여주고 있다. 그것의 발전은 대부분 실제 적용에 의해 이루어졌다. 그 기법의 사용이 바로 이에 대한 학습 과정이 되며, 지금은 그 과정이 작동된 지 아직 몇 해가 지나지 않은 상황이다. 미시정치학적 해결책들이 성공함에 따라 그것들은 다듬어지고 적용이 되고, 여타 분야들로 확대되기 위해 필요한 새로운 변형들을 추가한다. 그것들을 사용하는 정부들은 성공적으로 자신감과 전문성을 획득하고, 기꺼이 새로운 문제들에 그것들을 적용해 나갈 용의가 있다. 국제적 경험이 서로 다른 실험들의 결과들에 의해 확대됨에 따라, 국가들은 서로 모방하며 국지적 조건들에 맞게 개념들을 적응시킨다. 불가피하게 가끔 후퇴나 실수가 발생할 것이다. 그러나 이것도 역시 배워가는 과정의 일부를 이룬다. 경제활동에서 국가의 역할과 영향력을 감소시키기 위해 사용된 방법들은 단기에 수명을 다할 임시방편이 아님을 이미 보여주었다. 그것들은 국가권력의 물결이 방향을 바꾸게 할, 그래서 소비자들의 선호, 다양성, 기회 같은 것이 영향력을 발휘하는 공간을 마련할, 하나의 체계적인 길이다. 그것들은 향후 오랜 기간 그들의 족적을 뚜렷이 남길 것처럼 보인다.

결국, 이 기법들이 성공한 것은 놀라운 일이 아니다. 정치가들은 정책 조언을 외부로부터 받는데 오랫동안 익숙해 왔다. 경제학자들은 재정 정책의 변화를 집요하게 요구했다. 입헌주의적 변호사들(constitutional lawyers)은 새로운 법률들을 제안하였다. 사회학자들과 사회심리학자들, 행형학자들과 범죄학자들 모두가 정부에 그들의 의견을 받아들이길 요구해 왔다. 정치가들은 그들 자신들의 것을 제외한 모든 전문가들로부터 정책제안들을 받아왔다. 놀라운 것은 아니지만, 그들은 그 조언이 대개 부적절하고 부적합하거나, 단순히 실제적이지 못함을 발견하였다. 그들 자신의 분야에서의 그들의 경험은 그런 조언이 부적절하다는 것을 말해주었다.

미시정치학은 실제 세계에 적합한 정책들을 만들어내는 데 관심을 둔다. 그것은 현재 작동하고 있는 정치 시장들을 관찰하는 데에서 출발해서 정치 시장들이 야기하는 정치적 문제들을 검토한다. 그 해법들은 현실적 맥락 안에서 고안된다. 미시정치학은 정치가들에게 실패와 패배를 가져오는 방식으로 정치 시장들에 저항하거나 반대하지는 말라고 강력하게 요구한다. 그 대신 그들에게 거래를 하기 위해 정치 시장에 들어가라고 가르친다. 관련 집단들의 이기심에 반대하기보다는, 더 매력적인 제안들을 제시해서 그것에 입찰할 것을 촉구한다. 그것은 전문가의 관점에서 세계를 볼 때 등장하는 정책 산출의 몇 가지 방법들 가운데 하나를 대표한다.

사람의 외투를 누가 벗기는지 바람과 태양이 내기를 거는 매우 오래된 비유가 있다. 바람이 더욱 광폭하게 사람의 외투를 벗기려고 할수록 그 사람은 자신을 감싼 외투를 더 세게 붙잡고 마침내 바람은 탈진해서 포기한다. 이제 태양이 뜨자 그 사람은 스스로 외투를 벗는다. 정치가들은 수년 동안 바람과 같이 행동하라고 조언을 받고서 단지 실패로 끝난 엄청난 노력을 지출하였다. 그런 실패를 거울삼아 이제 미시정치학은 정치가들에게 태양처럼 행동해서 성공하라고 말한다. 그것이 이미 영향력을 발휘하고 있음은 별로 놀랄 일이 아니며 그 영향력은 향후 더 두드러질 것임은 거의 확실하다.

찾아보기

ㅈ

이 책의 저자

저자 **매슨 피리(Dr. Madsen Pirie)** 박사는

런던에 있는 애덤 스미스 연구소(Adam Smith Institute) 소장이다. 1977년 설립된 애덤 스미스 연구소는 2010 Foreign Policy와 Pennsylvania 대학이 동 연구소를 미국 이외 세계 최고 영향력 있는 10대 기관으로 선정했다.

Edinburgh, ST. Andrew, Cambridge 대학을 졸업한 저자는 1970년대 중반 미국에 있는 공화주의 연구위원회 연구원을 지냈고, 미시건에 있는 힐스데일 대학(Hillsdale College) 철학과 석좌 객원교수(distinguished visiting professor)를 지냈다. Mensa의 국제사무총장(1979년-1982)과 존 메이저 영국수상의 자문관(1991-1995)을 역임했다. 저서로는 Freeports(1983, Eamonn Butler와 공저), Aid by Enterprise(1984, Eamonn Butler와 공저), The Future of Pensions (1983, Eamonn Butler와 공저), The Book of Fallacy(1985) 등이 있다.

이 책의 역자

권혁철

현)자유경제원 전략실장. 독일 쾰른대 경제학 박사, 미국 Public Choice 연구소 객원연구원 역임. 《자유주의 사상가 12인의 위대한 생각》(2004, 공저), 《포퓰리즘의 덫》(2011, 공저) 외

김이석

현)시장경제제도연구소 부소장. 뉴욕대학교 경제학 박사. 《왜 다시 자유주의인가》 (2011), 《인간, 경제, 국가》 (라스바드 저, 공역, 2006) 외

박종운

서울대학교 행정대학원 졸. 한나라당 당협위원장, 경기도경제단체협의회 사무총장 역임. 《시장경제가 민주주의다》(엣즈, 2008), 《인간행동》(미제스 저, 공역, 2011) 외

송원근

현)한국경제연구원 선임연구위원. 미국 일리노이대 경제학 박사. 국회예산정책처 경제분석관, 한국경제연구원 연구조정실장 등 역임. 《장하준이 말하지 않은 23가지》 (2011, 공저) 외

최승노

현)자유경제원 사무총장. 고려대 경제학 박사, 미국 CEI 객원연구원, 한국경제연구원 선임연구원 역임. 《지방분권과 지방의 시장친화성》(2008), 《포퓰리즘의 덫》(2011, 공저) 외

미시정치

성공하는 정책 만들기

1판 1쇄 인쇄 2012년 12월 10일
1판 1쇄 발행 2012년 12월 15일

지은이 매슨 피리
옮긴이 권혁철, 김이석, 박종운, 송원근, 최승노

펴낸곳 북앤피플
대 표 김진술
펴낸이 맹한승
디자인 김재모

등록 313-2012-117호
주소 서울시 마포구 신촌로 196-1 이화빌딩 502호
전화 02)2277-0220
팩스 02)2277-0280
이메일 jujucc@naver.com

ISBN 978-89-97871-05-6 03340

잘못된 책은 구입하신 서점에서 바꾸어 드립니다.
값은 뒤표지에 있습니다.